■ 国家社会科学基金重点项目成果（项目编号：10AYY001）

# 基于语料库的汉语方言俗语研究

JIYU YULIAOKU DE HANYU
FANGYAN SUYU YANJIU

吴建生 主编

山西出版传媒集团　山西人民出版社

**图书在版编目（CIP）数据**

基于语料库的汉语方言俗语研究／吴建生主编 . —
太原：山西人民出版社，2023.12
ISBN 978-7-203-13180-9

Ⅰ . ①基… Ⅱ . ①吴… Ⅲ . ①汉语方言—俗语—研究
Ⅳ . ① H17

中国国家版本馆 CIP 数据核字（2023）第 249988 号

**基于语料库的汉语方言俗语研究**

主　　编：吴建生
责任编辑：孔庆萍
复　　审：高　雷
终　　审：梁晋华
装帧设计：谢　成

出 版 者：山西出版传媒集团·山西人民出版社
地　　址：太原市建设南路 21 号
邮　　编：030012
发行营销：0351 - 4922220　4955996　4956039　4922127（传真）
天猫官网：https://sxrmcbs.tmall.com　电话：0351 - 4922159
E — mail：sxskcb@163.com　发行部
　　　　　sxskcb@126.com　总编室
网　　址：www.sxskcb.com

经 销 者：山西出版传媒集团·山西人民出版社
承 印 厂：三河市中晟雅豪印务有限公司

开　　本：787mm×1092mm　　1/16
印　　张：16
字　　数：280 千字
版　　次：2023 年 12 月　第 1 版
印　　次：2023 年 12 月　第 1 次印刷
书　　号：ISBN 978-7-203-13180-9
定　　价：78.00 元

# 目　录

# 前　言

本书是国家社科基金重点项目"汉语方言俗语语料库建设研究"（10AYY001）的书面研究成果。第一章是对汉语方言俗语的界定以及汉语方言俗语研究情况的概述，第二章阐述了汉语方言俗语语料库的建设以及方言俗语语料库的应用功能，第三章、第四章和第五章分别是在语料库支持下所做的汉语方言俗语专题研究和方言俗语例释。

关于"俗语"的名称，早在西汉时期就有记载，但是直到今天，学术界对于"俗语"的内涵和外延尚未完全厘清。本书采用温端政《汉语语汇学》一书中的观点，认为汉语俗语是具有群众性、口语性、通俗性的固定性语言单位，包括谚语、惯用语、歇后语和成语（俗成语）四个组成部分。汉语方言俗语同样包括这四个组成部分，但带有明显的地域特点。从已有的方言俗语研究成果来看，虽然取得了不少成绩，但是与语言学其他研究方向相比还有较大差距。其研究方法和手段还停留在人工搜集和简单解释、初步描写的阶段，汉语方言俗语语料库的建设尚属空白。建立方言俗语语料库并在此基础上进行较为深入的研究，在保护语言文化资源、促进方言学及语汇学的研究、解决汉语信息处理中的相关问题以及提高语类辞书编纂水平等方面都具有重要意义。

汉语方言俗语语料库建立在汉语方言学、汉语语汇学、现代语料库语言学的理论基础和现代计算机应用的技术支撑之上。建成的方言俗语语料库共收入俗语12万余条，涉及25个省市自治区、136个方言点。语料库使用界面包括了14个窗体模块，实现了语料库多板块储存、多层次展示和多角度检索以及统计更新、自我标注等多项应用功能。

在语料库基础上所做的汉语方言俗语专题研究，着眼于汉语方言俗语的地域差异比较以及方言俗语中同一性和同义性的探讨，试图从全新的角度对方言俗语做较为宏观的观察和分析，希望能够开辟汉语方言俗语研究的新思路，同时也为汉语俗语的研究开拓新的研究领域。山西方言俗语例释选择了山西境内不同方言区的五个代表点的田野调查成果，旨在为山西方言俗语的进一步深入研究提供翔实的例证。

本书第一章由吴建生、安志伟撰写；第二章由王海静、安志伟撰写；第三章、第四章由李淑珍撰写；第五章由李淑珍整理，李淑珍、安志伟、马启红、延俊荣和吴建生分别提供了山西省内临县、武乡、太谷、平定和万荣五个点的田野调查相关资料。书中方言语料中找不到本字的由同音字代替，没有合适同音代替字的用方框"□"加音标的方式表示。全书由吴建生改定。

国家社科基金重点项目"汉语方言俗语语料库建设研究"（10AYY001）主持人为吴建生。刘嫫和刘艳平也参与了该课题语料库的建设工作。

此书的出版，标志着汉语方言俗语研究进入了一个新的阶段。任重而道远，我们将继续努力。

编者
2023 年 3 月

# 第一章　汉语方言俗语概说

## 1.1　俗语的界定

"俗语"之名，古已有之。早在西汉司马迁《史记·滑稽列传》中就有这样的记载："民人俗语曰：'即不为河伯娶妇，水来漂没，溺其人民'云。"东汉班固《汉书·路温舒传》中说："故俗语曰：画地为狱，议不入；刻木为吏，期不对。此皆疾厉之风，悲痛之辞也。"北魏·郦道元《水经注·濡水》中也有这样的例子："濡水……西北入难河。'濡''难'声相近，狄俗语讹耳。"但是仔细分析，上面这三例中的"俗语"，表示的意思并不一样。第一例中的"俗语"，指的是民间流传的说法；第二例中的"俗语"，表示"通俗流行并已定型的语句"；第三例中的"俗语"，则是方言土语的意思。[①]

《现代汉语词典》（第7版）对"俗语"的解释是："通俗并广泛流行的定型的语句，简练而形象化，大多数是劳动人民创造出来的，反映人民的生活经验和愿望。如'天下无难事，只怕有心人'。也叫俗话。"[②]《辞海》（第七版）则释为："流行于民间的通俗语句，往往带有一定的方言性。"[③]

可以看出，几部权威工具书并没有对"俗语"做出一个统一而明确的解释。这表明，虽然"俗语"一词的运用历史悠久，但学术界对于"俗语"的内涵和外延至今尚未完全厘清。

---

① 罗竹风主编《汉语大词典》，汉语大词典出版社，1994。
② 中国社会科学院语言研究所词典编辑室：《现代汉语词典》（第7版），商务印书馆，2016。
③ 陈至立主编《辞海》（第7版），上海辞书出版社，2020。

　　学者们对于俗语性质范围的讨论也一直在进行中。吕叔湘先生在《中国俗语大词典》①序言里说："俗语，或者俗话，是一种广泛的名称。""典型的俗语是所谓谚语，这是各国语言里都有的一种东西，英语里的名称是proverb。""俗语里还包括一种早先叫作'俏皮话'而现在统称'歇后语'的东西。它的灵魂是机智却不一定有教育意义。"张清常先生在《常用俗语手册》②序中指出，俗语是反映人民的心愿，记录社会生活和人生经验的语句，"包括谚语、格言、警句和俚语中成句话的一些说法等等"。屈朴在《俗语古今》③一书中指出，"汉语俗语是指包括口语性成语和谚语、歇后语、格言、惯用语、俚语等在内的定型化或趋于定型化的简练的习用语汇和短语"，"俗语具有口语性、通俗性，是一种定型化的习用语式，大多数俗语都具有生动、形象或哲理性特点"。马国凡、马叔骏在《俗语》④一书中指出："'俗语'一词，历来缺乏精确的定义，也没有语言结构上的界定。"经过分析后他们认为，俗语是熟语中的一类，也属于种概念，它强调的是通俗，包括"谚语、歇后语、通俗的成语、通俗的成句"。徐宗才在《俗语》⑤一书中指出："很多语言学者试图给俗语下个完美的确切的定义，但由于对俗语的性质、俗语的范围等重大问题认识和理解的不同，定义也五花八门，莫衷一是，迄今尚无定说。"徐著认为，在俗语的范围上，有广义的理解和狭义的理解。广义的理解，如温端政《中国俗语大辞典》⑥前言中指出的："俗语应该包括谚语、歇后语（引注语）、惯用语和口头上常用的成语，而不应该包括方言词、'俗语词'、来自书面系统的成语和来自名家名篇的名言警句。"狭义的理解，如徐宗才在《俗语词典》⑦前言中所说："俗语是具有自己特点的一种语类，它不同于谚语，也不同于歇后语，它们之间既有区别，又有交叉。俗语包括大部分谚语和小部分歇后语。"对俗语做狭义理解的还有王勤，他认为，"在汉语大于词的固定词汇材料中，

①　温端政主编《中国俗语大词典》，上海辞书出版社，1989。
②　徐宗才、应俊玲编著《常用俗语手册》，北京语言学院出版社，1985。
③　屈朴：《俗语古今》，河北人民出版社，1991。
④　马国凡、马叔骏：《俗语》，内蒙古人民出版社，1997。
⑤　徐宗才：《俗语》，商务印书馆，2000。
⑥　温端政主编《中国俗语大辞典》，上海辞书出版社，1989。
⑦　徐宗才、应俊玲编著《俗语词典》（修订本），商务印书馆，2004。

经过数百年广大群众在运用实践中的考验，名实关系已经确定下来的固定词汇单位有成语、谚语、歇后语和惯用语。如杲把这些名实已定的词汇单位从传统所谓'俗语'的大家庭中剔检出来，还剩下来一定数量为广大群众喜闻乐用的固定词汇材料。例如：敬酒不吃吃罚酒、驴唇不对马嘴……"这剩下的部分就是"狭义俗语"，"仍应叫作'俗语'，使它与成语、谚语、歇后语、惯用语处于同一地位，同一级次。""如此一来，'俗语'既不包容谚语、歇后语、成语、惯用语，也不是谚语的别名。"①

温端政在《汉语语汇学》②一书中重申和深化了其在《中国俗语大辞典》前言中关于广义俗语的观点。他认为，"俗语"除了语的一般特点（如由词和词组合而成，结构相对固定，具有多种功能，属于叙述性语言单位等）外，还具有以下两个特点：一是为人民群众所创造，具有群众性；二是流传在群众的口头上，具有鲜明的口语性和通俗性。因此，应该把俗语定义为："汉语语汇里为群众所创造、并在群众口语中流传，具有口语性和通俗性的语言单位。"按照这种定义，温端政认为："俗语首先应包括谚语。吕叔湘先生在为《中国俗语大词典》（上海辞书出版社，1989）撰写的序言里说，谚语是'典型的俗语'。这种看法符合我们民族的传统观念，也符合古今汉语的实际。"除了谚语之外，俗语还应该包括歇后语和惯用语。同时还包括成语中的"俗成语"。温著将"语"的体系结构图示如下：

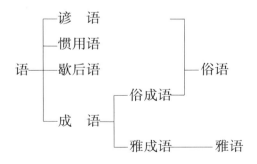

我们同意温著建构的"语"的体系结构及俗语的分类，并认为，从研究"语"

---

① 王勤：《汉语熟语论》，山东教育出版社，2006。
② 温端政：《汉语语汇学》，商务印书馆，2005。

的实际情况来看，完全没有必要从"广义俗语"中分出"狭义俗语"来。① 第一，"俗语"的名称古已有之，虽然所指对象不完全一致，内涵外延界限也不很清晰，但其是一个居于上位的大类，包含一些小类的总体认识已经得到了社会和学术界的基本认可。正如王勤② 所言："广义俗语的叫法在社会上有一定的影响，甚至在语言学术语中也占有一席之地是有原因的。它继承了历代传统的说法，有一定的社会基础，用起来自然方便些；同时俗语本身也确有通俗性的特点。"在这种情况下，再把"俗语"分为"广义的"和"狭义的"两类，使其"降格"为同成语、谚语、歇后语、惯用语并列的一个属类，容易造成概念上和逻辑上的混乱，使学习者和研究者陷入迷茫。

第二，"语"的大家族里包括"谚语""惯用语""歇后语""成语"四个组成部分，这一观点经过《汉语语汇学》的进一步阐述，已经逐渐得到学界的认可。上海辞书出版社、商务印书馆出版的一些相关的"语"类工具书，正逐渐实践这样的界定范围和分类。这与上述吕叔湘先生以及马国凡、马叔骏的观点大同小异，其指导思想是一致的。在这四大"语"类中，谚语、惯用语、歇后语以及成语中的"俗成语"都具有口语性和通俗性，也就是说，都具有俗语的典型特点。如果在四大语类之外，再增加一个被称为"俗语"的属类，便会破坏"语"的系统性，为今后进一步深入研究"语"带来一些不必要的麻烦。

第三，以往的观点认为，惯用语"多为三字格"。随着研究的深入，惯用语的范围在不断扩大，多字条目已逐渐被多数人认可。王勤文章和著作中所列举的"狭义俗语"，许多条目其实就是惯用语。如"敬酒不吃吃罚酒、驴唇不对马嘴、跳进黄河也洗不清、说的比唱的好听、眼里揉不得沙子"等。我们用"敬酒不吃吃罚酒""驴唇不对马嘴""跳进黄河也洗不清"三个条目，在大型的《汉语惯用语大辞典》③、中型的《汉语惯用语词典》④、小型的《惯用语小词典》⑤中进行查找，这三条惯用语都赫然在目。只是"跳进黄河也洗不清"在《汉

---

① 吴建生：《惯用语的界定及惯用语词典的收目》，载《语文研究》2007 年第 4 期。
② 王勤：《俗语的性质和范围》，载《湘潭大学学报》（社会科学版）1990 年第 4 期。
③ 高歌东、张志清：《汉语惯用语大辞典》，天津教育出版社，1995。
④ 黄斌宏主编《汉语惯用语词典》，商务印书馆国际有限公司，2009。
⑤ 温端政主编、巫建英编写《惯用语小词典》，上海辞书出版社，1999。

语惯用语大辞典》中为"跳在黄河也洗不清"，在《汉语惯用语词典》中为"跳到黄河也洗不清"。这些多字的惯用语条目和所谓"狭义的俗语"之间没有明显的界线，显然不好区分。从形式看，它们非"二二相承"的四字成语；也不是带有"引""注"结构的歇后语；从语义上看，它们不含深刻的寓意或道理，不是具有知识性的谚语；它们只是"描绘事物的形象、性质、状况或人的动作行为的具体方式"，因此，理当归入惯用语。

综上，本课题所说的俗语，是具有广泛流传的群众性、生动活泼的口语性、明白易懂的通俗性的固定性语言单位，包括谚语、惯用语、歇后语和成语（俗成语）四个组成部分。

## 1.2 汉语方言俗语

### 1.2.1 汉语方言俗语的范围

汉语方言俗语，指的是在汉语方言区通行的俗语。

汉语方言俗语有狭义和广义之分[①]。狭义的方言俗语指的是方言中有而普通话中少见或者没有的俗语。这类俗语，多数需要加以解释，外地人才能明白。例如[②]：

> ［牛角唔尖唔过岭］比喻没足够的本事就别吹牛。相当于北京话的"没有金刚钻就别揽那瓷器活儿"。（梅县）
>
> ［牛唔饮水，点撳得牛头低］牛不喝水，怎能把牛头按低。比喻不能强迫别人。（广州）
>
> ［走咖一炉锅汤］可以得到的好处没有得到。［例］小王得路不细（得到很大的好处），小李就走咖一炉锅汤。｜本该你得路(得到好处)，你不去，还不是走咖一炉锅汤伢咧！（长沙）
>
> ［放野火］乱说，造舆论。（上海）

---

① 温端政主编《汉语语汇学教程》，商务印书馆，2006。
② 本书所列举方言俗语用例均选自本课题成果《汉语方言俗语语料库》。书目、作者及出版信息见附录。

〔布塍捋厝瓦——好阔好密〕塍(chéng)：田间的土埂子。布塍：插秧。捋：指铺瓦片时将瓦片一个叠着一个地平铺起来。厝：房子。阔：疏松。插秧、铺房瓦（这类事情上），可以弄得松一些，也可以弄得密一些。此歇后语有两方面含义：①指做事不需要按照死规定，可以灵活变通；②凭良心工作。（潮汕）

〔赤屡子踢飞脚——利圪刷〕屡子：光屁股。利圪刷：利索。本指赤身裸体踢脚没有衣服等的妨碍，比喻做事精干利落。〔例〕二小子一前晌（上午）就把那一亩茭子（高粱）锄啊，赤屡子踢飞脚，利圪刷。（忻州）

〔瘦麻圪筋〕形容人瘦而无力。（太原）

〔蹉趴舞射〕跃跃欲试的样子。〔例〕人家谁也不忙，就他蹉趴舞射地想露一手嘞。（神木）

一些常用俗语，在方言里，有的构语成分被替换成方言的说法。例如："巧妇难为无米之粥"，在方言里有多种说法：

巧嫟子难做没米的粥。（临县）

巧媳妇子馇不下没米的粥儿。（平遥）

巧媳妇儿不能做那没米儿的粥。（牟平）

巧娘娘儿难做没面哩饦饦儿。（忻州）

舅舅冇米，勿要怪妗娘不会煮饭。（瓯越）

又如"懒婆娘的裹脚布——又臭又长"：

八十岁婆婆的裹脚——又臭又长。（监利）

大嫚儿娘的裹脚——又臭又长。（莱州）

二大娘的裹脚布——又臭又长。（忻州）

懒婆姨的裹脚——又长又臭。（银川）

婆娘家的缠圪带——又臭又长。（万荣）

这些条目，是方言俗语的重要组成部分，也是我们重点关注和研究的对象。

广义的方言俗语，指的是生活中应用的所有方言俗语，既包括和普通话不同的语，也包括除语音外和普通话在形式和意义上相同的语。例如，在《现代汉语方言大词典》42 种分卷本 ① 中，有 16 个点收录了惯用语"摆架子"，其形式和意思与普通话一样，只是语音各异：

摆架子 pai$^{35}$ka$^{32}$tsɐi$^{35}$ 指自高自大，装腔作势。（东莞）

摆架子 pai$^{213}$tɕia$^{53}$·tsʅ 指自高自大，装腔作势。（哈尔滨）

摆架子 pai$^{53}$tɕia$^{24}$tsʅ$^{53}$ 指自高自大，装腔作势。程度更高的说"摆臭架子"。（贵阳）

摆架子 pɑ$^{424}$kɑ$^{33}$tsʅ$^{424-0}$ 指自高自大，装腔作势。（崇明）

摆架子 pɛ$^{53}$tɕiɑ$^{55}$·tsʅ 指自高自大，装腔作势。（杭州）

摆架子 pɔ$^{213-31}$ko$^{35}$·tsʅ 指自高自大，装腔作势。［例］尔个人喜欢摆架子。（绩溪）

摆架子 pai$^{33}$kʰa$^{55}$tsi$^{33}$ 指自高自大，装腔作势。［例］亚只人喏（刚）当几日官就摆架子喇。（南宁平话）

摆架子 pɑ$^{535-55}$kuɑ$^{55-33}$tsʅ$^{535-55}$ 指自高自大，装腔作势。［例］格个人威风凛凛，摆架子。（金华）

摆架子 pɛ$^{53}$tɕiɑ$^{44}$·tsʅ 指自高自大，装腔作势。（西安）

摆架子 pai$^{44}$ka$^{53}$·tsʅ 指自高自大，装腔作势。（黎川）

摆架子 pae$^{11}$tɕiɑ$^{44}$·tsʅ 指自高自大、装腔作势。［例］他刚当了个小官就会摆架子了。（南京）

摆架子 pæ$^{54}$kia$^{24}$tsʅ$^{54}$ 指自高自大，装腔作势。（柳州）

摆架子 pai$^{53}$tɕia$^{45}$tsəʔ 指自高自大，装腔作势。（太原）

摆架子 pɛ$^{53}$tɕia$^{213-21}$tsʅ$^{53}$ 指自高自大，装腔作势。［例］我找家们办个事，家给我摆架子。（西宁）

---

① 李荣主编《现代汉语方言大词典》（分卷本），江苏教育出版社，1993—2003。

摆架子 $pæ^{313-42}tɕiɑ^{53}·tə$ 指自高自大，装腔作势。（忻州）

摆架子 $pɛ^{53-35}tɕia^{13-11}·tsʅ$ 指自高自大，装腔作势。［例］打肿脸充胖子，借上衣裳摆架子。（银川）

另外有四个点的说法或意思和普通话有所区别：

摆架摆子 $pæ^{35-31}ka^{22}pæ^{35-31}·tsʅ$ 形容自高自大，装腔作势。［例］这只人也唔是一介好人，时常摆架摆子，看唔惯。（于都）

摆架落子 $pa^{35-0}ko^{42-53}lo^{212-42}tsʅ^{35-24}$ 摆架子。（温州）

摆架仔 $pai^{33}ka^{33}tsiɛ^{21}$ 指自高自大，装腔作势。（建瓯）

摆架子 $pai^{35-5}ka^{11}tsʅ^{35-5}$ 摆样子；装门面。（萍乡）

这些常用俗语，在方言中流传甚广，活跃生动，发挥着重要的交际作用，因此，也应该算作方言俗语大家庭的成员。

### 1.2.2　汉语方言俗语的甄别

在甄别认定汉语方言俗语的时候，我们需要厘清一些似是而非的条目，从而更为明确地划分方言俗语的范围。

**（1）方言词和方言俗语**

如前文所述，除了部分"二二相承"的成语之外，具有"叙述性"是俗语的根本属性。我们对方言俗语认定也是如此。以"叙述性"的标准衡量，一些以往被认为是方言俗语而实际上是方言词的条目，不再作为我们的研究对象。例如：

半翻子：指头脑糊涂、领会能力差的人。

菜包子：比喻无能的人。

白毵毵儿：比喻什么事情也干不了的人。

干羊头：比喻脑袋又瘦又小的人，含讥蔑意。

措炕嘴：比喻乱说乱道的人。

挨刀鬼：指干尽坏事、该被刀斩的人。

白肚皮：比喻能劳动而不劳动，靠剥削过着富裕生活的人。

醋葫芦：比喻忌妒心很强的妇女。

——忻州 ①

二转子：本来指黄牛和犏牛杂交而生的一种劣种牛，借指那些性格乖僻、反复无常之人。

麻雀儿：嘴快话多之人。

炒面头：兰州人对西宁人的戏称。

杠骚客：耍赖之人。

老鸡蛋：长不高的人。

不胎亥：指不正派、不成材、不上路的人。

搅曲把：本指装在磨盘上的粮斗内的工具，喻指经常搬弄是非的人。

宽心丸：宽慰别人的话。

玲珑人：明白事理、善解人意的人。

——青海 ②

阿鹊子窝：指女孩子未来的婆家。

绊脚子：指情人。

逢进哥：指贪婪，只收入不付出的人。

——监利 ③

　　这些条目虽然带有比喻性，有的条目还具有意义的"二重性"，但是它们都是表示一个概念，而不是描述某种情况或现象。在《现代汉语词典》（第 7 版）中，类似的条目如"白眼狼、包打听、笔杆子、变色龙、不倒翁、丑八怪、贱骨头"等，都被明确标注了"名词"的身份。因此，它们都是方言词，不是方言俗语。又如：

---

① 张光明：《忻州方言惯用语词典》，上海大学出版社，2012。
② 谷晓恒、李晓云：《青海方言俗语》，语文出版社，2013。
③ 张俊纶：《监利方言俗语词典》，崇文书局，2006。

　　矮跶跶：形容个子矮小，含贬义。

　　白潲哒：形容白而绵长的东西。［例］这霉长得白潲哒。

　　白清哒：形容非常洁白。

——监利 [1]

　　这些方言性较强，看似俗语的条目，实际上属于形容词，也应从俗语中剔除。

## （2）方言词组和方言俗语

　　有些条目是一般的方言词组，所表达的意思就是字面上的意思，并没有引申义或扩展意义，这些条目不是方言俗语。如：

　　阿不出口：指不好意思说出来。（监利）

　　担待不起：受不住，受之有愧。（青海）

　　不得了哒：指某人做官或有钱后不可一世的样子。（监利）

　　心里都有：你别看他不吱声、不言语的，心里都有啊！（济南）

　　想翻起来：想起来。（繁峙）

## （3）临时组合和方言俗语

　　有些以两段形式出现的条目，看上去很像歇后语，但仔细琢磨，实际上它们并非真正的歇后语。例如：

　　蚕儿吐丝——丝方尽。

　　春江水暖——鸭先知。

　　打断别人的歌——没理由。

　　滴水不漏——筹划周密。

　　浑身痛——毛病多。

　　亲上加亲——有缘分。

　　天长地——酒（久）。

---

　　[1]　张俊纶：《监利方言俗语词典》，崇文书局，2006。

为自己错误辩护的人——愚蠢。

——湘西①

这些条目实际上是在语言运用过程中，不同的人根据当时的交际场景和表达需要临时组合或拆析而成的，它们并没有形成一个相对固定的结构，其"引"和"注"之间的稳定关系也还没有形成，所以不能把这类条目当作歇后语纳入方言俗语范围。

**（4）民间歌谣、顺口溜和方言俗语**

在采集和整理方言俗语的过程中，我们经常会看到一些较长的言语片段。例如：

①一九二九伸不出手，三九四九门缝叫狗，五九六九沿河看柳，七九河开不定开，八九燕来肯定来，九九又一九，犁牛遍地走。（太原）

②一九冬至一阳生，二九天寒冷气生，三九滴水冻成冰，四九天气正寒冷，五九正在九九中，六九头上正打春，七九河开水流冰，八九雁儿来又回春，九九犁牛遍地走，九完天长人送粪。（忻州）

③一九二九，相逢不出手。三九二十七，河里冻死鳖。四九三十六，井上浇蜡烛。五九四十五，穷汉街头舞。六九五十四，下河摸螺蛳。七九六十三，行人把衣单。八九七十二，行人摇扇儿。九九八十一，行人汗滴滴。（扬州）

④一九二九，怀中插手；三九四九，冻死猪狗；五九六九，沿河看柳；七九六十三，路上行人把衣宽；八九七十二，猪狗卧阴地儿（凉爽处）；九九八十一，庄稼老汉儿田中犁。（成都）

⑤月光光，月圆圆，四娘经布在埕墘，骹踏绞面响咿噫，手合槟榔认同年。（雷州）

⑥打铁打到十月朝，家家门口买纸烧；烧一半，留一半，留给娃娃放炮仗。（南京）

---

① 孟宪政：《湘西民间歇后语与谚语集萃》，湖南师范大学出版社，2011。

⑦皮底鞋，洋袜子，腰里扁呐片夹子，手里撼呐钱褡子，嘴里噙呐狗鸭子。（嘲讽20世纪四五十年代某些不土不洋者的打扮。）（永济）

⑧走动地里摇哩，到咾地里熬哩，回的时候跑哩，评动工咾闹哩，工分少咾嚷哩。（合作化时某些社员的写照。）（万荣）

例①②③④是民间广泛流传的"九九歌"。"九九歌"反映了不同地区在冬春时节气候的变化和与之相应物态变化的情况，是民众长期对自然和生活现象观察所得规律的总结。几乎每个不同的方言，都有自己独特的"九九歌"版本。例⑤⑥是儿歌，这些风格各异、特色鲜明，带有浓重乡土味道的不同的儿歌，几乎留存在每个人牙牙学语的成长记忆中。例⑦⑧是对某一时段某种现象的描述、讥讽或贬斥，类似于顺口溜，带有非常明显的时代特征。

这些条目，在方言调查和民俗民风采集记录中，都是十分重要的宝贵材料。但是，在材料分类和分析研究时，要把它们和方言俗语区别开来。一些方言研究著作中，常常是谣谚一体，混合记录，这无疑是受古代典籍中谣谚不分的影响，这是我们研究中应该注意的。

与此相似的还有谜语，例如：

①一点儿一横儿长，一撇儿到南阳，左树木，右树木，长待石头上。（谜底：磨。）（牟平）

②对门岭上一副磨，皇帝老子不敢坐。（谜底：牛屎。）（萍乡）

③出门滚叮胖，进门瘦精精，隉得板壁下，眼泪挂淋淋。（滚叮胖：很胖。谜底：雨伞。）（绩溪）

④大姐一身麻，二姐一身癞。（谜底：花生、柿饼。）（武汉）

它们和方言俗语的区别也是十分明显的，虽然在很多方言俗语著作中，这类谜语也被作为语料收录，但它们明显不在我们界定的方言俗语的研究范围之内。

### 1.2.3 汉语方言俗语的分类

我们在前一节讲，俗语是具有广泛流传的群众性、生动活泼的口语性、明白易懂的通俗性的固定性语言单位，包括谚语、惯用语、歇后语和成语（俗成语）四个组成部分。这一界定和分类同样也适用于方言俗语。

汉语方言俗语包括方言谚语、方言歇后语、方言惯用语和方言成语（俗成语）四个组成部分。

### （1）方言谚语

方言谚语是方言俗语中的第一大户。吕叔湘先生将谚语称为"典型的俗语"，表明了谚语在俗语中的首要位置。以山西忻州方言为例：《忻州谚语词典》《忻州成语词典》《忻州惯用语词典》[①]《忻州歇后语词典》[②] 共收入俗语 16000 余条，其中谚语就有 7156 条，占忻州俗语总数的 45%。

①方言谚语的结构

从结构上看，方言谚语可分为单句型和复句型。例如：

A 单句型

钱是人挣哩。（定襄）

巧人是拙人的奴。（介休）

老鼠圪弹猫屁眼。（圪弹：撩逗，招惹。）（清徐）

人硬不如货硬。（银川）

锄头自带三分水。（忻州）

穷厝无穷路。（厝：住宅。）（泉州）

撒谎不瞒当乡人。（黑龙江）

手拐子往内撇。（手拐子：胳膊肘。撇，折、弯。比喻偏向自己人。）（重庆）

B 复句型

复句型谚语可以分为三种情况，第一种由两个语节组成。这种类型占复句

---

① 张光明：《忻州谚语词典》《忻州成语词典》《忻州惯用语词典》，上海大学出版社，2012。

② 张光明：《忻州歇后语词典》，上海辞书出版社，2006。

型谚语的大多数。例如：

> 茶叶淡了不如水，人没钱儿不如鬼。（平遥）
>
> 吃饭要吃米，讲话要讲理。（衡山）
>
> 吃饭在牙口，种地在茬口。（屯留）
>
> 吃咾人家的嘴软，荷咾人家的手短。（临县）
>
> 好马弗吃回头草，好蜂弗采落地花。（宁波）
>
> 狼怕剥，狗怕摸。（临汾）
>
> 树惜树皮，人惜面皮。（厦门）
>
> 算盘要常拨拉，把式要常踢打。（黑龙江）
>
> 与其仰面求人，不如低头求土。（温州）
>
> 说真假辨别才知道，羊肥瘦宰了才知道。（青海）

第二种由三个或三个以上语节组合而成。例如：

> 少年读书石板刻字，中年读书粉笔写字，老年读书河里划水。（宁波）
>
> 蛇有蛇墿，鳝有鳝墿，蛤蟆仔自跳自着。（墿：路。）（建瓯）
>
> 食唔穷，着唔穷，唔晓打算一世穷。（东莞）
>
> 一人说话满有理，俩人说话见高低，三人说话有证人。（襄垣）
>
> 木匠怕的是钻天铆，泥匠怕的是裹窑脑儿，铁匠怕的是灌铷刀。（孝义）
>
> 吃了交夏粿，一时一刻没的坐；吃了交夏粽，一时一刻没的空。（绩溪）

第三种由两个语节紧缩而成，例如：

> 娶不对婆姨一辈子穷。（清徐）
>
> 办酒容易请客难。（宁波）
>
> 贴羊儿也贴个瘦的。（临县）
>
> 孩儿不哭娘不理。（平鲁）

"娶不对婆姨一辈子穷"省去了表示假设的"如果……就会",浓缩表达了娶个好媳妇的重要性。"办酒容易请客难"省去了转折连词"虽然……但是",揭示了人与人之间的微妙关系。"贴羊儿也贴个瘦的"是让步关系的"即使……也要"句的紧缩,意思是即使要帮助,也应该先帮助最需要的人。"孩儿不哭娘不理"是条件句"只要……就"的紧缩,告诫人不能被动等待,只有自己积极反映问题,才会引起别人的重视。

紧缩后的谚语,简短精干,节奏明快,意义清楚,容易记忆,在语用中,更能够起到突出的效果。

②方言谚语的语义特点

从语义来看,谚语具有表述性,它以传授经验、传播知识为目的,带有明显的知识性和哲理性。这是谚语最重要的特点,也是谚语区别于其他语类的最主要的特性。谚语的这一特点,同样适用于方言谚语。

方言谚语取材广泛,内容极为丰富。浩瀚的方言谚海,反映了芸芸大众的多彩人生和民间生产生活的方方面面。例如,有劝人勤劳,鞭笞懒惰的:

> 勤吃懒做,挨冻受饿。(宁波)
>
> 勤耕苦作般般有,好吃懒做样样无。(黑龙江)
>
> 勤耕冇瘠土。(瓯越)
>
> 勤耕勤做,到底好过。(安徽歙县向杲)
>
> 勤谨勤谨,顿顿吃得齐整;好吃懒做,顿顿挨饿。(成都)
>
> 勤谨勤谨,吃饭把准。(牟平)
>
> 勤快勤快,有酒有菜。(东安)
>
> 勤快有饭有菜,懒惰捱冻受饿。(南宁平话)
>
> 勤人致富样样有,懒人眼红怪命丑。(湘西)
>
> 勤是摇钱树,俭是聚宝盆。(青海)

有鼓励学习,悉心磨炼的:

> 刀不快石上磨,人不会世上学。(黑龙江)

刀钝石上磨，人笨苦心学。（湘西）

刀跟儿石上磨，人跟儿世上练。（牟平）

刀在石上磨，人在事中练。（忻州）

刀不磨要锈，水不流肯臭。（万荣）

刀弗磨要锈，水弗流要臭。（宁波）

刀快是磨下的，人狠是学下的。（青海）

刀子越磨越快，脑子越用越灵。（代县）

有顺应四时，农业气象的：

白露不勾头，割咧喂老牛。（晚秋作物如果在白露时仍未灌浆结实，只好割了喂牛。）（乌鲁木齐）

白露白露，冻脚冻手。（指白露季节露在外面的手脚开始感到寒意。）（监利）

白露番薯，摇头呒食肥。（地瓜到了白露就不必施肥了。）（泉州）

白露边，烤火尖。（白露前后，天气转凉，有人开始烤火了。）（建瓯）

白露早，寒露迟，秋分种麦子正合适。（牟平）

白露不秀，寒露不收。（黑龙江）

白露天气晴，谷米白如银。（成都）

白露白茫茫，无被膾上床。（膾：不要。白露时节，气温迅速下降，绵雨开始，天气已经转凉。）（古田）

白露个雨，到一处害一处。（白露时候下的雨对农作物危害很大。）（上海）

白露白，寒露芥。（白露时适宜种白菜，寒露时适宜种芥菜。）（龙岩）

白露草回头，寒露百草枯。（回头：转向衰枯。）（忻州）

还有生活经验，养生保健的：

熬眠成大病。（熬眠：通夜或深夜不睡觉熬夜。）（福州）

百病怕胃强。（瓯越）

憋屎憋尿，病灾不消。（监利）

别人生气咱不气，气出病来没人替。（代县）

病出水，疮出脓。（生病的时候人会出汗，生疮的时候会流脓水。）（定襄）

病重用参汤，等于下砒霜。（虚不受补，大补下去病人吃不消。）（扬州）

不喝空心酒，不饮睡前茶。（忻州）

常吃蒜头姜，去病又去伤。（建瓯）

常食茶，唔烂牙。（食茶：喝茶。唔：不，不会。）（长汀客家）

朝食三片姜，如饮人参汤。（黑龙江）

立夏吃碗羹，麻石练个坑。（羹：立夏时节吃的汤圆。麻石练个坑：在地上打滚，意谓吃了这种食品，就有力气做事。）（长沙）

这些谚语都是方言文化中的宝贵财产，记录总结了千百年人生的体验和经验，在发扬传统文化、保护地方文化以及反映当地民众生产生活等众多方面，发挥了极为重要的作用。

### （2）方言惯用语

在俗语的四大语类中，惯用语是意见分歧最大，争论最为激烈的一类语。正如李行健在《规范惯用语词典》前言中所言："给'惯用语'下一个定义，学术界讨论了好一段时间，至今仍众说纷纭，莫衷一是。大家的共识只有一个，这种讨论还得继续下去。"[1]

在众多对惯用语的不同认识中，温端政和孙维张的观点最值得注意。温端政（1989）认为，惯用语有两种类型，"一类是不表示完整意思的词组，一类是表示完整意思的句子"。[2] 前一种类型，内容上没有知识性，结构上少则三四个字，多则七八个字，都不能单独成句；后一种类型在结构形式上同谚语没有什么区别，但在内容上缺乏谚语所具备的知识性，是用来对人或事物的特

---

[1] 李行健主编《规范惯用语词典》，长春出版社，2001。

[2] 温端政：《中国俗语大词典》前言，上海辞书出版社，1989。

点、形状等进行某种描写，而不是用来传授知识。两种类型都缺乏谚语所具备的知识性。孙维张（1989）认为，"惯用语属于描绘性熟语……不管是哪一种，它的表达功能都在于描绘，大都用比喻的方式把事物的形象或性质、状况，把人的动作行为的具体方式形象地表现出来。也不管是哪一类的惯用语，也不管它的结构长与短，它都没有表述性，不能形成完整的判断。""惯用语的结构形式的特点不在于是否短小，也更不是什么'三字'结构"，它"结构形式上的特点是长短不等。短的有3个音节，长的有10多个音节。"[①]

在《汉语语汇学》[②]中，温端政进一步从"描述性"的角度对惯用语作了阐述。他认为，要搞清惯用语的性质和范围，需要把惯用语放到语汇的整体中进行观察。一方面要把惯用语与非语汇单位区别开来；另一方面，要与歇后语、谚语、成语等语汇内部的相关单位区别开来。"从这个角度来看，把惯用语定义为非'二二相承'的描述语是最佳选择。"

把惯用语的"非'二二相承'"和"描述性"作为主要区别特征的做法，为惯用语与其他语类划出了一道清晰的界限。这使得俗语的划分和语类工具书的编纂具有了较强的可操作性，[③]也为方言惯用语的划分提供了明确的理论依据。

①方言惯用语的结构

从结构上看，方言惯用语可以分为两种类型，一类为"词组型"惯用语，不表示完整的意思。例如：

> 搲黄鱼（黄鱼：比喻金条。指诈骗钱财。）（广州）
>
> 炮蹶子（①比喻人的暴跳行为：这人脾气贼獒，动不动儿就～。②比喻奋力：～干。）（哈尔滨）
>
> 对缝子（比喻有趣的对话：俗话说，不会割<sub>制做</sub>桌子，就会～。）（忻州）
>
> 吃倒水儿（比喻不趋炎附势。）（温州）
>
> 刮地皮（比喻不择手段搜刮老百姓的钱财。）（监利）

---

① 孙维张：《汉语熟语学》，吉林教育出版社，1989。

② 温端政：《汉语语汇学》，商务印书馆，2005。

③ 吴建生：《惯用语的界定及惯用语辞典的收目》，载《语文研究》2007年4期。

能得离天四指（嘲讽人逞能。）（万荣）

憋破肚（比喻人有委屈而无处发泄。）（忻州）

脸子多（一会儿一变脸。形容人爱生气。）（太谷）

面皮老（脸皮厚。）（宁波）

另一类为"句子型"惯用语，表示完整的意思。例如：

A 单语节

面面都是佛。（四面都是佛像，都不好得罪。）（莆仙）

鼻屎当盐食。（鼻屎：鼻腔里的脏物。形容吝啬之极。）（古田）

鼻圪垯比脸大。（比喻开支大过收入。）（代县）

白眼蛔蛔也想吃大鱼咸。（温州）

面皮厚过牛眉。（眉：某些雌性动物的生殖器。詈语，称人脸皮厚，不知羞耻。）（南宁）

早知尿床不铺毡。（平鲁）

B 双语节

你在捏鬼哩，我已经晒干哪。（比喻一个比一个狡猾奸诈。）（忻州）

嘴是蜜钵钵儿，心是蛆壳壳儿。（和顺）

白天游营走四方，黑夜熬油补裤裆。（繁峙）

面头前叫阿婶，背后抡后枕。（后枕：后脑勺。喻两面三刀，表面亲热，背后诬蔑。）（莆仙）

门闩的笃响，媒人隔壁张。（张：张望。嘲讽人徒劳心力，多此一举。）（宁波）

媒人的嘴两块皮，说得两亲比天齐。（两亲：男方和女方。形容媒人嘴巴乖巧，善于撮合。）（监利）

眉勒骨生硬，后脑勺子痛绵。（眉勒骨：额头。痛：很，非常。指人脸皮很厚，但却没主意。）（临县）

没老娘娘的夸孝顺，没儿的夸干净。（老娘娘：婆婆。嘲讽人不承担责任却说轻巧的话。）（太谷）

得过且过，阳婆地里暖和。（阳婆地：太阳地儿。）（太原）

倒贴工钿白吃饭，生活拨侬学学惯。（宁波）

C 三语节

三语节的惯用语较少。例如：

门门晓，样样鳅，喂只脚猪称得□〔xəu³³〕。（鳅：自称懂某种技术，但做起来不行。脚猪：用来配种的公猪。称得□〔xəu³³〕：称王称霸。）（长沙）

没米的稀粥，没面的拌汤，还有凉水灌肠。（形容极为贫困，没有饭吃。）（太谷）

②方言惯用语的语义

A 描绘性

惯用语最主要的特点是描绘性。方言惯用语也是如此。方言惯用语描绘某种现象或人的某种状态。这一点和具有知识性的谚语有明显的不同。例如：

挨粑棒。（粑棒，指舂糍粑的木棒。比喻受骗上当。）（重庆）

挨板子。（比喻严厉批评。多含诙谐意。）（徐州）

挨大刀不挨小刀。（讥讽人不会处事，吃了大亏忍过去了，小的损失却还要计较。）（忻州）

挨得一下是一下。（形容尽量拖延时间。）（监利）

挨夹食伤寒。（受几种病夹攻，暗喻被卷进是非中，几头受气或受冤枉。）（成都）

挨车堵墙无路行。（比喻碰到窘境。）（雷州）

爱到骨头缝里。（形容对对方无所不爱。）（监利）

爱耍玩料翘。（形容人爱玩小聪明。）（武乡）

八字冇得一撇。（比喻事情还没有一点眉目。）（娄底）

把铜钱看得比磨盘大。（代县）

白儿里游游转转，黑咧借油纺线。（黑咧：晚上。）（西安）

吃人家的肚皮突出，人家吃他的乌珠突出。（乌珠：眼珠。指人贪财吝啬。）（杭州）

### B 贬义性

慣用语在感情色彩上的一个重要特点，就是具有贬义性。方言惯用语同样如此。我们考察了《忻州惯用语辞典》[①] "吃"字条的所有语目，发现在 45 条有效条目中，有 38 条都是贬义的：

吃烧饼

吃死猪

吃头子

吃红肉，屙白屎

吃人饭，屙狗屎

吃倒泰山不谢土

吃干馍馍配沫唾

吃了豆腐报肉账

吃哩五谷想六谷

吃哩血刺了牙俩

吃粮哩不管闲事

吃毛还要大锯解

吃上萝贝闲操心

吃上瓦碴瓷了心

吃上豌豆瓷了心

吃上文昌爷哩屁

---

① 张光明：《忻州惯用语辞典》，上海大学出版社，2012。

吃少屙多受使唤

吃虱子不留后腿

吃一看二眼观三

吃一占二眼观三

吃烧饼怕跌了芝麻

吃谁哩饭，捣谁哩锅

吃干馍馍赔不起沫唾

吃上桑叶吐不出丝来

吃哩官饭，放哩私骆驼

吃不住个比斗好打个架

吃喝嫖赌抽，坑蒙拐骗偷

吃哩碗里哩，看哩锅里哩

吃上喝上糟蹋上，临走还要吆喝上

吃上喝上糟蹋上，走动了还吆喝上

吃了猪肝想猪心，得了白银想黄金

吃饭不知饥和饱，睡觉不知颠和倒

吃窝窝一吃八个，做营生相替一把

吃莜面一吃一斤，挽麦子一扑一根

吃酸枣不吃骨骨，给酸枣舔个独独

吃饭省不哩饥和饱，睡觉省不哩颠和倒

吃哩嘴上油边边儿，喝哩眼睛红尖尖儿

吃了三盔子十八碗，担东西用了根九尺椽

仅有 6 条是中性或褒义的：

吃哩有，看哩有（形容家境盈实，生活幸福）

吃千家饭（比喻工匠成年在别人家里干活儿）

吃上生铁也能化成水（形容身体健壮，消化功能很强，含幽默、夸张意）

吃载货（本指物体坚固，能负重；转以形容能容忍别人的严厉责骂或

批评）

吃豆子一人一颗，喝凉水不分你我（形容两人关系密切，不分彼此）

吃哩白面，烧哩硬柴，不短朋友半个钱（形容人生活富裕，心情舒坦）

吃哩清，咬哩脆（本指吃水果时清脆可口，并有响声；转以形容在某件事上清楚明白，互不欺瞒）

贬义条目占了忻州方言惯用语总条目的 88.5%。在这些贬义条目中，"吃烧饼"比喻考试得了零分。"吃死猪"形容小偷窃取粗心睡觉之人的财物。"吃头子"是挨骂的意思。"吃不住个比斗好打个架"讥讽人软弱不经打却还喜欢招惹是非，结果总是吃亏。"吃倒泰山不谢土"斥责人接受了别人的许多帮助却不懂感恩。可以看出，这些条目贬斥、讥讽或者用诙谐的方式表达了对某类人或某种不好现象的不满，批评了错误的、不好的人或事，同时也从反面肯定了正确的和好的方面，给人另外一个角度的思考和启迪。

有的方言惯用语，描绘了某些特殊时期民众的贫苦生活现象，可以帮助我们了解基层群众曾经的苦难。例如山西属于内陆地区，自然条件相对较差，旧时生活极为贫困，因此，当地方言惯用语里保留了很多这方面的条目。例如有描写家庭贫穷的："鸡沟子底里掏蛋哩""荷起针来没线，荷起剪子来没布""穿衣镜没水银""房无一间，地无一垄""四只扣碗差配配""有房子没院墙，扎的一溜荽棍笆""椅床床顶桌子，喝水使得合钵子"；有因贫穷而导致缺衣少食的："浑身上下一张皮""揭不开锅""吃了上顿没下顿""米米面面没拉三二升""清汤灌大肚""没米的稀粥，没面的拌汤""喝米汤，就咸菜""有奈无奈，瓜皮就菜"；有因贫穷而导致饥饿的："狼多肉少，成天饿吵""前腔贴住后腔""饥一顿饱一顿""肠子头都烤干啦"等。

方言中有些惯用语条目，以反问形式强调了贬斥色彩。例如：

鼻子底下没嘴？（斥人不善沟通交流）（万荣）

长上眼睛出气了？（斥人不善于观察发现）（介休）

杆杆里有你嘞，还是权权里有你嘞？（斥人没有自知之明，总想管闲事）

（清徐）

没啦吃过猪肉，还没啦见过猪儿哼哼？（太原）

离了张屠户，还吃哒连毛猪哒不成？（监利）

离了狗屎不种菜了？（敦煌）

这些反问形式的惯用语实际上是通过贬斥来表达一种正面的意思，给人以某种警示。从中我们可以发现，谚语和惯用语，语类不同，表达意义的方式不同，二者互补，对人们起到了警示和教育的作用。

### （3）方言歇后语

歇后语是引述语，它的形式比较特殊，由前后两个部分组成。前一部分是"引子"，从中引出后一部分；后一部分是"注释"，描述某种形象、性质或状态。因此，也有人称之为"引注语"[①]。方言歇后语的结构同样如此。例如：

十八罗汉洗浴——越洗越鏖脏（鏖脏：脏。）（温州）

刀鹰拖鸡儿——一个快活死，一个吓死（刀鹰：老鹰。）（温州）

扒拉过料炭找东西——寻灰（料炭：没有燃烧尽的小块煤。灰：倒霉。比喻自找晦气。）（怀仁）

的老嘞戴上甋盔儿——漏咾气咧（的老：头。头上漏气是说人傻。）（清徐）

檀香木合喽茅桶——屈喽你的材咧（合：做。比喻大材小用。）（新绛）

白布下染缸——要作蓝（作蓝，变为蓝色，与"作难"音同。）（重庆）

半岩坡上的椅子——掇不得了（掇：移动。比喻形势危急，不能轻举妄动。）（成都）

半夜吃黄瓜——没晓得头尾（柳州）

从语义上来看，多数歇后语都是"双关式"的，即表面上说的是一种现象，实际上隐含着另一层意思。这一特点，在方言歇后语中更为突出。例如：

---

　　① 温端政：《关于"歇后语"的名称问题》，载《语文研究》1980创刊号。

白露过了——有雾（误）（湘西）

半天云里吊口袋——装风（疯）（青川）

犟锤子锻磨——石（实）打石（实）（敦煌）

酱萝卜滴香油——有盐（言）在先（武乡）

白洋布跌到染锅里——洗不清（河曲）

龙王爷打呵欠——神气（青海）

六月天气穿皮袄——抖起来了（监利）

六月天出门带棉袄——老客（古田）

歇后语形式灵活多变，意思通俗浅近，表达生动活泼、诙谐有趣，深受群众喜爱，是方言中的语言宝库。

### （4）方言成语

根据据汉语语汇学[①]理论，在"语"的范围之内，成语是"二二相承的表述语和描述语"。成语可分为两类，一类是雅成语，一类是俗成语。雅成语来源于书面系统，多数来自古代的经典性著作；俗成语来源于古代或现代的口语系统。

从方言调查成果来看，方言中通行的成语多数为俗成语。同"雅成语"相比，"俗成语"最大的特点就是口语性和通俗性，在表达上较为直白，结构上更加自由，外延更加宽泛。随着社会的发展和语言的演变，新成语不断出现，俗成语也越来越多，这些群众口头创造的成语，通俗易懂、灵活自由，说起来朗朗上口，深受群众喜爱。

"二二相承"的四字形式是成语的最大特点，方言中的俗成语同样具备这一特性。例如：

黑天乌目（指天色黑暗；也指人不明白，糊里糊涂）

留列整眉（形容女人整洁漂亮）

里捶外打（形容女子能干，里里外外都能应付）

---

① 温端政：《汉语语汇学》，商务印书馆，2005。

扯旗放炮（指张扬、声张）

吃疑钻沙（不信任，怀疑）

看重吃轻（指人看起来强大，实际虚弱）

——万荣[①]

在方言中，有些四字格式的固定组合含有叠音成分，有些包含准词缀成分，有些含有衬字，似乎不符合"二二相承"的特性。例如：

巴明不早（天未亮，过早：巴明不早去学校做甚去嘞）

冰人圪洼（形容接触冰冷的物体时的感觉：冷水洗衣裳冰人圪洼地，带下病着也）

卜来四古（举止、言谈不随和的样子）

不随意估（不知不觉，下意识地：我嘴赖，不随意估就把人惹下了）

菜糊拉浊（形容面条儿、稀粥里和菜太多）

碜乎卜懒（形容饭里砂子多，难以下咽）

——神木[②]

圪机三摇（形容走路摇摇晃晃，不稳当）

圪蹴马爬（形容下蹲的姿势，不舒服）

圪里圪渣（指水和饭食中的柴火皮等渣子）

圪团诿曲（形容地方窄小，不舒展）

忽溜倒腾（形容做事干脆利索）

凉五卜斥（讽刺人做事说话没有分寸）

——忻州[③]

但是，从方言调查中得知，虽然它们在语法结构上不完全是"二二相承"的，但从口语中的读音来看，却都是以"二二相承"的语音节奏来读的，这与非"二二

---

① 吴建生、赵宏因：《万荣方言词典》，江苏教育出版社，1997。

② 邢向东：《神木方言研究》，中华书局，2002。

③ 张光明：《忻州成语词典》，上海大学出版社，2012。

相承"四字格式的惯用语（如"喝西北风、摆臭架子"）有着明显的区别。从当地人的语感来说，也是把它们当作一个整体结构来对待的，所以我们把这类四字格式也归于俗成语。

在汉语方言中，俗成语占有很大的比例。它们同谚语、歇后语、惯用语、少量的雅成语一起记录了当地人民的生产和生活，是研究方言和民俗的重要资料。这些俗成语，散落在汉语方言的沃土之中，往往被忽略或遗忘。因此，在汉语方言俗语语料库的建设中，我们把俗成语作为汉语方言俗语的重要组成部分进行了采集整理。

关于"俗成语"的名称，学界尚有"四字格""准成语""类成语""准固定语"等等不同的称呼。对其性质和范围，也存在不同的看法。这些不同的认识，促使我们在建设方言俗语语料库的过程中，对这些材料作多角度、全方位的搜集和整理，以期为进一步深化研究提供丰富翔实的语料。

## 1.3 汉语方言俗语研究概述

### 1.3.1 汉语方言俗语研究著作

汉语方言俗语表现出明显的地域性特征，因此研究某一区域的方言俗语要抓住方言俗语的特点，研究才能够比较深入。研究汉语方言俗语的著作中，有的以某个省的方言俗语为研究对象，有的侧重研究某个市县单点的方言俗语。研究一省市的方言俗语的著作，有吴建生、李淑珍的《三晋俗语研究》（书海出版社 2010 年版）；谷晓恒、李小云的《青海方言俗语》（语文出版社 2013 年版）和杨月蓉的《重庆方言俚俗语研究》（中国文史出版社 2004 年版）等。《三晋俗语研究》运用汉语语汇学和认知语言学的理论，对所收集到的大量山西方言俗语资料，从结构、语义、内部比较、认知研究等多方面进行分析研究，从中发现规律，从而建立起比较完整的方言俗语研究系统。书中还较为详细地探讨了"山药蛋派"作家作品中运用俗语的情况，分析了著名作家赵树理运用方言俗语的高超技巧。《青海方言俗语》作者在田野调查的基础上，先界定了青海方言俗语，并简要介绍了青海方言俗语的范围和特征。然后从青海方言中的谚语、歇后语、惯用语和俗成语四个类别研究了青海方言俗语的结构、意义、修辞和语用等多个方面，还揭示了青海方言俗语的文化特征。最后专列一章研究青海方言俗语的民族性和地域性。《重庆方言俚俗语研究》把重庆方言俚俗语放在重庆方言和重庆地方文化的大背景下研究，不仅阐释了重庆俚俗语与重庆方言的关系、重庆俚俗语的来源，而且研究了重庆俚俗语与当地民俗民情、民间文学和地方戏曲曲艺之间的关系，并从语言本体角度研究了重庆俚俗语中的惯用语、歇后语、俗语和谚语，还针对方言俗语中的特殊用字做了本字考证。

还有一些方言俗语研究著作以地市或县区为单位进行考察，比如盛爱萍的《瓯越语语汇研究》（人民出版社 2011 年版）是一本研究温州方言语汇的专著（温州在古代被称为瓯越）。该书的上编从瓯越方言的角度对瓯越语的语汇进行了研究，主要探讨了音变构词、语法特点和语用问题三个方面。下编从文化的角度进行研究，主要包括瓯越语汇与浙南耕读文化、农耕文化、商业文化、宗族文化、佛教等几个方面的内容。作者在书中明确提出要建立中国特色的方言语汇学，并从必要性、可能性和方言语汇研究的中国特色三个方面做了论述。王敏红的《〈越谚〉与绍兴方俗语汇研究》（中国社会科学出版社 2009 年版）是围绕清朝道光至光绪年间绍兴人范寅所著《越谚》，以绍兴方言俗语为研究对象来展开研究的。书中首先对绍兴方言的源流和特点进行了简单阐述，介绍了范寅和他所著《越谚》的有关情况，然后围绕《越谚》在绍兴方言用字、绍兴俗语、绍兴风土习俗等方面的情况进行了研究，并且探讨了绍兴方言语汇历史演变。属于同类著作的还有武小军的《青川民间语言语汇研究》（巴蜀书社 2007 年版）和林慧文的《惠州方言俗语评析》（中国文联出版社 2004 年版）等。

除了学术专著以外，还出版了一些可读性较强的方言俗语读物。这些读物对于介绍和普及方言俗语所蕴含的文化有非常积极的作用。比如，钱乃荣的《上海俗语》（上海文化出版社 2009 年版）。该书以某条俗语为每篇文章的题目，以故事的形式来讲述上海地方文化。需要注意的是，该书所说的俗语除了包括一些惯用语和谚语之外，还包括了一部分双音节和三音节词。《泉州俗语故事》（傅孙义编著，福建人民出版社 2004 年版）的编排方式与《上海俗语》类似，选择的俗语以惯用语和谚语为主，首先按照意义大致分为人物编、教育编、医学编、德行编、婚姻家庭编和华侨编，然后以俗语为纲目来讲地方文化。《福州熟语》（方炳桂、方向红编著，福建人民出版社 1999 年版）第一部分是俗语故事，与《上海俗语》的性质类似；第二部分辑录了部分五言双句和七言双句的谚语，结合地方文化做了详细的阐释。第三部分为"古谚今用"；第四部分按照义类编排，简单解释了一些谚语。

### 1.3.2 汉语方言俗语研究论文

#### （1）汉语方言俗语的语言本体研究

由于时代的隔膜，后人对古代文学作品中的方言俗语已经有点陌生了。为了读懂古代的著作，就需要对其中的方言俗语进行释义和考辨，这一视角属于传统训诂学的范围。这方面的文章采用训诂学和注释学的方法，对方言俗语的意义进行解释，取得了不少成果。冯春田利用《聊斋俚曲集》《金瓶梅词话》和《醒世姻缘传》等书中的语料研究明清时期山东方俗词，其中也解释了不少方言俗语，比如"雁头鸥劳嘴""鸥头抉腚""杀毛树孔"等。（《明清山东方言俗语词试析》，《语文研究》，2002 年第 1 期）魏连科针对《金瓶梅词典》中因不懂方言俗语而造成释义错误的情况，并结合口语对《金瓶梅》中收录的部分方言俗语的释义进行了校正。（《〈金瓶梅〉方言俗语臆释》，《河北学刊》，1993 年第 5 期；1994 年第 6 期）杨永发、郭芹纳研究了清朝人在注释杜甫诗时对方言俗语注释所采用的两种方法，分别是直表法和引用法，每种方法下面又有几个具体的小类，并附有很多例证。（《清人对杜诗方言俗语的注释初探》，《杜甫研究学刊》，2011 年第 1 期）解释方言俗语的文章还有不少，比如秦崇海的《〈岐路灯〉中原俗语简释》（《黄淮学刊·社会科学版》，1993 年第 3 期）、刘献琦《〈儿女英雄传〉歇后语选释》（《语文学刊》，2006 年第 4 期）等。

从词汇、语法和修辞等角度研究方言俗语的论文也有一些。吴建生认为，山西方言俗语带有鲜明的方言语音、词汇和语法特点，反映了山西的社会经济生活、地方习俗等方面的地域文化特点。（《山西方言语汇的特点》，《山西师大学报·社会科学版》，2009 年第 1 期）辛菊、关磊认为，山西谚语讲究优美的修辞格律，能够灵活运用丰富的修辞格式，同一个谚语中往往包含着多种修辞方法。（《山西方言谚语的修辞特点》，《晋中学院学报》，2009 年第 2 期）陈淑梅研究了鄂东方言俗语里量范畴中虚量、约量的使用，指出鄂东方言俗语量范畴经常能够活用，还分析了俗语中量范畴的语用价值。（《鄂东方言俗语中的量范畴》，《语言研究》，2006 年第 1 期）王洪杰等认为，东北方言中有大量的方言俗语，这些方言俗语是具有多样性、相对定型化和特定表现手法的语言单位，是方言的有机组成部分之一。文章从语法、修辞、构成材料等方面对东北方言俗语进行了分析，认为大量俗语的存在和使用丰富了东北方言，使东北方言更具表现力。（《东北方言之多字俗语说略》，《通化师范学院学报》，2008 年第 11 期）

方言中的四字格俗成语，成为人们关注的一大热点。比如李小平认为，"汉语方言熟语系统中凡是二二相承的表述语和描述语都应当称作成语。这类熟语与汉语通语成语对举时可以称作方言成语。"（《论方言成语》，《语文研究》，2009 年第 1 期）王立和认为，方言中的俗语要比普通话中的俗语多，而且更加浅显易懂。吉林方言中存在着大量的四字格俗语，这些俗语在结构和意义上都别有特色，具有生动性、常用性等特点。（《吉林方言中的四字格俗语》，《吉林师范学院学报·哲学社会科学版》，1994 年 02 期）李淑珍从认知语言学的角度对山西方言中的四字格俗成语进行了研究，认为山西方言四字格在语义上具有"描述性""形象性"和"贬义性"，在认知上集中体现了"万物是人"和"人是万物"的隐喻概念，同时转喻认知在四字格的形成过程中也起到了非常重要的作用。（《山西方言四字格的语义特点及其认知研究》，《忻州师范学院学报》，2007 年第 4 期）李积朋穷尽式地统计了《醒世姻缘传》中的四字格俗成语，以此为材料来探讨明清小说中四字格俗成语的修辞特色。（《从〈醒世姻缘传〉看明清小说中四字格的修辞特色》，《汉字文化》，2007 年第 4 期）研究四字格的论文很多，其他比较有代表性的还有：田晓荣的《渭南方言中的四字格俗语》（《渭南师范学院学报》，2011 年第 1 期）；李金梅的《高平方言中的四字格俗语》（《长治学院学报》，2012 年第 3 期）；赵红芳的《银川方言四字格俗语释例》（《宁夏师范学院学报》，2013 年第 1 期）；赵红芳、杨苏平的《灵武方言四字格俗语释例》（《宁夏师范学院学报》，2011 年第 4 期）等。

**（2）汉语方言俗语的文化研究**

方言俗语的产生离不开特定的地域文化，许多宝贵的地域文化信息都蕴含在方言俗语中。随着社会的发展和变迁，一些古已有之的社会文化现象已不复存在，要想了解这些社会文化信息就需要借助方言俗语。从文化的角度研究方言俗语的论文很多。刘瑞明以数词为切入点，研究了方言俗语词中的数字谐音，认为方言俗语词借数字谐音隐实示虚、设难成趣，形成了汉语文化的一道景观。作者所说的方言俗语词中除了俚俗词外也包含着不少方言俗语。（《方言俗语词中的数字谐音趣假》，《成都大学学报·社会科学版》，2004 年第 2 期）邓红华从湖南永兴的方言俗语入手，通过方言俗语的研究展现了当地特定地域的自然地理、农耕生活、风俗民情、语言交融等种种文化现象和独特的文化理念。（《永兴方言俗语与地域文化》，《湖南科技学院学报》，2014 年第 1 期）殷梅认为山东是儒家文化的发源地，山东方言俗语中"以人为本""仁者爱人""修身养德""忠孝之道""和谐中庸"和"重本轻末"等观念都能够明显地表露出来。（《从山东方言俗语看齐鲁文化》，《青岛科技大学学报·社会科学版》，2011 年第 3 期）

方言俗语的地域文化特性决定了从文化角度研究方言俗语资源丰富，因此这方面的论文相对也较多。代表性的论文还有：杨月蓉的《从重庆方言俚俗语看俚俗语与地方文化》（《重庆工商大学学报·社会科学版》，2006 年第 2 期），林伦伦的《试论方言俗语与民俗研究之关系——潮汕方言俗语的文化阐释》（《岭南文史》，1998 年第 4 期），王洪江的《山西方言俗语文化信息解读》（《太原师范学院学报·社会科学版》，2010 年第 4 期），袁圣敏的《山西祁县方言俗语的文化信息解读》（《晋中学院学报》，2009 年第 2 期），王萍的《连云港方言俗语与文化》（《盐城工学院学报·社会科学版》，2009 年第 1 期）等。

**（3）汉语方言俗语的运用研究**

方言俗语活跃在群众的语言生活中。不仅是在口头上常用，而且应用在一些文学作品中。这也是人们关注的热点话题之一。韩登庸统计了元杂剧中所运用的方言俗语，认为方言俗语是当时人民群众现实生活中的语言，经过文人的提炼加工后进入到了元杂剧中，但是依然保留着民间俚俗语言的特色。（《论方言俗语在元杂剧中的作用》，《内蒙古师大学报·哲学社会科学版》，1985 年第 4 期）莫娲研究了清朝中叶用吴方言写成的小说《何典》中的方言俗语。（《〈何典〉的方言俗语研究》，《东南大学学报》，2013 年第 6 期）

现当代文学作品中使用方言俗语的问题更是引起了极大关注。钟桂松对茅盾小说中江浙方言俗语的运用进行了研究，他认为"茅盾在小说创作过程中以独特的审美能力消化了大量江浙方言、俗语，从而使作品添上一层浓郁的以乡土美为特征的地方特色，使作品更加馥郁斑斓，多姿多彩"。（《茅盾小说中江浙方言俗语的运用》，《浙江学刊》，1985年第2期）严僮伦研究了茅盾文学创作中的方言俗语观。（《文学作品中如何对待方言俗语——茅盾的理论与实践》，《当代修辞学》，1992年第5期）贺菊玲研究了贾平凹作品中的方言俗语与乡土叙事之间的关系。（《贾平凹作品中的方言俗语与乡土叙事》，《小说评论》，2011年第4期）文灿、张兴华调查了方言俗语在重庆市的使用情况，得出的结论是多数重庆人都会使用"基本方言熟语"，性别、年龄、受教育程度对使用方言俗语有很大的影响。（《重庆方言熟语调查研究》，《重庆科技学院学报·社会科学版》，2010年第17期）贺菊玲分析了电影《白鹿原》中几个主要人物口语中的方言俗语，探讨方言的运用对人物性格塑造的作用。（《〈白鹿原〉的方言俗语与人物性格》，《西安工业大学学报》，2013年第5期。）

**（4）作为语言资源的汉语方言俗语保护研究**

方言是特定方言社群的交际工具，也是一种宝贵的文化资源。方言俗语是方言中颇具文化特色的一部分，也是语言资源中不可或缺的重要内容。近年来随着语言资源保护工作的逐步推进，汉语方言俗语的保护问题也逐渐进入了人们的研究视野。马启俊认为，"汉语俗语资源有重要的文化价值、多学科的学术价值、独特的经济价值等多重价值，因此要加以重视和珍惜。在语言文化趋同化速度加快的今天，更要对这些出现生存危机的汉语俗语资源加以活态保护。要尽快开展抢救性的调查、记录、保存和多样化的科学研究，以便妥善保护、科学利用和创新发展这些珍贵的民间口传语言文化遗产"（《论汉语俗语资源的多重价值与活态保护》，《江淮论坛》，2015年第3期）。钟舟海、凌汉华以客家方言为切入点，探讨汉语方言传承保护问题，他们分析了方言俗语的生态现状，阐述了方言俗语的文化生态价值，提出了应对方言俗语文化生态危机的对策和措施。（钟舟海、凌汉华，《从文化生态学看方言的传承与保护——以客家俗语为中心》，《江西理工大学学报·社会科学版》，2014年第4期。）

### 1.3.3　汉语方言俗语辞书

汉语方言俗语俚俗性较强，又承载了当地的文化信息。搜集整理汉语方言俗语并出版方言俗语辞书，是保存珍贵的方言俗语材料最直接有效的办法。有不少专家已经意识到了搜集整理方言俗语的重大意义，并身体力行，取得了显著成果。

张光明在搜集整理山西忻州方言俗语方面做了大量的工作。他主编的《忻州歇后语词典》（上海辞书出版社 2006 年版）和"忻州方言语汇系列辞书"（包括《忻州成语词典》《忻州惯用语词典》《忻州谚语词典》三种，上海大学出版社 2012 年版）是多年调查、研究的成果。温端政作序，称其"不仅为汉语方言语汇研究开拓新领域，而且为社会学、民俗学、心理学等相关学科提供有益的资料，对于研究忻州的文化和历史尤其有重要作用"。《厦门方言熟语歌谣》（周长楫编著，福建人民出版社 2001 年版）把厦门熟语分为成语、谚语、惯用语和歇后语，成语和谚语按照义类编排，惯用语和歇后语按首字的笔画编排。前面附有厦门方言音系及音标说明，所有收录的熟语都有国际音标注音和释义。后来福建人民出版社又陆续出版了陈泽平主编的"福建方言熟语歌谣丛书"，共 7 册，分别是《长汀客家方言熟语歌谣》（陈泽平、彭怡玢编著，2007 年版）、《宁德方言熟语歌谣》（钟逢帮编著，2007 年版）、《莆仙方言熟语歌谣》（刘福铸编著，2007 年版）、《漳州方言熟语歌谣》（杨秀明编著，2007 年版）、《建瓯方言熟语歌谣》（潘渭水、陈泽平编著，2008 年版）、《龙岩方言熟语歌谣》（洪梅编著，2008 年版）、《古田方言熟语歌谣》（李滨编著，2008 年版）。"福建方言熟语歌谣丛书"每册对于熟语的分类各有所不同，附录中除了音系及音标说明之外，还有方言用字说明。

还有一些方言俗语类辞书，尽管规模不如上述两套丛书那么大，但也在搜集整理某一个地区的方言俗语时做出了努力，搜集的内容也各有侧重，特点鲜明。省市一级行政区的方言俗语词典有多部。刘延武编著的《老北京方言俗语趣味词典》收录的条目有一部分是方言俗语，还有的是一些双音节、三音节乃至多音节的方言词。全书按照汉语拼音顺序排列，同音的按照笔画排列，没有加音标，有释义和例句。叶世苏编著的《上海熟语》（上海远东出版社 2003 年版）

收录的是四字以上的方言俗语，按照首字读音顺序排列，对生僻字和异读字注音，全部条目都有释义，部分有例句。杨月蓉主编的《重庆方言俚俗语集释》（重庆出版社 2006 年版）搜集的是重庆地区通用的俚俗语，尤其是带有方言特点和地域文化特点的俚俗语。全书按照拼音顺序排列，读音相同的按照笔画排列，不足之处是注音采用了汉语拼音，不能准确反映重庆方言的读音。地市一级和县区一级行政区划的方言俗语词典也有不少，编纂各有特色。比如《湘西民间歇后语与谚语集萃》（孟宪政编著，湖南师范大学出版社 2011 年版）、《大同谚语精选》（韩府编著，山西人民出版社 2006 年版）、《潮汕方言歇后语集释》（吴芳编著，暨南大学出版社 2012 年版）、《敦煌方言释义》（李磊编著，中国文联出版社 2009 年版）、《广州话俗语词典》（欧阳觉亚、周无忌、饶秉才编著，广东人民出版社 2010 年版）、《宁波谚语》（赵德闻编著，宁波出版社 2010 年版）、《泉州谚语》（王建设、蔡湘江、朱媞媞编著，福建人民出版社 2006 年版）、《监利方言俗语词典》（张俊纶编著，崇文书局 2006 年版）、《繁峙方言俗语汇编》（米成编著，山西人民出版社 2013 年版）、《娄烦方言词语选汇》（李生茂、张宪平编著，内部印刷，2013 年版）等。

还有一些著作是方言俗语的汇编，只有条目没有释义，这从严格意义上来说并不能算是真正的词典，但也具有宝贵的语料意义。比如，刘永江、王益章主编的《黑龙江谚语》（黑龙江人民出版社 2011 年版），是黑龙江流域非物质文化遗产代表作丛书之一，按照义类编排，分为事理谚、修养谚、社交谚、时政谚、生活谚、风土谚、自然谚、农林谚、工商谚和文教谚等 10 大类，每个大类下面又分为若干小类，并对谚语中的部分比较难懂的方言词和其他信息以页下注的形式简单做了些解释。黄尚军著《成都方言词汇》（巴蜀书社 2006 年版）附录了部分成都地区的谚语和歇后语，辑录为主，少数不好懂的条目也有释义，一小部分俗语的构成成分还加了国际音标。牛炜、牛彩芹编著的《巴里坤汉语方言俗语》（新疆美术摄影出版社 2011 年版）第二编中辑录了当地的谚语和歇后语，没有注音和释义。

## 1.4 小结

从以上论述可以看出，本课题所说的汉语方言俗语，指的是在汉语方言区通行的俗语。包括谚语、惯用语、歇后语和成语（俗成语）四个组成部分。方言谚语具有表述性，以传授经验、传播知识为目的；方言惯用语是非"二二相承"的描述语，描绘某种现象或某种状态。方言惯用语和方言谚语最重要的区别是惯用语是描绘性的，没有谚语所具备的知识性。方言歇后语由"引子"和"注释"两个部分组成，多数歇后语具有"双关"语义。方言成语是"二二相承"四字语，以俗成语居多。大量的方言俗语正活跃在各地民众的语言生活中，亟待我们去挖掘、整理。

从方言俗语的研究成果来看，虽然也取得了不少成绩，但是与语言学的其他研究方向相比还有较大的差距。方言俗语理论研究还显得很薄弱，宏观论述和不同方言区域之间的对比研究成果还很少见。方言俗语的研究方法和手段，还停留在人工搜集和简单解释、描写的阶段，也显得较为落后。在方言学研究领域，方言语音、词汇和语法的研究早已接受了现代化的研究理念，开启了现代化的研究手段，并利用计算机技术建立了多种汉语方言语料库，以满足各类研究的需求。方言俗语研究也必须在这一研究潮流中迎头赶上，才能够在占有海量语料的基础上取得新的研究成果，做到论说有据、言之有物，突破目前研究成果偏少、深入不够的局面。

# 第二章　汉语方言俗语语料库建设

信息时代，语言学要求充分运用计算机技术来推动学科自身的发展。计算机技术的飞速发展，也将语言研究领进了一个新的领域。

汉语方言丰富多彩，随着方言调查研究的深入，方言词语的调查研究也进入了一个新的历史时期。汉语方言中包含着浩如烟海的方言俗语，它们不仅在结构和语义上独具特色，而且还承载着方言区民众的政治、经济、文化习俗等多种信息，是研究汉语不可或缺的珍贵历史文化资料。为了将当代汉语方言中通行的俗语记载下来，推进方言俗语的进一步深入研究，我们整理和开发了汉语方言俗语语料库。

方言语料的鉴别与计算机信息处理技术相结合是在新兴的方言学与计算机科学形成的交叉学科基础上实现的。实践证明，只有以语料库为基础，汉语方言的计量和比较研究及其他各种相关研究工作才能更好更快地进行。将语料库研究手段引进汉语方言俗语的研究领域，将开辟汉语方言研究的一片新天地。

## 2.1　语料库语言学的兴起及其运用

语料库是先按照一定的目的和标准收集各种类型的真实语料，再利用计算机的存储、标注、检索等技术手段对语料进行加工而建立起来的，满足多种用途的语料集合。语料库中的语料是为一个或多个应用目标而专门收集的，具有一定的规模，并有完整的结构和突出的代表性，可被计算机程序多角度检索。

语言学应用方面的语料库应该按照一定的语言学原则，运用随机抽样等多种方法收集自然出现的连续的语言运用文本或话语片段来建立。

语料库系统是以语料库为核心，包括计算机硬件、软件、语料库用户、语料采集和加工规则、语料库管理和应用程序的一个完整系统，其各部分互相影响、互相制约，共同决定语料库的质量、价值和应用水平。语料库系统这一概念的提出，有助于建设语料库时综合考虑各方面的相关问题，形成一个有机的整体，从而提高语料库的开发效率和总体质量。

现代意义的语料库，只有在计算机技术飞速发展的基础上，才能迅速发挥作用，并形成一门独立的学科——语料库语言学。它包括利用计算机的巨型存储功能存放大量多样化的语言材料、利用计算机强大的检索手段实现对语料的多功能检索等。从自然语言系统所需装备的语言知识来看，现代语料库数量之浩大、要求之精确都是以往的系统所远远不及的。

传统语言学研究方法的局限性是语料库语言学产生的内在动力。资料占有的完备性、取样的准确性和使用的有效性是科学研究的一个基本条件和前提条件。任何一项科学研究都应该建立在大量的资料之上，语言学研究也必须如此，而传统语言学研究方法在搜集、处理语料方面有很大的局限性。语言学研究有"例不十、法不立"的说法，过去查资料、抄卡片，进行比较、分析差别等工作不仅极为繁琐，占用了研究者的绝大部分时间，而且人工统计的规模和准确性都受到了很大的限制。语料库语言学的出现，不仅大大提高了语言研究者的工作效率，还使过去的许多设想转化为现实。

目前，语料库语言学已经被广泛应用到语言本体研究、辞典编纂、语言教学与研究、语料处理工具的研制、机器翻译、话语辨认与话语合成等诸多领域。语料库语言学已经成为语言研究的一个重要方面。

## 2.2　国内外语料库建设情况概述

### 2.2.1　国外语料库建设情况

总的来说，国外语料库的建设和研究先于并优于国内语料库的建设和研究。

语料库的历史大致可分为两个时期：计算机化前的时期，称为传统语料库时期；计算机化后的时期，称为现代语料库时期。

在发展的初期，语料库只进行词的一般分析，如词频统计等。1897年，德国语言学家 Kaeding 使用大规模的语言材料来统计德国单词在文本中的出现频率，编写《德语频率词典》。但是当时还没有计算机，Kaeding 使用的语言材料不是机器可读的，他的这些语言材料还不能算真正意义上的语料库。1959年，英国伦敦大学教授 Randolph Quirk 提出建立英语用法调查的语言资料库，叫作 SEU（Survey of English Usage），当时由于技术条件的限制，SEU 是用卡片来建立的，也不是机器可读的。后来 Quirk 把这些语言资源逐步转移到计算机上，使之成为机器可读的语料库，并根据这个语料库领导编写了著名的《当代英语语法》。1975年，瑞典 Lund 大学教授 J.Svartvik 主持建成了 London-Lund 英语口语语料库，收篇目 87篇，每篇 5000词，共为 43.4万词，进行了详细的"韵律标注"。

到 20世纪 70年代末至 80年代初，语料库语言学崭露头角，它研究自然语言文本的采集、存储、加工和统计分析，目的是凭借大规模语料库提供的客观翔实的语言证据，来从事语言学研究和指导自然语言信息处理系统的开发。

1979年，美国 Brown 大学的 Nelson Francis 和 Henry Kucera 在计算机上建立了机器可读的 Brown 语料库（布朗语料库），这是世界上第一个根据系统性原则采集样本的标准语料库，规模为 100万词次，并用手工做了词类标注。随后由挪威 Bergen 大学的挪威人文科学计算中心建立的 LOB 语料库，规模与 Brown 语料库相当，是一个代表当代英国英语的语料库。

20世纪 80年代初建立的 Longman 语料库，应用于词典编纂，规模为 2000万词次。在 John Sinclair 教授的领导下建立的 COBUILD 语料库，规模更大，2003年该语料库规模已经达到 5亿词次，其中包含 1500万词次的口语语料库。

20世纪 80年代末 90年代初，美国 Pennsylvania 大学开始建立"树库"（Treebank），对百万词级的语料进行句法和语义标注，把线性的文本语料库加工成为表示句子的句法和语义结构的树库，建立了 163个语料库。美国计算语言学学会主持的 ACL/DCI 语料库项目，其宗旨是向非营利的学术团体提供语料，以免除费用和版权的困扰，用标准通用置标语言 SGML（Standard General Mark-up Language，ISO8879，1986年公布）和文本编码规则 TEI（Text

Encoding Initiative）统一对语料库进行置标，以便于数据交换。

从 20 世纪 60 年代开始兴起的语料库语言学，经历过几十年的发展，不论在理论上还是在技术上都已趋于成熟，在语言教学领域中的应用也开始引起注意。从世界范围来看，英美等国在语料库的建设和使用方面一直处于领先位置。上述美国 Brown 大学建立的布朗语料库、挪威 Bergen 大学开发的 LOB 语料库、美国计算语言学学会主持的 ACL/DCI 语料库项目、美国 Pennsylvania 大学开发的对百万词级语料进行句法和语义标注的"树库"（Treebank）都属于世界上著名的语料库，在科研工作中都发挥了重要的作用。

### 2.2.2　国内语料库建设情况

在我国，从 20 世纪 20 年代开始就有学者建立文本语料库，采用统计的方法来研究汉字的频率，其目的在于制定基础汉字的字表。当然，这样的语料库不是机器可读的，规模也很小，它是现代语料库的雏形，开我国语料库研究的先河，在我国语料库的发展史上功不可没。例如著名教育学家陈鹤琴出于教学需要，在对语料统计的基础上，编写了《语体文应用字汇》，于 1925 年完成，1928 年由商务印书馆出版。

改革开放以来，我国的机器可读语料库建设取得了突破性进展。如武汉大学的汉语现代文学作品语料库（1979 年，527 万字）；北京航空航天大学的现代汉语语料库（1983 年，2000 万字）；北京语言学院的现代汉语词频统计语料库（1983 年，182 万字）；北京师范大学的中学语文教材语料库（1983 年，106 万字）等。

随着计算机技术和语言学事业的发展，原来较小规模的语料库已经远远不能满足研究的需要，于是又出现了更大规模的语料库，而且语料库处理手段也更加先进。1991 年，国家语言文字工作委员会开始建立大规模汉语通用平衡语料库，于 1998 年底建成，规模为 7000 万字符。后来又继续扩充，至今已达 1 亿字符。其中约 5000 万字符为经过分词、词类标注和人工校对的子库——标注语料库。

1992 年以来，大量的汉语语料库建立起来，语料库成为研究中文信息处理的基本语言资源。除了上述国家语委的现代汉语通用平衡语料库外，具有代表性的语料库还有：《人民日报》新闻信息中心建立的 2700 万字的《人民日报》语料库；北京语言大学建立的面向语言研究的汉语语料库检索系统 CCRL；清华大学建立的现代汉语句型研究语料库；山西大学建立的 70 万字的标准语料库；上海师范大学根据北大的标注规范建立的 300 万字的标注语料库和 100 万字《作家文摘》的标注语料库；香港城市大学建立的 LIVAC 语料库和台湾"中央研究院"建立的平衡语料库（Sinica Corpus）、树图语料库（Sinica Treebank）等。

20 世纪 90 年代开始，语料库逐渐由单语种向多语种发展。目前多语种语料库的研究正朝着不断扩大库容量、深化加工和不断拓展新领域等方向继续发展。随着从事语言研究和机器翻译研究的学者对多语种语料库重要性的认识逐渐提高，国内外有很多研究机构开始致力于多语种语料库的建设，并利用多语种语料库对形形色色的语言现象进行深入的探索。

### 2.2.3 汉语方言语料库建设情况

除了通用语料库以外，方言语料库建设也在不断发展。19 世纪到 20 世纪，英美等国就在大型方言调查基础上，形成了几个大规模的方言语料库，后来又有新的方言语料库陆续建成。20 世纪 60 年代末，美国伯克莱加州大学研制开发了汉语方言计算机字典（简称 DOC），DOC 实际上是一个汉语语音资料计算机数据库，取材于北京大学中文系语言学教研室编辑的《汉语方音字汇》，共收 2700 余字。

我国的方言语料库建设工作虽然起步较晚，但目前也已经研制完成了多个汉语方言语料库。这些语料库利用数据库技术整合各种数字化方言资料形成语料集合，能进行查询、排比、比较、计算等复杂工作。方言语料库多采用 Foxpro、Access 等关系型数据库建库，有语音语料库、词汇语料库、声学参数语料库等多种；从研究用途来看，有综合语料库和特定语料库；从涉及的方言数量来看，有大型语料库和中小型语料库。目前我国规模和影响较大的方言语料库主要有以下几种：

### （1）现代汉语方言音库

中国社会科学院语言研究所侯精一等开发研制，以录音的形式收录了 40

种汉语方言。音库的建立结束了我国汉语方言研究停留在书面描写各地方言现象的历史，为方言研究提供了丰富的有声资料。

### （2）汉语方言声调资料库

香港中文大学蒋平等开发研制，把《方言》杂志创刊以来至 1998 年发表的方言声调材料以及其他学术刊物发表的方言材料收入其中，以声调系统、连读变调和重叠变调作为考察重点，并设计了多项检索功能，以便于研究者对汉语声调的普遍规律做进一步考察。

### （3）多用途汉语方言语音数据库

徐州师范大学高原、顾明亮等人开发研制，用于说话人信息处理、方言特征词识别、语音识别等领域的研究。数据库包含了 7 种主要的方言区语音，并进行了数据干预处理，旨在为方言语音和方言特征词的识别等方面提供方便。

### （4）方言语音和词汇数据库

上海师范大学潘悟云等开发研制，在汉语方言计算机处理系统的基础上制作而成，应用于方言材料的调查整理、历史比较以及大规模的方言比较等。汉语方言计算机处理系统还建有古音查询系统，与各方言数据库相结合，形成一个涵盖古今南北的汉语字音大字典，建成以后在东方语言学网上开放了部分查询服务。

### （5）汉语方言自然口语有声基础语料库

南京师范大学刘俐李等开发研制，以口语语篇为主，辅以字、词、句等基础语料，定位为系统有声口语语篇库，属性为"基础性、精标注、动态监控和集成共享"。主库有话本语篇、话题语篇和自话语篇三个子库，副库有字、词、句三个子库。语篇类型分三级，各级所含种类数成宝塔状：顶部的一级种类数目少，概括度高；中底部的二、三级数目递增，尽量涵盖方言口语中出现的各种细类，体现语篇的系统性。

### （6）北方话基本词汇数据库（BJC）

国家语委语用所刘连元、陈敏等开发研制，在我国北方话地区开展大规模基本词汇调查整理的基础上建立。该库选定了 2797 个基本词和北方话地区 93 个有代表性的方言点，利用计算机数据库技术，存储了北方话基本词汇 60 多万条，并提供了一些分析手段。该语料库主要服务于普通话词汇的研究和规范工作，同时也为词汇学研究和中文信息处理提供资料。

### （7）汉语方言词汇数据库

中国社会科学院语言研究所麦耘等开发研制，通过建立数据库系统为汉语方言词汇研究提供语义描述、分析、检索功能，实现多方言的词汇检索和比较，为方言研究提供了一个有效的方言词汇调查研究数据平台。

### （8）方言语法语料库

中国社会科学院语言研究所刘丹青等开发研制。该库设计了详尽的《现代汉语方言语法语料库调查方案》，《方案》分为词法、虚词、句法结构三大部分，每一部分又分为若干小类，并设计了"必查项"和"选查项"。

### （9）"汉藏同源词研究"库

丁邦新、孙宏开主持，江狄设计。该库收录了汉藏语系 122 种语言和 12 种汉语方言的 1500 余条词汇，可以实现语音和语义单项和多项组合查询，是具有多种功能的多语词汇数据库。

除了上述方言语料库以外，还特别需要提出的是，教育部语言信息管理司负责、中国语言资源保护研究中心具体实施的中国语言保护工程也正在建立一个大型语料库。这一工程对原有的中国语言资源有声数据库建设进一步扩充、整合，目标是"利用现代化技术手段，收集记录汉语方言、少数民族语言和口头语言文化的实态语料，通过科学整理和加工，建成大规模、可持续增长的多媒体语言资源库，并开展语言资源保护研究工作，形成系统的基础性成果，进而推进深度开发应用，全面提升我国语言资源保护和利用水平，为传承中华优秀传统文化、促进民族团结、维护国家安全服务"。[①]

从方言语料库建设的现状看，语音语料库发展最早、成果最多，理论和技术已比较成熟，但在语料库字段及语料结构设计等问题上需要进一步优化和规范；方言词汇和语法语料库仍处于起步阶段，正逐步受到语言学家的重视。我国语言学家在方言及方言语料库的研究方面已经取得一定成果，这些成果为我们的工作和进一步的研究奠定了基础。

---

① 教育部《国家语委关于启动中国语言资源保护工程的通知》（教语信［2015］2 号）。

### 2.2.4　汉语方言俗语语料库建设情况

从目前来看，汉语方言俗语语料库建设在国内外仍然处于空白状态。虽然国家社科基金项目"汉语俗语语料的计算机处理与相关语言学问题研究"（02BYY017），建立了我国第一个汉语俗语语料数据库，但是汉语俗语语料数据库所收的多为古今文献中的俗语，基本上没有涉及方言俗语。

与汉语方言的语音、词汇、语法研究相比较，方言俗语研究严重滞后。在一般的方言调查研究报告里，谚语、歇后语往往只作为"标音举例"列举了若干条，而少数俗成语和惯用语只是附带收入在"分类词表"里。多数关于方言俗语的研究成果仅仅限于个人对方言俗语材料的搜集整理，或只是对某地方言俗语的概括描写，缺乏对语料的整体把握，因而就缺少了一种更为宏观的视野，更难上升到理论层面。山西方言的俗语研究，虽然起步较早，但从总体来看仍然比较薄弱，缺乏广泛深入的田野调查，理论探索也不够深入。

因此，创建一个涵盖面广、针对性强、语料丰富、功能强大、应用广泛的大型汉语方言俗语语料库，并以此为依托，对方言俗语进行比较系统深入的研究，就显得十分必要。鉴于许多方言俗语正处在急剧的消失过程中，汉语方言俗语语料库的建设更具有特殊的紧迫性。

## 2.3　汉语方言俗语语料库建设概述

### 2.3.1　建立汉语方言俗语语料库的意义

含有丰富的俗语，是汉语方言的重要特点。方言俗语是亟待开发的重要语言资源，方言俗语研究是方言研究中重要的组成部分。

建立方言俗语语料库的意义体现在以下几方面：

**（1）保护语言文化资源**

方言是地方文化的组成部分，同时也是地方文化的载体。随着经济全球化的进展，汉语方言开始急速变化，有些已趋于萎缩和衰亡。早在 1981 年，北京大学胡双宝教授就发表文章，提出了关于抢救山西方言资料的建议。[①] 此后的 30 余年间，关于抢救方言的呼声一直没有间断。2008 年，国家语委在苏州启动了"语言资源有声数据库建设"试点工作，以录音形式保存各地方言。这标志着国家保护方言的大规模行动拉开了帷幕。2010 年 6 月，上海《社会科学报》刊出了上海师大潘悟云、复旦大学游汝杰、中国社科院语言所麦耘等六位教授的联名文章，认为汉语方言已经到了"岌岌可危"的地步，"抢救日渐衰微的汉语方言，刻不容缓"。他们呼吁：坚持大力推广普通话的基本国策，同时努力采取各种措施保护各地的语言与方言，使中华大地上植根于各种语言、各种方言的多元文化百花齐放、万紫千红。此文在社会上产生了较大的反响，众多学者和社会人士积极响应。2015 年，教育部、国家语委联合下发了《关于启动中国语言资源保护工程》的通知，各大方言区的语言资源保护工程轰轰烈烈地全面铺开，在全国范围内对方言资源的抢救和保护进入了新的阶段。

在抢救和保护方言的庞大工程中，方言俗语的抢救无疑是十分重要的方面。我国幅员辽阔，人口众多，在漫长的历史生活中，不同地域的民众各自逐渐形成了独具特色的地域文化，也形成了丰富多彩的方言俗语。方言俗语传承了独特而丰富多彩的地方文化，反映了人民群众集体智慧与实践经验，是各地群众语言艺术的结晶。它具有很强的感染力和生命力，长期活跃在人民群众的口语之中。但是，与方言词汇一样，由于和地方经济文化有着密不可分的关系，方言俗语受社会变革的影响更大，它的变化比方言语音、语法的变化更为急剧。随着社会的变迁和老一代人的逝去，许多方言俗语已经大量消亡。这将会带来不可弥补的损失。全面调查采集汉语方言俗语，记录其现存状况，并用现代科学方法进行整理、加工和有效保存，对保护语言文化资源、传承地方文化优良传统都有着积极的意义。

**（2）改进研究方法，促进方言学、语汇学的研究**

方言俗语中积淀着方言语音、词汇和语法等许多深层次的语言特点。建设汉语方言俗语语料库，将会大大改进方言和俗语的研究手段。研究者可以采用定量与定性有效结合的方法来深入研究汉语方言俗语；对方言俗语中包含的语

---

　　① 胡双宝：《关于抢救山西方言资料的建议》，载《晋阳学刊》1981 年第 1 期。

音、词汇、意义等进行各种专题探讨；语料库所收集的活跃在不同方言区民众口中的鲜活而生动的俗语，将为汉语方言学和语汇学的进一步深入研究提供重要的例证。

　　方言俗语语料库还可以通过机器检索计算的方法，进行多方面的比较，从而发现和研究不同方言在语言表达上的特色和异同。例如"嫁出去的女儿，泼出去的水"一条俗语，在方言里有多种说法：

　　　　嫁出去的女，泼出去的水（万荣）

　　　　嫁出圪的姑娘，泼出圪的水（定襄）

　　　　嫁出哩闺女，泼出哩水（忻州）

　　　　嫁出去咯囡，泼出去咯水（宁波）

　　　　嫁出囡五（儿）泼出水（苏州）

　　　　嫁出的查某仔，泼出的水（泉州）

　　其中的"女""姑娘""闺女""囡""囡五（儿）""查某仔"，指的都是"女儿"。不同方言区对女儿的不同说法，在方言俗语语料库里，明晰可见。"出去""出哩""出圪""出去咯"的用法，也为研究方言俗语中的语音、语法现象提供了例证。又如：

　　　　赤脚板撵狼——胆大不识羞（代县）

　　　　赤腿子撵狼哩——胆大不识羞（新绛）

　　　　赤屁的撵狼——胆大不害羞（寿阳）

　　　　赤屁闺女断狼——胆大不害羞（忻州）

　　　　赤屁猴撵狼——胆大不识羞（临县）

　　　　赤屁撵麻狐——胆大不害羞（清徐）

　　　　赤屁子撵狼狐——胆大不害羞（太谷）

　　　　光屁股撵狼——胆大不怕丑（湘西）

　　　　精沟子撵狼——胆大不知羞（万荣）

　　　　精尻子断狼——胆大不害羞（敦煌）

　　精着沟子撵狼——胆大不害羞（中宁）

　　净沟子撵狼——胆大没羞（青海）

　　"赤脚板"是指"光脚"，"赤腿子"是指"光腿"，"赤屄""赤屄的""赤屄子""精沟子""精尻子""净沟子"都是"光屁股"的意思。不同地域的不同说法，表达了同样的"谴责人胆大不知羞"的意思。这些语料，如果没有语料库的支持，不可能迅速搜集到而进行比较。

　　再如，以往的方言俗语研究中往往有这样描述：

　　很多歇后语在一定的语境中可以拆开，中间插入其他成分，共同作句子的某种成分，或充当不同分句里的语法成分；很多惯用语也有这样的情况。

　　大多谚语能够单独成句或充当复句里的分句，其内部还可作句法成分分析。

　　多数方言成语可作句子的各种成分，独立成句的较少。

　　上述表达中画横线的"很多""大多""多数""较少"，是我们在论文描述中用得比较频繁的词。作者往往在举出若干例子之后，凭借个人语感从而得出一定的结论。语料库语言学则主张用精确的数字，以求得到一个客观的结果。我们在建立起方言俗语语料库后，上述例子就可以利用语料库的功能，用具体统计出的数字来说明，歇后语和惯用语的结构具有相对固定性，谚语次之，成语结构最为稳定。

　　**（3）记录地方文化信息，为相关学科提供研究资料**

　　方言中的俗语从不同角度折射出当地特有的自然环境、生产习俗和浓郁的地方文化。一些方言俗语更直接地反映了当地民众的文化传统和思维方式。如山西方言俗语中大量的农业谚语反映了中原农耕文化的积淀，丰富的商业谚语勾画了晋商文明的特点等。山东方言俗语中含有大量与儒家文化密切相关的俗语。汉语方言俗语语料库忠实记录这些条目，反映这些特点，成为了解当地生产、生活、文化、经济等方面的"百科全书"。

汉语方言俗语语料库是以汉语方言中的俗语为主要集合的语料库，兼有汉语方言和俗语的共同特征，既包含方言语音、方言用字，也记录着各地的风土民情。建立汉语方言俗语语料库，不仅在语言学领域具有研究价值，也可以为民俗学、地理学等学科提供丰富的研究资料。

**（4）在语言应用研究方面发挥作用**

建成后的方言俗语语料库，将在解决汉语信息处理中的相关问题、提高语类辞书编纂水平以及语文教学、对外文化交流等方面，发挥巨大的作用。

从语言教学角度看，建设汉语方言俗语语料库，对于语言学习也有重要作用。一些优秀的文学作家，经常到民间采风，学习民众通俗、幽默、含意丰富的表达，方言俗语就是十分重要的方面。著名的"山药蛋"派优秀作家赵树理、马烽等，就是运用生动鲜活的群众语言，塑造鲜明的农村人物形象的典范。在他们的优秀作品中，常常灵活运用方言俗语，起到了很好的表达效果。

汉语方言俗语语料库的建设对方言区的人学习普通话也有帮助。说"方言普通话"的人常常会有这样的体会，在用普通话口头表达或者书面写作时，有时会有力不从心的感觉，特别是方言中表达比较特殊的方言俗语，往往在普通话中找不到对应的说法，从而影响思维的连贯性和文本的规范度。如果作为方言重要组成部分的方言俗语，在语料库的支持下被全面描写和研究，形成了与普通话在俗语层面的对应，就会给方言区人学习普通话带来方便。

从辞书编纂角度看，建设汉语方言俗语语料库，可以大大提高方言和俗语类辞书的编辑效率和编纂水平。根据语料库编纂的词典，在收词、释义及词语的用法说明方面都会大大不同于用传统方法编纂的词典。如 20 世纪 80 年代中后期英国语言学家 JohnSinclair 等人就根据 COBUILD 语料库编纂了一系列具有划时代意义的词典。在方言俗语语料库的依托下，汉语俗语辞典的编纂质量将会得到较大的提升，汉语方言俗语辞典也将会接连出版。

可以预见，将语料库方法引入汉语方言俗语的研究，创建丰富而多功能的汉语方言俗语语料库，进一步改变过去传统的人工操作方式，从而形成机器比较计算和人工分析有机结合的研究方法，必定能为该领域注入新的活力，从而促进新的研究成果不断涌现。

### 2.3.2 汉语方言俗语语料库建设的可行性

#### （1）语料库语言学的技术支撑

现代语言学从索绪尔的结构语言学开始发展到今天，已经从语言的本体研究延伸到各个学科，并逐渐向着纵深方向发展。语料库从最初的语言辅助工具到如今进入语言研究的主流行列，已经俨然成为自然语言处理和语言研究的基础。语料库与语言学结合产生的语料库语言学已经取得了长足的发展，在技术方面为建设汉语方言俗语语料库提供了坚实的保障。

汉语方言俗语语料库的研究涉及方言、俗语、计算机应用等多个学科，这些学科在近年来同样取得了较大的发展。学科的交叉和综合为语言研究者提供了新的可开拓领域，大规模计算机语料库包含丰富的语言现象，能够充分地反映语言使用的普遍规律。汉语方言俗语数量多、内涵丰富，其中包含着社会、文化、民俗、历史、地理等各方面的有价值的信息。前人对汉语方言俗语已经有了一定的研究基础，在此基础上结合通行的计算机语料库技术建设汉语方言俗语语料库条件已经成熟。

#### （2）相关的前期成果

新建的大型汉语方言俗语语料库，建立在我们前期相关的不同规模、不同类型成果的基础之上。

2002 年至 2004 年，依托国家社科基金项目"汉语俗语语料的计算机处理与相关语言学问题研究"（主持人温端政），我们开发研制了汉语俗语语料库，并在此基础上补充新建了现代汉语俗语语料库。2008 年，在山西省社科院青年课题"基于计算机语料库的歇后语研究"（主持人王海静）研究过程中，开发研制了歇后语语料库模型。2010 年至 2012 年，在山西省软科学项目"山西风土谚语传承及地方民俗文化研究"（主持人王海静）研究过程中，开发研制了山西风土谚语语料数据库。2010 年至 2014 年，在国家语言文字应用"十一五"科研项目"现代汉语常用语表"（主持人吴建生）研究过程中，开发研制了汉语俗语辞书语目语料库，并利用语料库进行了大批量计算统计工作。

2012 年和 2014 年，我们开发研制的"现代汉语俗语语料数据库管理系统"（主持人王海静）、"汉语电子语典生成系统"（主持人王海静）分别获得国家版权局颁发的计算机软件著作权登记证书。

以上的语料库研制开发成果，为建立汉语方言俗语语料库奠定了一定的经验基础，提供了必要的技术支持，使开展新的工作有了可能。

在以往基础上新建的汉语方言俗语语料库规模更大，内容更为丰富，分类更为细致，模型更为复杂，对计算机技术的要求更高。对课题组成员来说，是一个全新的挑战。我们希望建立一个尽可能全面客观地反映汉语方言俗语事实、适应语言信息处理及语言学研究需要的汉语方言俗语语料库，并开发行之有效的软件工具和创制一套行之有效的工程化方法，为汉语语言学的进一步深入研究和汉语语料库的多样化建设贡献一份力量。

### 2.3.3　相关的语言学理论基础

#### （1）汉语语汇学理论

语料库建设工作中，对语料中语言单位的分类和特征的解释是语料标注的基础。关于俗语的分类，学术界有各种不同的观点。本课题依据温端政汉语语汇学理论提出的分类标准，将汉语方言俗语划分为成语（俗成语）、谚语、惯用语、歇后语四大类。[①]

汉语方言俗语语料库对俗语类型的所有标注都是人工进行的。目前俗语研究中还存在着许多疑难问题，这些问题直接影响到了标准的客观性和准确性。由于俗语本身语义上的叙述性、双层性等特点的影响，在标注时如何区分词组和俗语，就成为一个比较棘手的问题。在人工分析时，还需根据语境进行仔细辨别，区分词组和俗语，划分俗语的不同类型。如果方言俗语中带有方言字或方言特殊读音，在处理时难度就更大了。

可见，研制开发汉语方言俗语语料库，不仅仅是语料库建设的技术问题，同时还要涉及语汇学理论研究方面的诸多问题，需要在语料库建设的同时也对汉语俗语属性、特点、方法等相关理论问题进行研究。

#### （2）汉语方言学

20世纪80年代以来，汉语方言研究取得了很大的发展。按照方言学的理论，

---

① 温端政：《汉语语汇学教程》，商务印书馆，2006。

"方言是语言的变体"①，"方言是一种语言的地方变体，是语言分化的结果"。②汉语方言分为官话区、晋语区、吴语区、湘语区、赣语区、闽语区、粤语区、徽语区、客家话区、平话区等十大方言区③，每个大方言区下面还可以再分为若干个方言区，方言区可以细分为若干个方言片，方言片下面再细分为若干个方言点。每个方言区的方言都有自己明显的语音、语法和词汇方面的特征。随着方言调查研究的深入，方言词语的调查和语料库建设越来越受到研究者的重视。

建立汉语方言俗语语料库，就是建立起汉语方言俗语的现代化载体。在汉语方言俗语语料库设计过程中，以汉语方言学理论为基础，结合行政区划的划分，设置汉语方言俗语的方言点板块。现代汉语方言的研究，离不开方言语音的记录和分析，因此在建设汉语方言俗语语料库时，我们着意收录了一些具有代表性的标注国际音标的俗语，如《现代汉语方言大词典》④42种分卷本中所有语目中带有标音的俗语以及各地方言志、方言研究报告中"标音举例"里所收录的俗语。在收录时还特别注意把一些虽然没有标注音标但能够反映方言特征的条目收录进来，如《现代汉语方言大词典》42种分卷本中所有例句中的俗语。

### （3）语料库语言学

语言学和语料库手段交叉形成了语料库语言学。语料库语言学以语料库为手段来研究语言，既包括用计量方法来研究词汇学、词典编纂学、语法学和语义学等方面的内容，也包括语言素材的计量与计算的运用，开发众多的自然语言信息处理系统等。"'语料库语言学已经成为语言研究的主流。基于语料库的研究不再是计算机专家的独有领域，它正在对语言研究的许多领域产生愈来愈大的影响'。这是汤姆斯（Thomas）等人1996年为祝贺语料库语言学的主要奠基人和倡导者里奇（Leech）60诞辰而编纂的语料库语言学研究论文集的开场白。近年来，对语料库语言学类似的说法频频见于导论和方法论的专著及教科书中，它不仅仅是语料库语言学家的自誉，而且正在成为整个语言学界的

---

① 李小凡：《汉语方言学基础教程》，北京大学出版社，2009。
② 翟时雨：《汉语方言学》，西南师范大学出版社，2006。
③ 李荣：《汉语方言的分区》，载《方言》1989年第4期。
④ 李荣主编《现代汉语方言大辞典》（分卷本），江苏教育出版社，1993—2003。

共识。"①

在语料库语言学这门新兴学科的支撑下，语言学的研究内容和方法有了新的突破。将语料库语言学引进俗语研究领域，这对方言俗语的研究来说，也是一个新的突破。如何将复杂的计算机语言和如同散落珍珠般的方言俗语语料结合在一起，建设一个内容多样、系统完整、有机关联、功能强大，适合汉语方言俗语以及其他相关学科研究使用的大型语料库，是课题组将要完成的繁复而艰巨的重要任务。

## 2.4　汉语方言俗语语料库的建设过程

### 2.4.1　语料的数字化

语料是研究的基础。没有足够的语料，建库的设计将成为空想，实体的方言俗语研究也将成为无米之炊。语料库的规模根据材料的采集和建库的目标来确定，规模越大，开发和建设的难度也越大。

语料的数字化过程，包括语料的采集整理、格式转换、相关标注、加工校对等。语料库管理小组能否承受所需人、财、物及时间的投入，能否控制各方面的人员保质保量、按时间进度、按规划要求完成任务等，这些都是技术之外的问题。

方言俗语语料库是经过整理的"熟"语料库。所有入库的俗语语料，全部需要进行元数据以及语目、音标等方面的分析标注和整理校对才能完成。因此，汉语方言俗语语料库既有普通语料库对语料进行分析、标注的共性，又有储存特殊语料方言俗语的特性。汉语方言俗语语料库的数字化工作，需要考虑到方言和俗语的双重特点。

**（1）语料的数字转化**

语料在入库之前，需要经过采集整理、格式转换、加工校对等三个步骤。通过这三个步骤，将语料转化为内容准确、格式合理、便于操作的后台基础数据。

---

① 黄昌宁、李涓子：《语料库语言学》，商务印书馆，2002。

①语料的采集整理

语料采集是语料库建设中的一项繁重的任务，牵涉的人员多、工作量大、时间周期长。这是建库第一步，也是基础的、重要的一步。

对语料库所收材料的代表性和内容的真实性、平衡性作全面规划是建库者首先要考虑的问题。汉语方言俗语语料库中的语料采集，分为两大部分：一部分来自公开出版的书面文本材料，另一部分来自田野调查。书面文本材料分为三类：一是方言类工具书，包括《现代汉语方言大词典》（分卷本）语目和例句中所收录的所有俗语；二是方言类著作，包括各省市方言志和方言研究著作中收录的俗语；三是方言俗语研究著作中收录的俗语。为了保证原材料的真实性，要将所有材料由书面文本按照原书格式录入为电子文本（带有国际音标的条目同时录入音标），以备入库之用。田野调查则重点调查了山西省的 8 个县的俗语，并对多数语目做了解释。

根据方言俗语的语料特点，汉语方言俗语语料的元数据采集信息可分为语料的核心信息、标志信息、语料来源信息、采样人信息、附加信息等。在书面语料采集过程中，尽量保留了原文本材料的所有信息，特别是相关的版权信息等。

②语料的格式转换

语料的格式转换分为两类：一类是建库基本材料和语料库计算机系统之间的转换，这是电脑系统内部的转换；另一类是所采集的初始材料格式的转换。初始采集的原俗语材料格式复杂，五花八门，需要统一处理成语料库模型所需要的格式。建库基本材料和语料库计算机系统之间的转换，由课题组语料库计算机系统设计操作人员完成；初始材料格式的转换，由课题组其他成员完成。

初始材料格式的转换经历了以下几个步骤：

第一步，根据语料库后台软件的要求，将初始电子材料中的所有分层次标注改为线性标注。例如在初始材料 word 文档中，俗语语目或条目释义中的一些释义成分往往为下标形式，如"动弹$_{干活儿}$"，这时，就要将下标的"干活儿"改为加括号的线性形式"动弹（干活儿）"。国际音标标音的转换也是这样，不仅要将声调的五度标记改为数字标记，而且要将上标的分层数字标记改为平行的线性标记。如"安板定觉［ŋɛ$^{24}$pɛ$^{24}$tiɣ$^{53}$tɕio$^{53}$］（神木）"音标中的声调要改为"［ŋɛ24pɛ24tiɣ53tɕio53］"。送气符号的转换也是如此：先将初始材料中所有的送气符号（有的为半个单引号）均统一改为国际通用的［ʰ］，然后再将上标式送气符号［ʰ］转换为线性标记符号［h］。

第二步，将所有材料根据建库模型要求，改为信息源分类格式。例如将原书混在一起的俗语按类分开，分别改成可以标注为"成语 / 俗成语""谚语""惯用语""歇后语"的分类格式，并将"语目""音标""释义（含例句）""书名""作者""出版信息""方言点信息"等原来合编在一起的格式改为依次分项排列格式，以保证语料库界面展示时全部项目的完整性与条目未来的可扩展性。

第三步，将所有 word 格式文档材料按照建库后台材料的要求全部转换为Access 格式文档材料。此间的格式转换为整个格式转换的关键和枢纽，如果不能保持语料属性的一致性，就会出现标记串位、字符乱码或部分音标无法显示等诸多问题。针对转换格式时出现的种种情况，我们逐一做了相关材料修正或电脑技术处理。

在各种格式的转换过程中，最为关键的环节是要求各个阶段的工作人员必须具有基本的专业训练和足够的耐心与细心。否则，就会给后面的计算机处理带来预想不到的各种困难，甚至出现一些匪夷所思的错误。

③语料的标注

汉语俗语语料库建设要求，所有入库语料都必须进行相关标注。语料的标注不仅是实现语料机读化的关键，也是一种将隐含的语言学知识形式化、系统化的过程；对语料库中元数据的标注不但可以方便使用者检索和提取信息，同时还可增加语料的重复使用度以及发挥语料库的多功能作用。

汉语通用语料库研究早于俗语的语料库研究。在多数通用语料库中，词的语料加工范围很广，一般书面词汇语料的基本加工任务包括分词、词性标注等等。如国家语委现代汉语平衡语料库的分词，研制单位尽量采用通用的标准，力求使语料库的标注结果能被大多数用户所接受。但是，由于语料库开发者建库时的材料来源不同，所依据的理论不同、建库目标也有所差异，各大库分词和语料标注不可能有完全统一的标准。因此这种分词标注的语料库对于基于某种特殊理论的应用，或者个别使用者的特殊需要，仍然显得功能不够强大。一些研究人员有时需要根据自己的研究要求，重新对原始语料库进行标注。

相对于词的研究，俗语的研究尚处于初始阶段。对于方言俗语的语料库的标注研究，更是一种新的探索。汉语方言俗语语料库根据自身特点、目标要求以及目前学界对汉语俗语的认知程度，首先对方言俗语语目的类型进行了手工标注。在其他标注项方面，也做了有益的探索。

A．语料标注的原则

语料标注合理与否直接影响到语料库的使用价值，汉语方言俗语语料库在进行标注前已对其标准进行规范。一方面，语料库所采用的标注规范的合理性和可用性决定了标注信息的利用价值，进而也会影响整个语料库的质量；另一方面，语料库标注形成统一的标准化准则，不仅可方便不同研究者交换资源和数据，而且也利于不同语料库间相互交换语料库软件工具。

汉语方言俗语语料库标注原则有：第一，统一性原则：语料库中的特定标注符号在全库材料中要前后一致，应当是相同结构的独立字符串。第二，特色性原则：汉语方言俗语语料原材料具有语料的独特性，和其他大型语料库的分词标注等完全不同，其标注也应该根据方言俗语语料的特点，建立独具特色的标注模式。第三，唯一性原则：对各种不同类别所做的标注应该是唯一的，不能有任何可能引起类别混淆的标注字串和符号。第四，独立性原则：语料库中的语料和标注符号相互独立，删除标注符号后，原始语料仍然可以独立抽取储存。

B．语料标注的具体做法

没有经过标注的纯文本"生"语料只有该文本的语言信息，而文本本身的类型、例证等方面的内容则要标注后才能显现。标注是一个把表示各种语言信息和特征的附码添加到相应的语言成分上，对语料库内容添加信息的过程。汉语方言俗语语料库内容标注按照计算机字段的要求进行。见图一。

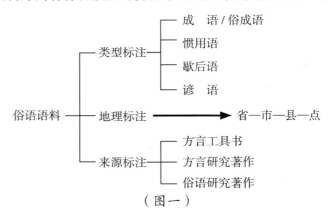

（图一）

如图一所示，汉语方言俗语语料内容的标注主要有三种：

首先是"类型标注"，将所有语目逐条按照"成语/俗成语""惯用语""歇后语""谚语"的类别进行类型标注。有些初始材料中原作者已经有所分类，因为每一条语料后都附有原作者的信息，所以原则上尊重原作者的分类，仅对部分条目做了调整。原作者没有分类的条目，如《现代汉语方言大词典》（分卷本）中的所有俗语，则需逐条分类，加注类别标记。

第二为"地理标注"，根据"省—市—县—点"的原则，逐条进行层级标注。如对《太原方言词典》中所有的俗语条目标注附加信息"山西""太原"。

第三为"来源标注"，根据书面文本材料和田野调查的分类，再次对语料进行来源类型归类，并将书面文本材料分为方言工具书、方言研究著作、俗语研究著作三类进行标注。如对《忻州方言词典》和《忻州方言志》《忻州方言俗语志》中的俗语，分别加以"方言工具书""方言研究著作"和"俗语研究著作"的标记。对《临县方言田野调查》加注"田野调查"标记。

汉语方言俗语语料库的标注对于相关信息获取、词典编纂资源、方言教学等方面都具有特殊意义。然而，汉语方言俗语语料库的标注当前还处于基于规则和受限领域的阶段，多数工作限于人工进行，基于概率统计进行机器自动标注的方法目前还不成熟。

④语料的校对

在完成语料的数字化处理和标注的过程中，不可忽视的重要一环是对所有语料进行校对。根据原始材料录入的准确程度和转换格式的复杂程度，校对文本一次至三次不等。

**（2）语料库的规模**

建成的汉语方言俗语语料库共收入方言俗语语料 166 种。其中书面文本材料 158 种，田野调查 8 种。书面文本材料包括方言类工具书（《现代汉语方言大词典》分卷本）42 种；各省市方言志及方言研究著作 88 种；方言俗语研究著作 28 种。田野调查包括山西 8 个县的俗语。（书目、作者、出版信息、调查点等详见本书附录）

经过数字化整理工作，语料库共收入俗语语目 118 067 条，其中书面来源 97 358 条、田野调查 20 709 条。总字数 9 871 889 字。根据语目类型统计，收入成语（俗成语）21 139 条、惯用语 23 829 条、歇后语 20 036 条、谚语 53 063 条。整个语料涉及 25 个省市自治区，136 个方言点。

所有俗语条目均按照语目首字的语音顺序排列入库。方言点、书目等项目也按照首字的音序排列。

### 2.4.2　语料库基本框架设计

语料库是贮存和处理语言材料的仓库，但它并不是语言材料的简单堆积。建立汉语俗语语料库的技术，包括对语料库中语料进行收集、加工、管理和维护等技术，还包括语料库建设与开发及应用的实用技术。特别是建立汉语方言俗语语料库这种特殊的语言仓库，难度更大。可以说汉语方言俗语语料库的建设是一个摸着石头过河的过程。

**（1）设计目的**

建立汉语方言俗语语料库的最终目的，就是要完成汉语方言俗语的相关数据采集与完整的语料库软件系统，实现方言俗语信息的保存、查询、统计和可持续拓展。

围绕着这一目的，首先要进行必要的需求分析。汉语方言俗语语料库面向语言研究的长远需要，选材要有足够的时间跨度，语料应抽样合理、分布均匀、比例适当，科学地反映现代汉语方言俗语的全貌。结合方言、俗语、计算机三方面的知识梳理好零散的语料，将汉语方言俗语的特点和计算机处理技术完美结合。恰当组织适合机读的语料数据，建立一个功能完备、能够进行人机对话的具有鲜明特色的优质语料库，应考虑以下 5 个特性：

①使用便捷性

用户界面友好且直观，使用便捷，同时具有完善的检索和统计功能，无须专业培训学习即可使用。

②结构合理性

系统设计合理，结构层次分明，既符合汉语方言俗语语料的本体语言特征，又能够反映出语料间的数据关系，顺利实现数字化过程。

③可维护性

数据设计直观、方便，易于开发者维护和管理。系统设有数据备份和恢复功能，管理员能够及时进行系统重新索引和紊乱恢复。

④可拓展性

语料库自建模块，提供统一的汉语方言俗语语料格式化加工程序，使用者能够顺利实现语料的添加和拓展。

⑤安全性

语料库系统发布时，限制非登录用户使用；用户可自行设定安全用户名和密码；用户采用权限分级，一般用户仅具有浏览、检索的权限；限制非授权用户非正常直接进入语料库，有效防范数据紊乱或遭破坏。

建立起的语料库满足上述特性，才能实现对汉语方言俗语语料库所汇集的数据进行良性的组织和管理。

**（2）概念模型设计**

E-R 模型即"实体—联系"模型，是语料库的概念模型。语料库的逻辑结构是对语料数据的形式抽象，要能够比较方便、直观地表示语料的逻辑组织形式并能够很容易地转换成计算机能处理的结构。语料库中的数据通常包括两部分：语料的元数据和语料本身。元数据是关于语料的特性的描述，如语料的来源、文体、字数等。

概念模型是对现实世界的抽象反映，它不依赖于具体的计算机系统，是现实世界到机器世界的一个中间层次。概念模型是纯粹反映信息需求的概念结构，用于信息世界的建模，是面向用户、面向现实世界的数据模型。E-R 模型是最常用的概念模型。一般遇到实际的问题，先把实体转换成 E-R 模型，再将 E-R 模型转化成计算机能接受的数据模型。

构成 E-R 模型的基本要素是实体、属性和关系：实体是现实世界中可以区别于其他对象的事件或物体；属性指实体所具有的每一个特性；关系是指两个不同实体之间的联系，存在一对一、一对多和多对多的关系。图二为汉语方言俗语的 E-R 模型（见下页）：

汉语方言俗语的每一条语目都是一个实体，组成了汉语方言俗语的实体集。整个实体集，可以按照两种不同的方法进行分类：类型划分和区域划分。所谓类型划分是指根据各自特点的不同，把方言俗语分为谚语、歇后语、惯用语和成语（俗成语）四类；所谓区域划分是指根据方言所通行的地区，把方言俗语

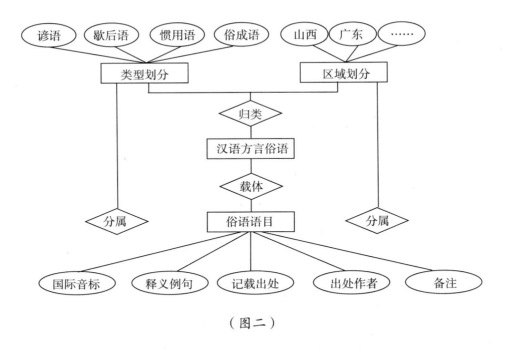

（图二）

划分为山西、山东、广东等区域。每一个实体，都跟随"国际音标""释义例句""记载出处""出处作者""备注"五个可选属性。"备注"部分包括出版信息等相关内容。

由上可见，方言俗语语目是汉语方言俗语语料库的核心，一切关系、属性都以方言俗语语目为中心展开。在建立汉语方言俗语语料库时，也应当以汉语方言俗语语目为核心进行。

**（3）系统功能流程设计**

汉语方言俗语语料库应用的数据项涉及多种数据类别，包括方言俗语"类型""国际音标""释义例句""记载出处""出处作者""备注（出版信息）"。本设计的目的是对汉语方言俗语语料库所汇集的数据进行组织和管理，其核心是设计数据库的结构。

系统功能流程图是语料库系统程序内部各模块之间逻辑关系的直观表达，是用图形符号的形式描绘系统理念的每个部件。根据图二所绘的 E-R 模型，汉语方言俗语语料库的系统功能流程如图三（见下页）：

根据 E—R 模型和系统功能流程图，汉语方言俗语语料库系统可分为俗语类型、书目类型、方言地点以及田野调查四大部分进行设计。

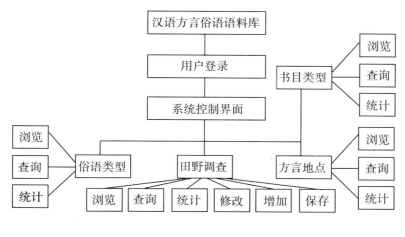

（图三）

### 2.4.3　采用的技术手段

汉语方言俗语语料库的设计模块基本设计完毕之后，如何具体实现模块的运作，是本节重点讨论的内容。以下图四所显示的是语料库系统的软硬件层次。

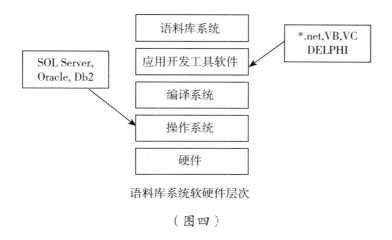

语料库系统软硬件层次

（图四）

根据语料库系统的软硬件层次，首先探讨"应用开发工具软件"问题，即编程语言的选择。当今程序设计语言多种多样，不同语言中既有便于个人独立实现复杂算法的语言，也有便于多人协作实现大型作业的语言，还有便于书写一次性使用的测试类语言。选择哪种语言进行语料库的开发，是要解决的基础问题。

### （1）编程语言：VISUAL BASIC6.0 语言

程序设计语言产生的目的，是为了让人们的生活和工作更加方便快捷。不同的人对于"方便快捷"的理解不同：是高速的代码执行？还是简单易于掌握的语言规范？抑或是轻松地理解他人编写的代码？各种编程语言都有其优缺点。比较 PHP 语言和 Meta-Language 系列语言可知，PHP 语言能够轻松的编写 Web 服务，却不擅长文字处理；相反，Meta-Language 系列语言在编写处理语言文字的应用时就很方便快捷，而编写 Web 服务时就逊色于 PHP 的使用了。再比较 C++ 语言和 Python 语言发现，C++ 语言非常注重代码的执行速度，在使编程实现相同目的时 C++ 语言的执行速度不低于 C 语言，但 C++ 语言的各种规则相对复杂；Python 语言侧重于把阅读代码变得更容易，熟练的编程人员会使用很多控制语句，并且会在结构层面通过缩进符来规范书写，但读取速度不快。造成这种差异的原因就在于，编程语言是为了特定目的而设计的，不同种类的编程语言的便捷之处各不相同。程序设计时编程语言的选用因使用者目的不同而有差异，不同的语言是为不同的编程目的服务的。

总之，一种编程语言是否适用，关键要看它能否满足程序开发的要求，是否具有适用语料库开发与应用的能力。具体来说，进行语料库程序设计选择的程序语言，关键要能够合理组织语料库系统，能够顺利实现语料库的各项功能。经过实践和比较，本语料库系统采用了 Microsoft 的 VISUALBASIC6.0 进行应用程序的设计。

作为当今社会功能强大的可视化开发工具，Visual Basic 具有以下几大特点：

①设计过程简化。Visual Basic 在 Windows 平台上提供了图形用户界面（GUI）的集成开发环境（IDE）。在集成开发环境中，开发人员在不固定的或固定的工具栏中以及 SDI 或 MDI 界面中进行选择。作为面向对象的程序开发语言，在编程过程中，非常便于操作，不易出错。

②提供了多种向导。利用这些向导，可以快速地完成一般性的任务，例如登录框，VisualBasic 自动提供了相关窗口，开发者利用向导，填写自己需要的代码即可，节省了一定的时间，可以大大加快应用程序的开发过程。

③具有强大的数据处理功能。VisualBasic 还是一种具有扩充功能的开发系

统。一方面，开发者可以使用其他编程语言编写自己所需的控件，因此它是一种可以不断扩充的开发系统；另一方面，它还可以使用第三方厂家提供的各种 Visual Basic 使用的控件。例如，支持 Microsoft Forms 2.0 Object Library 的控件，这就为汉语方言俗语语料库的建立提供了很大支持。

④提供了 IntelliSense 技术。当在 Visual Basic 的代码窗口敲进对象名称的时候，Intelli Sense 技术会自动显示一些相关的信息，例如对象的属性和方法等。当一种方法或函数的参数被输入时，Intelli Sense 有助于在建库过程中，为 Visual Basic 提供正确的变量以及编写正确的函数提供保障，减少了错误的发生。

**（2）后台编译系统：Microsoft Access**

Visual Basic 编程中，一般选用 Access 作为后台编译系统。Microsoft Access 是微软公司开发的第一个面向 Windows 平台的桌面数据库管理系统，也是当今较受欢迎的桌面数据库管理软件之一。

Microsoft Access 充分利用了 Windows 平台的优越性，如图形界面和 Windows 的事件驱动机制等。Access 与许多优秀的关系数据库一样，可以很容易地连接相关的信息而且还对其他的数据库系统有所补充。它能操作其他来源的资料，包括许多流行的 PC 数据库程序（如 dBASE，Paradox 和 Microsoft FoxPro）和服务器、小型机及大型机上的许多 SQL 数据库，有较好的移植性。Access 还完全支持微软的 OLE 技术，提供 windows 操作系统的高级应用程序开发系统。与其他数据库开发系统之间相当显著的区别就是：Access 可以在较短的时间里，通过完全可视的过程，开发出功能强大而且相当专业的数据库应用程序。更主要的是，Access 能以二维表的形式，根据方言俗语的特点和分类分别储存独具特色的汉语方言俗语语料，并且结构清晰，便于后续功能的实现。

**（3）数据库访问技术**

在 Visual Basic 的开发环境中，有三种数据库访问方式：数据访问对象（DAO）、远程数据对象（RDO）和 ADO 技术。

数据访问对象（Data Access Objects，简称 DAO）是第一个面向对象的接口，显露了 Microsoft Jet 数据库引擎，并允许 Visual Basic 开发者通过 ODBC 像直接连接到其他数据库一样，直接连接到表。DAO 适用于单系统应用程序或小范围本地分布使用。

远程数据对象（Remote Data Objects，简称 RDO）是一个到 ODBC 的、面向对象的数据访问接口，它同易于使用的 DAOstyle 组合在一起，提供了一个实的接口。RDO 提供了用来访问存储过程和复杂结果集的更多和更复杂的对象、属性，以及方法。虽然 RDO 与 DAO 大致相似，但 RDO 是专门操作关系型数据库的对象，且没有自己的查询处理（processor），它完全靠资料来源处理查询并产生结果。RDO 已被证明是许多 SQLServer、Oracle 以及其他大型关系数据库开发者经常选用的最佳接口。

ADO（Active XData Object，简称 ADO）是 DAO/RDO 的后继产物。ADO2.0 在功能上与 RDO 更相似，而且一般来说，在这两种模型之间有一种相似的映射关系。ADO"扩展"了 DAO 和 RDO 所使用的对象模型，这意味着它包含较少的对象、更多的属性、方法（和参数），以及事件。作为最新的数据库访问模式，ADO 的使用也是简单易用的，微软已经明确表示今后把重点放在 ADO 上，对 DAO/RDO 不再作升级，所以 ADO 已经成为当前数据库开发的主流。

本语料库最终选择了 ADO 技术。Active Data Objects（ADO）是微软最新的数据库访问技术，它用来同新的数据访问层 OLEDB Provider 一起协同工作，以提高通用数据访问，具有易于使用、访问灵活、应用广泛的特点。OLEDB 是一个低层的数据访问接口，用它可以访问各种数据源，包括传统的关系型数据库，以及电子邮件系统及自定义的商业对象。

**（4）SQL 查询语言**

本语料库的查询、添加、删除等操作，选择了 SQL 语言（Structured Query Language）来实现。SQL 语言不仅是一种介于关系代数与关系演算之间的结构化查询语言，而且集数据查询（Data Query）、数据操纵（Data Manipulation）、数据定义（Data Definition）和数据控制（Data Control）功能于一体，主要特点包括：

①综合统一

语料库系统的主要功能是通过语料库支持的数据语言来实现的。SQL 语言集数据定义语言（DDL）、数据操纵语言（DML）、数据控制语言（DCL）的功能于一体，语言风格统一，可以独立完成语料库生命周期中的全部活动，包括定义关系模式、建立语料库、插入数据、查询、更新、维护、语料库重构、语料库安全性控制等一系列操作要求，这就为语料库应用系统的开发提供了良好的环境。用户在语料库系统投入运行后，还可根据需要随时地逐步地修改模式，且并不影响语料库的运行，从而使系统具有良好的可扩展性。

②高度非过程化

非关系数据模型的数据操纵语言是面向过程的语言，用其完成某项请求，必须指定存取路径。而用 SQL 语言进行数据操作，只要提出"做什么"，而无须指明"怎么做"，因此无须了解存取路径。存取路径的选择以及 SQL 语句的操作过程由系统自动完成。这不但大大减轻了用户负担，而且有利于提高数据的独立性。

③面向集合的操作方式

非关系数据模型采用的是面向记录的操作方式，操作对象是一一记录。例如查询所有平均成绩在 80 分以上的产品姓名，用户必须一条一条地把满足条件的产品记录找出来，通常要说明具体处理过程，即按照哪条路径、如何循环等；而 SQL 语言采用集合操作方式，不仅操作对象、查找结果可以是元组的集合，而且一次插入、删除、更新操作的对象也可以是元组的集合。

④以同一种语法结构提出两种使用方式

SQL 语言既是自含式语言，又是嵌入式语言。作为自含式语言，它能够独立地用于联机交互的使用方式，用户可以在终端键盘上直接键入 SQL 命令对数据库进行操作；作为嵌入式语言，SQL 语言能够嵌入到高级语言程序中，供程序员设计程序时使用。在两种不同的使用方式下，SQL 语言的语法结构基本上是一致的。这种以一种语法结构提供两种不同使用方式的做法，为程序设计提供了极大的灵活性与方便性。

综上所述，从前台的应用程序设计到后台的编译系统，从语料库连接技术到语料库数据操作语言，本课题都采用了与世界接轨、为程序员整体认可的计算机技术，为语料库应用界面以及各项功能的实现，奠定了良好的技术基础。

汉语方言俗语语料库是利用数据库技术整合各种数字化方言俗语资料的数据集合，具有存储、查询、分类、比较、计算等功能。建立汉语方言俗语数据库是将计算机对方言语料的形式化处理和研究者对语料的分析判断结合起来的一种人机互动的研究方法，主要目的是为人们提供一个研究平台。

### 2.4.4 难点与解决方案

建设汉语方言俗语语料库，是一个针对方言俗语的特点编写程序、实现语料库功能的过程。编写程序过程中，需要程序员灵活运用和组合集成各种知识及技能，来分析、解决实际问题。这些问题都是由方言俗语本身的特点带来的，需要逐一去研究并加以解决。

**（1）国际音标问题**

国际音标是语言学家用来记录人类语音的一套符号。它使得原来混乱的标音方法有了一个统一的标准，且严格规定了一个符号一个音的原则，真正做到了国际音标的通用准则。汉语方言俗语语料库建设不能避开国际音标问题。

计算机应用的全球化，推动了支持全世界各种语言字符的需求。人们越来越需要一个单一的编码方案：不论是什么平台，不论是什么程序，不论什么语言，给每个字符都分配一个唯一的不同的编码。采用唯一编码方案，我们不仅能在同一台计算机上同时处理世界上任何一种文字和符号，还可以在任意计算机之间自由交流，不会出现内码冲突，不会出现使用不同的系统而造成字体不兼容的问题。以前，因为音标码制不同，一个人的文章上了另一个人的机器，音标就是一片乱码。随着国际音标研究的逐步深入和计算机编码标准的不断完善，不少研究机构研制了适合汉语方言研究使用的 Unicode 编码的国际音标字体，并开发出便捷的国际音标输入法。其中使用最为广泛的为云龙国际音标输入法。

汉语方言俗语语料库中的国际音标录入时使用了目前方言研究普遍采用的云龙国际音标输入法。然而在用 Visual Basic 中的控件显示时却出现了乱码现象，无法正常读取和显示国际音标。这种乱码现象不仅在 Visual Basic 中出现，也出现在 Excel 的个别音标中。国际 Unicode 机构对世界上所有已知字符都分配一个唯一的不同码值，即 Unicode 码。经过分析查看，发现"云龙国际音标输入法"也采用 Unicode 编码，而 Visual Basic 的普通控件对某些 Unicode 编码并不完全支持。因此，语料库前台运行界面的编程在添加控件时只注意字体问题是不够的。语料库编程中，主要使用了 Visual Basic 的 Microsoft Form 2.0 Object

Library 控件系统来解决这个问题。Microsoft Form 2.0 Object Library 是微软提供的用于程序设计的一套控件，最初是为 VBA 编程开发的，能够很好地支持 Unicode 编码。使用 Visual Basic 普通控件和 Microsoft Form 2.0 Object Library 控件前后对比如图五：

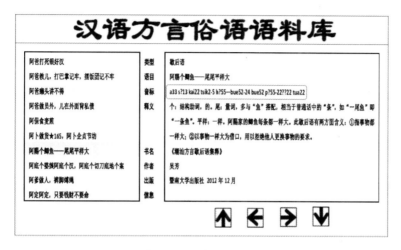

普通控件（图五 A）

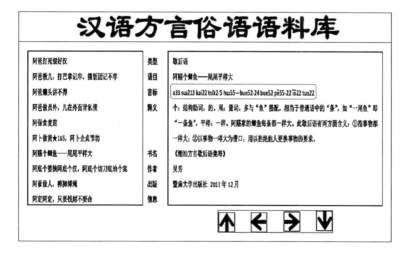

Microsoft Form 2.0 Object Library 控件（图五 B）

如图五，Microsoft Form 2.0 Object Library 控件能够顺利解决国际音标的乱码问题。但是采用这种控件之后访问数据库时又出现了新的问题，凡是 Microsoft Form 2.0 Object Library 控件都出现了"白框"。该问题后通过 ADO

技术顺利解决，由此可以看出，语料库的建设环环相扣，技术与控件必须同步考虑。

**（2）方言用字问题**

方言俗语的书写过程中要用到一些方言中特有的字。比如欧阳觉亚、周无忌、饶秉方编写的《广州话俗语词典》附录 2 收录了 94 个粤方言用字，[①] 赵德闻的《宁波谚语》收录了 93 个特殊用字的读音和释义，[②] 陈泽平主编的"福建方言熟语歌谣丛书"每一分册中都附有方言用字表。[③] 这些字不仅在现在流行的计算机系统一级字库中没有，甚至在二、三级字库中都无法找到。如何正确处理这些会说不会"写"的生僻字，是语料库应该解决的难题之一。

目前，计算机中一般都会包含计算机字库。通常俗称的计算机字库就是字符集，是一个系统支持的所有抽象字符的集合。字符集依靠字符编码在符号集合与数字系统之间建立起对应关系。字符编码是信息处理的一项基本技术，是将符号转换为计算机可接受的数字系统的过程。

在汉语方言俗语语料库的开发过程中，由于原有的字库中没有方言特殊用字，就需要用一些技术手段去新造字形来充实到字库中。以下是人们普遍使用的两种代表性造字法，我们在处理方言特殊用字的时候也采用了这些造字方法。

①TrueType 造字程序

TrueType 造字程序是很早就被使用，也是被很多人都熟知的 Windows 自带造字程序，是由美国苹果公司和微软公司联合提出的一种新型数学形描述技术，采用数学函数描述字体轮廓外形。自从 1991 年起，微软就在 Windows 操作系统中使用 TrueType 字体。该程序一般常用的是组合法，把两个字的一部分取出来，组合出一个新字。由于 TrueType 字体支持大多数的输出设备，无论在屏幕、激光打印机、激光照排机上一般不会失真。

---

① 欧阳觉亚、周无忌、饶秉方：《广州话俗语词典》，广东人民出版社，2010。
② 赵德闻：《宁波谚语》，宁波出版社，2010。
③ 包括《福州方言熟语歌谣》（1998）、《建瓯方言熟语歌谣》（2000）、《漳州方言熟语歌谣》（2007）、《长汀客家方言熟语歌谣》（2007）、《古田方言熟语歌谣》（2008）、《龙岩方言熟语歌谣》（2008）等分册，福建人民出版社出版。

②图片造字

TrueType 造字程序所造出的汉字，在移植到不同的计算机或实现共享时，需要动用系统文件。为了避免移植过程中出现预想不到的差错，人们利用图片方法存储自造字。利用图片方式保存下来的生僻字，可以说是最安全的存储方式。

另外还有"女娲造字法"等，但都受到各种限制，不够普及。造字最为成功的当属北京同文的"四库全书"程序，其中生僻字量非常大，而造字无论从显示还是操作上都处理得非常好。

鉴于汉语方言俗语语料库中生僻字的数量规模不大，再考虑到程序控件的匹配问题，本语料库采用了图片方法存储自造字法，这样无论在任何平台、任何硬件设备上，都能够正常显示，不会产生乱码或变形。

**（3）数据库访问方式问题**

前面对数据库访问技术做过一个简述，Visual Basic 有三种数据访问方式，三种方式处理数据库信息各有优缺点，适用范围也不同。在语料库程序设计初期，采用的是 DAO 控件的连接方式来实现各种功能。

DAO（Data Access Objects）数据访问对象是第一个面向对象的接口，位于业务逻辑和持久化数据之间，能够提供某些特定操作，且无需暴露数据库细节。Visual Basic 中提供了两种与 JET 数据库引擎接口的方法：Data 控件和数据访问对象（DAO）。DAO 控件的连接方式，只能给出有限的不需编程而能访问现存数据库的功能，而且在实践过程中发现，该控件不能与 Microsoft Form 2.0 Object Library 控件相兼容，使用者不得不临时改变数据访问方式。因此，不适合汉语方言俗语语料库的应用。

在 Microsoft Visual Basic 编辑器中，还可以使用 ADO 对象以及 ADO 控件来创建或修改表和查询、检验数据库或者访问外部数据源。理论上讲，一般情况下，从速度和可以执行角度等看，ADO 对象编程的方法要优于 ADO 控件。我们在实践过程中先用 ADO 对象进行了语料库编程，后又用 ADO 控件再次链接。发现这两种方法，都能顺利实现与 Microsoft Form 2.0 Object Library 控件的链接。但是 ADO 控件的访问速度明显高于 ADO 对象编程，这与所使用的其他控件如 Datalist、Datagrid，以及语料库中俗语语目的数量、文字特点相关。反复实践表明，经过合理的打包，也能够顺利实现语料库的可移植性，完成汉语方言俗语语料库的建设。对数据库访问方式的选择与编程语言的选择原理相似，是从程序的综合整体编写出发，通过实践得出的结果。我们将控件与技术合理搭配，力求发挥出程序的最高性能。

## 2.5 汉语方言俗语语料库的功能展示

### 2.5.1 软件结构

根据上述图三"E-R 模型"和图四"系统功能流程图"所示，建成的汉语方言俗语语料库分为四大区域：俗语类型区、书目分类区、方言地点区以及田野调查区。其中，俗语类型区又进一步划出"音标版"的分支域；"田野调查"则二分为"成果版"和"开放版"。

**（1）俗语类型区**

根据俗语的特点可以归出四种类型，由此将俗语划分为四个集合：谚语、歇后语、惯用语、成语 / 俗成语。因此，该区域称为"俗语类型区"。

**（2）方言地点区**

不同地区的方言有各自的地域特点，俗语也可根据自身通行地域的不同，根据方言点进行划分归类。因此，该区域可称为"方言地点区"。

**（3）书目类型区**

书目类型区是根据每一条俗语语目及其例句的出处、记载该俗语的书目等作为分类标准将俗语进行的分类。因此，该区域可称为"书目类型区"。

**（4）田野调查区**

除了收录书面搜集整理，还有一部分语料来自田野调查，即从民间百姓口头搜集来的语料。因此，该区域可称为"田野调查区"。田野调查区又有"成果版"和"开放版"两个分支域。"成果版"的功能和俗语类型区大体一致，"开放版"则具有添加、删除、修改三项新功能，专供用户建立自己的语料库。

### 2.5.2 功能简介

　经过实践，汉语方言俗语语料库不计后台编译系统，共包括 14 个窗体模块，实现了查询、添加、修改、删除四大数据管理功能，其中查询功能为主要功能，用户可根据需要进行各种检索。除了语料数据具有丰富性、多样性的特点外，汉语方言俗语语料库还实现了如下基本功能：

**（1）浏览功能**

这是语料库最基本的一项功能。汉语方言俗语语料库采用二维总体浏览和单个详细查看的方法，既结合了汉语俗语语料本身特点，又充分利用了计算机的优势性能，便于用户掌握全面而又详细的数据信息。例如在"语目"窗口中，可以浏览库中所有方言俗语语目，包括有音标条目和无音标条目。

**（2）标注功能**

作为语料库，应该具有标注功能，不论是提前做好的已有标注，还是允许用户自行的标注。本语料库除了对俗语类型进行了四大类的标注外，还对俗语的地点来源、记录来源等进行了详细标注。在开放区，设计了允许用户自行标注功能。

**（3）检索功能**

检索功能亦是语料库一项重要功能，高效的、多检索点的检索功能是书本式资料无法相比的。本语料库不仅实现了对俗语语目的单项检索，还可以针对语料内容进行多方面的检索。

①类型检索

俗语类型划分区中，除了对所有俗语语目进行任意字查询外，还可以分别调出俗成语、谚语、惯用语和歇后语等不同类型的俗语集合，并可针对不同的类型集合，实现语目的任意字查询。

②地点检索

方言地点区中，除了对所有俗语语目进行任意字查询外，还可以分别调出所列各省市自治区和每个方言点的俗语，并可针对不同的地区，实现语目的任意字查询。例如在"方言点"区域点击"忻州"，就会出现忻州方言的所有俗语。以"吃"字为搜索目标，就会出现忻州方言俗语中含有"吃"字的所有条目以及搜索结果数字统计。

③专书检索

书目类型区中，除了对所有俗语语目进行任意字查询外，还可以根据不同的书名，分别调出不同类型的书籍所收录的俗语。例如可以调出《成都方言词典》所收录的所有俗语及相关信息，使用者可根据需要设定检索结果的范围，将范围设定与其他检索功能结合起来，得到各种较为精确的符合条件的检索结果，并可通过计算机检索获取各种符合要求的数据信息，进行多种数据对比。

（4）更新功能

汉语方言俗语语料库一般分为开放式和封闭式两种，汉语方言俗语语料库体现了二者的结合。用户既可以使用现有的语料库，也可以根据需要，在田野调查的开放区域运用本库提供的添加、删除、修改功能自建新的语料库。

（5）统计功能

在进行各种检索时，系统都会即时给出符合检索条件的记录数，这可作为精确的统计数据在程序界面显示，方便对比分析。为适应不同的需要，除了给出任意字检索的统计结果，语料库系统还提供了"给定"统计功能，即对于给定的范围，采用直观点击的方法，得到该地点或书目所收录的俗语的条目统计结果。例如在"语目"状态下查找俗成语"半斤八两"，搜索结果显示为17条；在给定的"山西"范围内搜索，结果显示为3条。这一功能，在对方言俗语语目计量比较研究中具有很强的实用价值。

语料库系统就是要充分利用计算机的优势，为使用者提供便利可靠的浏览、检索手段以及各种统计数据结果，以便于使用者进行更深层次的研究分析工作。

### 2.5.3　软件界面

汉语方言俗语语料库的界面设计力求做到简洁美观、使用方便，下面就主要的系统界面做简单介绍。

（1）登录界面

在系统初始化之后的第一个界面就是登录界面。设置登录界面的目的是维护系统的安全性。用户可以根据自行需要，先打开"登录界面"（见图六 A），然后按界面下方中间的"重置"，调出"重置界面"（见图六 B），设置自己的用户名和密码。以后每次使用数据库都需要正确输入用户名和密码才能登录，通过这样的设置保证了系统的安全。

（图六 A）

（图六 B）

**（2）使用界面**

汉语方言俗语语料库的主要界面分为四类，即主界面、方言点界面、书目界面和田野调查界面，界面如图七、图八、图九、图十：

以上四类根据前述"四大区域"划分设计而成，也是使用频率最高的界面。

**（3）管理界面**

用户用来建立自己的方言俗语语料库时所使用的界面，即自定义库，属于"田野调查"的开放区，界面设有"添加""删除""修改"等相关按钮，方便用户对自己的语料库进行自我管理。如图十一。

**汉语方言俗语语料库**

| 语目 | | 类型 | 惯用语 |
| 方言点 | | 语目 | 阿爸打死银好汉 |
| 书目 | | 音标 | |
| | | 释义 | |

阿爸打死银好汉
阿爸癫头讲不得
阿爸做员外，儿在外面背私债
阿保食麦煎
阿卜赚货★165，阿卜企贞节坊
阿赐个鲫鱼——尾尾平样大
阿爹做人，蒋脚蛳绳
阿定阿定，只要钱财不要命

书名 《瓯越语汇研究》
作者 盛爱萍
出版信息 人民出版社 2011 年 10 月

↑ ← → ↓

搜 索　语类 ▼

主界面（图七）

---

**汉语方言俗语语料库（方言点）**

查看 | 标音语目 | 书目 | 田野调查 | 关于

方言点
安徽
重庆
福建
甘肃
广东
广西
贵州
海南
河北
河南
黑龙江
湖北
湖南
江苏
江西
宁夏
青海
山东
山西
陕西
上海
四川
云南
新疆
浙江

| | 类型 | 语目 | 音标 | 释义 |
| --- | --- | --- | --- | --- |
| ▶ | 惯用语 | 阿爸打死银好汉 | | |
| | 谚语 | 阿爸教儿，打巴掌记牢 | | |
| | 谚语 | 阿爸癫头讲不得 | | |
| | 谚语 | 阿爸做员外，儿在外背私债 | | |
| | 谚语 | 阿保食麦煎 | | ①食：吃。 |

搜　索

方言点（图八）

---

**汉语方言俗语语料库（书目）**

查看 | 标音语目 | 书目 | 田野调查 | 关于

书目
方言工具书
方言研究著作
俗语研究著作
长汀客家方言熟语歌谣
鹰地方言俗语集解
重庆方言俗语集释
大同语语精选
繁峙方言俗语汇编
古田方言熟语歌谣
广州话俗语词典
黑龙江谚语
监利方言俗语词典
建瓯方言熟语歌谣
龙岩方言熟语歌谣
宁波谚语
宁德方言熟语歌谣
瓯越语俗语研究
平通方言成语解释
莆田方言熟语歌谣
青川民间语言研究
青海方言熟语歌谣
泉州谚语
三晋俗语研究
厦门方言熟语与谚语集萃
湘北民间歇后语与谚语集萃
忻州成语词典
忻州惯用语词典
忻州歇后语词典
忻州谚语词典
忻州方言志
漳州方言熟语歌谣

| | 类型 | 语目 | 音标 | 释义 |
| --- | --- | --- | --- | --- |
| ▶ | 惯用语 | 阿爸打死银好汉 | | |
| | 谚语 | 阿爸教儿，打巴掌记牢 | | |
| | 谚语 | 阿爸癫头讲不得 | | |
| | 谚语 | 阿爸做员外，儿在外背私债 | | |
| | 谚语 | 阿保食麦煎 | | ①食：吃。 |

搜　索

书目（图九）

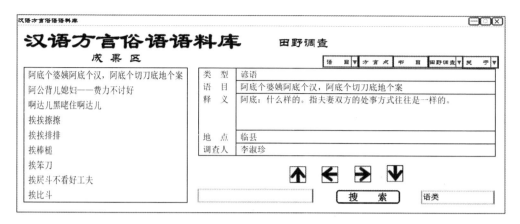

田野调查（成果区）（图十）

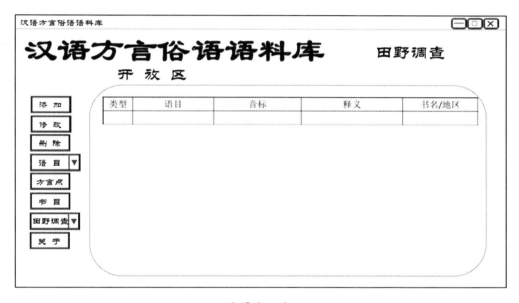

（图十一）

（4）"关于"界面

此界面承载版权介绍内容，包括课题信息、课题主持人信息和语料库系统设计者信息等。语料库程序属于有版权的知识产品，需要在授权许可之后才能使用。如图十二。

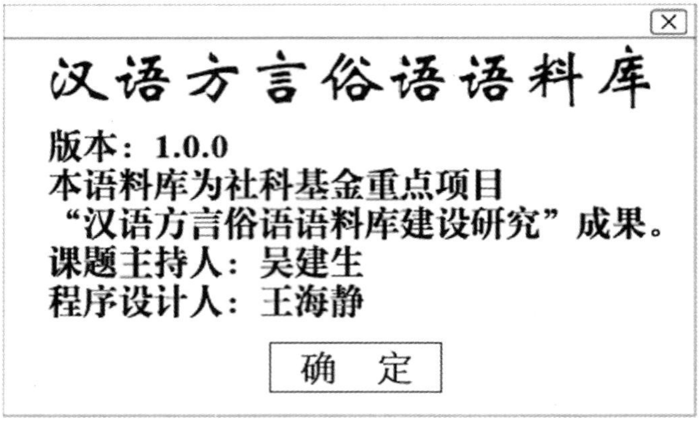

（图十二）

## 2.6 汉语方言俗语语料库的规模拓展与计算机辅助系统的升级空间

汉语方言俗语语料库顺利解决了概念模型、程序编写、语料组织以及国际音标、生僻字处理等诸多技术问题，初步使得研究者能够比较方便地运用语料库进行方言俗语的分析描写、排列对比和较为深入地进行研究，并为方言俗语词典编纂和汉语方言俗语调查等提供了方便。这虽然是一个很大的突破，但是第一代汉语方言俗语的建设和研究，仅仅是万里长征迈开了第一步。从语料库建设规模和计算机辅助系统来看，仍存在较大的拓展和升级空间。

### 2.6.1 方言俗语语料库的规模拓展

我们建成的汉语方言俗语语料库规模已近千万字。但与语言生活中实际存在的丰富的方言俗语相比，还只是沧海一粟。大量的流传于民间的方言俗语还等待我们进一步去调查挖掘；众多陆续出版的方言俗语著作中的俗语仍然急迫需要我们尽快梳理整合。随着研究的深入和计算机技术的发展，我们下一步将向着多角度拓展方言俗语语料库的方向探索。

**（1）建立汉语方言俗语语音语料库**

实地采集真实语音，并建立真实语音及其转写文本的汉语方言俗语语料库，是今后一个阶段内将要进行的一项新的重要工作。在当前社会环境下，经济发展迅速，人员流动量大，各地方言正迅速发生变化，方言的融合以及推广普通话工作的进行，使得方言之间的差距越来越小。仅靠整理文本材料和进行微量的田野调查，远远不能满足方言俗语研究和抢救语言资源的需要。建立汉语方言俗语语音语料库，采集当代汉语方言中极具地方特色的俗语有声资源，并进行科学的加工整理，长期保存，对方言俗语的深入研究、开发利用以及文化资源的保护，都具有十分重要的意义。

**（2）建立汉语方言俗语网络语料库**

在条件成熟时，我们将开发基于 Web 的汉语方言俗语语料库网络系统，建立开放式的、格式化的在线方言俗语语料库。在线方言俗语语料库应建立自己的服务器，发挥计算机和网络技术融合的优势，允许用户在网上实时使用。这不仅可以云集多方使用者的方言俗语资料，研究者和用户还能够在网上就方言俗语的运用及语料库的优缺点等及时交流经验和看法，方便数据资源的扩充和共享。

本次语料库设计，后台容量已经快接近单机版极限，对于性能不佳的机子，容易出现速度缓慢的现象。下一步，开发网络语料库，依靠服务器提高性能和速度等各项指标，都是后续需要进行的工作。

### 2.6.2　计算机辅助系统的升级空间

利用计算机辅助完成语料库不同类型的任务，可以大大提高语料库的建设和更新效率。针对汉语方言俗语语料库，以下程序设计还需继续开发研究。

**（1）语料录入程序**

由于方言语料具有特殊性，在建立方言俗语语料库的过程中，我们对海量的方言俗语语料，采用了人工识别挑选俗语，逐条录入的原始方法。以这种方式建立语料库，其工作量的巨大和效率的不尽如人意是必然的。

我们设想，在条件成熟后，尝试进行俗语语料采集程序的编制。该程序针对俗语类别标注字段，限定范围，保证所采集的材料合乎文本规范的定义标准；对于"国际音标"字段，将尝试规定其"通用"性等方法，便于编码对应显示；对于"出版信息"等特殊字段，将采取规定上下限以及日期格式的方式，力求减轻初始建库时录入人员的工作负担，并提高元数据的准确性。

**（2）造字程序**

本系统采用了图片方法来保存和显示生僻字，这是最保守也是最保险的方法。方言生僻字的问题，从根本上说是中文信息处理的问题。只有突破了中文信息处理这个瓶颈，方言用字的问题才能迎刃而解。当然，计算机技术与汉语方言研究的结合并不是简单的技术问题，同样涉及多个专业的研究理论和应用方法等诸多方面。如何解决方言中诸多生僻字以及有音无字的标注问题，仍然是我们需要探索的纵深领域。

**（3）方言俗语自动处理软件**

目前，电脑还无法从大量连续的自然文本语料中，自动识别出哪些字段是俗语，并将有用信息提取出来。方言俗语自动处理软件要求要能够从海量的语言材料中，自别识别和提取出方言俗语，使研究者从繁复的整理操作劳动中解脱出来，将主要精力放在理论探索和分析解决问题上。计算机能够自动识别俗语并进行语类的自动划分，必须建立在全面理解并熟练掌握汉语俗语基础上方能进行，因此这是美好的前景，也是一个长远的、艰巨的奋斗目标。

## 2.7　小结

语料库语言学是贯穿了语言学、计算机信息学、智能科学的一门综合性学科。语料库的价值越来越得到研究者的认可和重视。汉语方言俗语语料库的建设和研究，涉及到方言、俗语、计算机等多个学科，为汉语俗语研究开拓了新的领域。在建库的过程中，我们探索了相关的理论问题，积累了经验、方法和教训，为下一步的拓展研究和发展打下了良好的基础。

汉语方言俗语语料库的建设是一项长期的工作，随着研究工作的步步深入和计算机技术的飞速发展，对语料库的要求也会越来越高。汉语方言俗语语料库的完善和拓展，还有很长的路要走。

# 第三章 汉语方言俗语的地域差异

汉语俗语是具有超强生命力的语言单位，承载着中华民族的深刻思想和聪明才智。经过几千年的传承，这些俗语在汉民族的不同地区生根发芽，在劳动人民的不断使用中产生了各种差异。这些差异形式缤纷，内容多彩，使得汉语方言俗语打上了深深的地域印记，表现出汉语方言俗语独特的丰富性和多样性。

本章从汉语方言俗语的特点出发，从词汇、语法、风格、类别、语长五个方面讨论汉语方言俗语的地域差异。需要说明的是，本章只讨论汉语方言俗语在共时平面上的差异，并不涉及其在历时平面上的演变。另外由于汉语方言的语音系统情况复杂，差异甚大，需要独立考察，因此也不在本章讨论。本章所有例句均出自"汉语方言俗语语料库"（书目见本书附录），文内不再一一标注。例句中有个别有音无字情况，用方框"□"加音标方法表示。

## 3.1 词汇差异

在语言系统中，词汇是最敏感的，社会的发展变化最先表现在词汇上。在语言接触背景下，词汇是语言内部最不稳定的成分，也是汉语各地方言之间差距较大的部分。因此，除了语音差别之外，汉语方言俗语的地域差异更多地反映在构语成分的词汇差异上。在词汇差异中，名词和动词的差异最大，形容词和副词的差异也很明显。下面我们以普通话中通行的俗语为基准，通过对比各地方言俗语以及方言俗语和普通话俗语的用词情况来看汉语方言俗语的词汇差异。

### 3.1.1 名词差异

①女儿不断娘家路（普通话）
②囡儿不断娘家路（瓯越）

普通话说"女儿不断娘家路"，意思是女儿即使嫁出去了，也要保持跟娘家人的联系。这条俗语在瓯越地区说"囡儿不断娘家路"，"囡"是江浙等地对女儿的称呼，很多俗语都用到这个词。如瓯越俗语"一个囡婿半个儿"，"囡婿"就是"女婿"，即普通话俗语"一个女婿半个儿"；苏州俗语"嫁出囡五泼出水"，"囡五"也就是"女儿"，普通话说"嫁出去的女儿，泼出去的水"。

①相骂没好口，相打没好手（普通话）
②相骂无好喙，相拍无好手（古田）

普通话说"相骂没好口，相打没好手"，指人在情绪激动的时候，言行必然是粗暴的。这条俗语，在古田说"相骂无好喙，相拍无好手"，"喙"本来特指鸟类的嘴巴，在古田方言中也用来指人的嘴巴。当地还有一条俗语"空喙讲白话"，意思等同于"空口说白话"。

①火到猪头烂（普通话）
②柴到猪头烂（绩溪）

普通话说"火到猪头烂"，意思是只要功夫用到了，事情自然能够成功。此条俗语在绩溪说"柴到猪头烂"，"柴"即"柴火"，这里用"柴火"来代替"火"，用的是借代的修辞手法。

①棍棒底下出孝子（普通话）
②棒槌头上出孝子（牟平）

人常说"棍棒底下出孝子"，告诫父母不要过分溺爱子女，该打骂就要打骂。牟平则说"棒槌头上出孝子"，把"棍棒"换成了"棒槌"，同类相换，异曲同工。同样手法的还有"败子回头金不换"（苏州），把普通话中的"浪子"换成了"败子"，更加突出了其改邪归正的可贵。

①狗眼看人低（普通话）
②鹅眼看人——把人看小了（瓯越）

俗语"狗眼看人低"，讽刺那些以貌取人看不起人的势利小人。这条俗语在瓯越语中说"鹅眼看人——把人看小了"，不仅把"狗眼"说"鹅眼"，语类也发生了变化，由原来的惯用语变成了歇后语。

①宁为鸡头，不为牛后（普通话）
②宁当苍蝇头，不做牛尾巴（敦煌）

"宁为鸡头，不为牛后"是人们常说的一句俗语，意思是宁可在不起眼的地方当老大，也不愿意做大势力的附庸，被人指使和支配。在这句俗语里"鸡"和"牛"已经是小和大的较强对比，但在敦煌方言中，将这种对比发挥到了极致，变为"宁当苍蝇头，不做牛尾巴"，"苍蝇"和"牛"势力大小的对比更加强烈，也使得这条俗语的意思更加彰显。

①麻雀虽小，五脏俱全（普通话）
②麻雀虽小，肝胆俱全（湘西）

"麻雀虽小，五脏俱全"比喻事物的体积或规模虽小，但其内容或功能却很齐全。这里用麻雀的"五脏"来比喻事物的基本功能。在湘西也有这条俗语，却说"麻雀虽小，肝胆俱全"，这里用"肝胆"代替"五脏"来比喻事物的基本功能，形象直接，意思更加明了。类似的例子还有监利俗语"耳不闻，肚不烦"，普通话说"耳不听，心不烦"，"心"在"肚"里，所以用"肚"这个更加直观的身体部位来代替看不见的"心"，"肚烦"大概是人最直接的身体经验。这句俗语在临县说"耳不听，心不恼"，将"烦"换成"恼"，同义相换，但"恼"更加突出了听到不如意的事之后的恼怒的心情。

①癞蛤蟆躲端午——躲得了初一，躲不了十五（普通话）

②癫呱子躲端午——躲不过端六（敦煌）

③疥蛤蟆躲端午（大同）

我们常用"癞蛤蟆躲端午——躲得了初一，躲不了十五"来说明遇到事儿只能面对，躲是躲不过去的。敦煌俗语"癫呱子躲端午——躲不过端六"中的"癫呱子"，大同俗语"疥蛤蟆躲端午"中的"疥蛤蟆"说的都是癞蛤蟆。这是典型的因方言词而形成的汉语俗语的地域差异。这种因动物叫法不同而形成地域差异的例子很多。比如"猫鼠入风箱——双头受气"中的"猫鼠"在潮汕方言中指的就是"老鼠"。在瓯越俗语"大猫不吃窝边食"中，"大猫"指老虎，我们常说"兔子不吃窝边草"，这里用"大猫"来代替兔子，形成地域差异。再如成都俗语"井头的蚂蚂儿——只见过簸箕大的天"，其中"蚂蚂儿"就是青蛙。瓯越俗语"逼雄鸡生卵"，"雄鸡"就是公鸡。瓯越俗语"老鼠黄儿向鸡拜寿——不是好良心"，其中的"老鼠黄儿"就是黄鼠狼。

①马尾穿豆腐——提不得（普通话）

②马尾穿豆腐——提不起来（银川）/马尾子提豆腐——提不起（敦煌）

③篾穿豆腐——提不得（监利）/篾条穿豆腐——提不得（湘西、成都）

④麻线穿豆腐——提不得（湘西）/麻绳拎豆腐——提不起来（徐州）

⑤尼龙绳串豆腐——挈不起（瓯越）

普通话常说"马尾穿豆腐——提不得"，"提"在这里语义双关，由"提起"转指"说到，谈到"，意思是人或事物太差或太过分，使人不愿意说或没法说。银川、敦煌用的是"马尾"，跟普通话相同。监利方言中将马尾换成了篾（劈成条状的薄竹皮），湘西、成都等地也有同样的说法，湘西还有"麻线穿豆腐——

提不得"的说法。徐州与此类似，说"麻绳拎豆腐——提不起来"，瓯越地区则说"尼龙绳串豆腐——挈不起"。从地域特性上来看，"篾条"多用在盛产竹子的地区，麻绳、麻线则多用在出产麻类植物的地区，"马尾"则多用在北方畜牧业比较发达的地区。可见词汇的地域差异跟当地的自然风物有着密切的联系。

又如，普通话说"樱桃好吃树难栽"。樱桃比较娇嫩，对环境要求较高，太冷太热的地区都不能栽种，且容易受病害的侵袭，成熟了还要防范鸟类的偷食，所以才有此俗语，告诉人要想有所收获，就必须付出艰辛。此条俗语在瓯越地区说"林擒好吃树难栽"，"林檎"为当地的一种植物，学名叫"番荔枝"，果肉细腻嫩滑，非常好吃。因是喜阳植物，并且对土质要求较高，所以在我国种植地区较小，只在广东、福建等地有种植。在福建古田方言中，这条俗语说"林苹好食树难栽"，有人认为这可能是因为"林檎"一词本来就可以指两种科属的植物，在北方为苹果属，在南方为番荔枝属，所以在古田方言中，"林檎"成了"林苹"。

①好汉不吃眼前亏（普通话）

②乖人勿吃眼前亏（苏州）

③光棍不吃眼前亏（扬州）

我们常说"好汉不吃眼前亏"，意思是聪明人会见机行事，面对不利的处境会做出暂时的让步，以免当下吃亏。这里的好汉必须具备两个特点：聪明和有本事，语用环境则是在势单力孤的时候。这条俗语在苏州说为"乖人勿吃眼前亏"，"乖"的意思是"乖巧、聪明"，直接将"好汉"变成了"乖人"，突出了聪明的一面，扬州方言则说成"光棍不吃眼前亏"，几条方言俗语各有侧重，体现了语言的灵活性和丰富性。

### 3.1.2　动词差异

①拿着猪头找不到庙门（普通话）

②擎着猪头找不着庙门儿／凭着猪头找不着庙门儿（牟平）

③捧了猪头寻勿着庙门（瓯越）

④端着猪头找庙——找不到门路（南昌）

⑤提着猪头进庙——认错了门（敦煌）

"拿着猪头找不到庙门"是一句常用的俗语，比喻人想送礼却找不到门路或有本事却没地方施展。很多方言中都有类似的说法，只是主要动词"拿"发生了变化，使得这条俗语在各地方言中有了异彩纷呈的变化：牟平说"擎着猪头找不着庙门儿"，该地区另有"凭着猪头找不着庙门儿"的说法；瓯越地区说"捧了猪头寻勿着庙门"；南昌说"端着猪头找庙——找不到门路"；敦煌又有"提着猪头进庙——认错了门"的说法。在南昌和敦煌方言中，该条俗语也由惯用语演变为歇后语。有的方言还通过增减少量的词汇使得该俗语由具有描述性的惯用语变成了具有经验性的谚语，如牟平有"顶着猪头不愁找不着庙门儿"的说法，意思是只要拿着礼物真心求助总会有人为其提供门路或只要有真本事不愁没地方施展。

①口渴喝盐卤（普通话）

②喙渴食盐卤（古田）

③口渴呷盐卤（瓯越）

俗语"口渴喝盐卤"，意思是为了应付暂时的危急而采取了有害的手段，在南方地区形式变化比较多。古田说"喙渴食盐卤"，名词"口"变为"喙"，动词"喝"变为"食"。瓯越地区说"口渴呷盐卤"，动词"喝"变为"呷"。"食""呷"均为与进食有关的动作词，因说法不同而形成了与普通话"口渴喝盐卤"不同的地域形式。

再举一个类似的例子。萍乡有俗语"吃桐油，呕生漆"，桐油是油桐籽所榨取的油脂，不能食用，只能用于油漆、印刷等，生漆是漆树的液体，用于制作优质的手工艺品、家具等。从价值上说，生漆比桐油贵。这条俗语的意思是拿了不该拿的东西，最终要加倍还回去，付出的代价更大。这条俗语在监利说

"喝哒桐油呕生漆"，"吃"变为"喝"，到了江西永新，则变成了歇后语"吃桐油，呕生漆——连本带利亏"。湘西也有类似的说法，但意思不同，"吃桐油，屙生漆——往后见功"，意思是时间长了就能看出作用了。

①会打扮的十七八，不会打扮的屎娃娃（普通话）
②会打扮的十七八，不会打扮的尿圪抓（大同）
③会扎固的扎固十七八儿，不会扎固的扎固小屎疙瘩儿（牟平）

"会打扮的十七八，不会打扮的屎娃娃"，意思是说小孩子不需要刻意去打扮，等长大了自己爱美了再打扮才更有效果，山西壶关话语形与此完全相同。大同也有相似的说法——"会打扮的十七八，不会打扮的尿圪抓"，只是其中的"屎娃娃"换成了"尿圪抓"。在山东牟平方言中，"打扮"变换为"扎固"，这是一个方言词，意同"打扮"，"小屎疙瘩儿"跟大同的"尿圪抓"异曲同工，都借指幼小的孩子。

①砍柴卖，买柴烧（普通话）
②斫柴卖，买柴烧（瓯越）
③挑柴卖，买柴烧（安徽）
④担柴卖，买柴烧（四川）

普通话说"砍柴卖，买柴烧"，意思是将自己本有的东西卖掉，需要时再买回来，比喻不会谋划，做不合算的事情。这条俗语在瓯越地区说"斫柴卖，买柴烧"。动词"斫"是一个方言词，也是一个古语词，意思是"砍"，南方方言比较多用，如萍乡方言有"木匠斧头一面斫"，即"木匠斧头一面砍"。安徽说"挑柴卖，买柴烧"，四川说"担柴卖，买柴烧"。几条俗语意思一致，但动词不同，"砍、斫""挑、担"，所表示的动作有先后，但都是跟卖柴相关的动作。

①没吃过猪肉，也见过猪跑（普通话）

②冇吃过猪肉，也见过猪行路（南宁平话）

③没吃过猪肉，还没听见过猪哼哼（敦煌）

"没吃过猪肉，也见过猪跑"，意思是对于某事，虽未亲身经历，但也略有所知。在南宁平话中，这条俗语说"冇吃过猪肉，也见过猪行路"，将动词"跑"说成词组"行路"，有一种古朴的气息，兼具了地域性和典雅性。而在敦煌，这条俗语则说"没吃过猪肉，还没听见过猪哼哼"，从语用角度看，用了反问句式，语气更强；从词汇上看，将动词"跑"变为"哼哼"，语言活泼，活灵活现，口语性一下子就显现出来了。

①独眼龙看告示——一目了然（普通话）

②独目睇告示——一目了然（潮汕）

"独眼龙看告示——一目了然"利用人身体上的残缺构成了歇后语的语义：指事物或事情非常清楚，一看就能明白。在潮汕地区，这条歇后语说"独目睇告示——一目了然"，将动词"看"变成了动词"睇"，"睇"是一个古语词，意思是斜着眼看，保存在今粤语中，成为一个具有地域特色的方言词。从表达效果上来看，一只眼睛的人为了看得更清楚，通常会歪着头，斜着眼看，"睇"的意思更切合实际情形，也更加形象。

同样表达"看"的意思，瓯越语却用了另外一个动词"眙"，如"出门眙天气，进门眙脸色"，普通话说"出门看天气，进门看脸色"。"眙"也是一个古语词，本义是"直视，瞪"，在瓯越语中使用范围扩大，语义等同于"看"，如"春眙山头秋眙海""打狗着眙主家面""个山眙着那山高""狗眼眙人低三分""劈柴眙纹路，生意眙门路""眙菜吃饭，量体裁衣""眙眙容易做做难"等。

①跑了和尚跑不了庙（普通话）

②逃得了和尚逃不了庙（杭州）

③躲得了和尚躲不了庙（监利）

人们常用俗语"跑了和尚跑不了庙"来指一些人即使跑掉了，但家产或家人还在，因此还会回来，最终是逃不掉的。杭州方言中将"跑"换成了"逃"，变成了"逃得了和尚逃不了庙"；而监利方言中是将"跑"换成了"躲"，变成了"躲得了和尚躲不了庙"。"逃""跑""躲"三者在这里为同义词，这是因同义互换而形成的一组有地域差异的俗语。

再举一个具有"逃跑"义的例子。歇后语"脚底板抹香油——溜了"指人以极快的速度逃跑了。在湖南娄底方言中，动词"抹"说成"揩"，变成了"脚板底下揩油——开溜"；在湘西方言中"抹"说成"擦"，变成了"脚板底下擦桐油——开溜"。"抹""揩""擦"也是一组同义词，从中可以看出汉语方言俗语在词汇上的地域差异。

　　①家神通外鬼（普通话）

　　②家神勾外鬼（洛阳）

　　③家神透外鬼（梅县）

　　④家鬼不引，野鬼不进（监利）

　　⑤里神通外鬼（厦门）

普通话说"家神通外鬼"，意思是内部人暗中与外人勾结来损害自己的利益。"通"即"串通"，串通就会勾结，因之洛阳说"家神勾外鬼"。串通就会透露消息，因之梅县说"家神透外鬼"。勾结串通之后就会引狼入室，因之监利方言说"家鬼不引，野鬼不进"。"通""勾""透""引"，虽然不都是同义词，但语义相关。而在厦门方言为了将"里、外"对比，将"家神"改为"里神"，变成了"里神通外鬼"，虽然动词未变，但字面的语义对比更加强烈。

　　①黄连树下弹琴——苦中作乐（普通话）

　　②黄连树下对山歌——苦中作乐（湘西）

　　③黄莲树下弹琴——苦中求乐（梅县）

在汉语方言俗语的地域差异中，有些动词之间是因同类而关联的。如我们常说的一句俗语"黄连树下弹琴——苦中作乐",在湘西说"黄连树下对山歌——苦中作乐","弹琴"和"对山歌"均属于娱乐项目,因同类而产生关联,发生了变化。在梅县,这条俗语变为"黄连树下弹琴——苦中求乐",将"作"变异为"求",使得"苦""乐"对比更明显,"求"的目的性就更强了。

①货比三家不吃亏（普通话）

②货跑三家不吃亏（杭州）

③货买三家不上当（监利）

④货问三家不吃亏（瓯越）

常言道"货比三家不吃亏",意思是买东西多跑几家商店,才能买到质量好价格公道合理的货物。"比"字突出了比较的重要性。这条俗语在杭州说"货跑三家不吃亏",监利说"货买三家不上当",瓯越地区则说"货问三家不吃亏",其中的动词由"比"变成了"跑、买、问",虽然少了比较的意味,但突出了跟买东西相关的动作,增加了形象性。

类似的例子还有歇后语"老虎借猪——有借无还",在潮汕这条歇后语说"老虎衔猪——有去无回"。"衔"是一个动作性非常强的动作,比"借"更直观,更形象。也有的地区将其中的名词进行更换,如长沙"老虫借猪——有借无还"、古田"老猫借鸡——有借无还",这些"殊途同归"的表达,既相似,又有别,融人类思维的相通性和特异性为一体,彰显了语言的无限魅力,是各地劳动人民宝贵的精神财富。

### 3.1.3 形容词和副词差异

据我们搜集到的语料来看,就同一条俗语的不同地域形式而言,汉语普通话俗语和汉语方言俗语之间,形容词和副词的地域差异不像名词和动词那么大,但也有不少。

①瘦死的骆驼比马大（普通话）

②柴显骆驼比马壮（瓯越）

人常说"瘦死的骆驼比马大"，比喻势力或实力强大的人或家庭、团体等，即使败落了也比一般的要强得多。形容词"瘦"后加上"死"，强调了败落的程度，也反衬了原有实力的强大。这条俗语在瓯越语中说"柴显骆驼比马壮"，用方言形容词"柴"来代替"瘦"，突出了"骨瘦如柴"的感觉，用形容词"壮"代替了"大"，"壮"和"柴"形成了更为鲜明的对比，使得这条俗语具有了更强的表达张力。

①傻人有傻福（普通话）

②憨人有憨福（监利）

③呆有呆格福（瓯越）

对那些看似不怎么精明却事事都能顺利的人，我们常用一句"傻人有傻福"来调侃。形容词"傻"有"痴、呆、憨"等意思，因此，在监利方言中，这条俗语说"憨人有憨福"；而在瓯越俗语中说"呆有呆格福"。"傻""憨""呆"三个词同义相换，形成了丰富多彩的方言俗语。

①人善被人欺，马善被人骑（普通话）

②人懦勾人欺，马善勾人骑（温州）

善良是一种美德，但有时候人也会因此而吃亏。"人善被人欺，马善被人骑"说的就是这种现象。善良，有时候往往被人误认为是一种懦弱，因此，在温州这条俗语就演变为"人懦勾人欺，马善勾人骑"。"勾"意思是"被"，这里"懦"代替了"善"，二者并非同义，但从语义上来说，似乎比"善"更具有合理性。

①良言一句三冬暖，恶语伤人六月寒（普通话）

②良言一句三日好，恶语一句六日忧（湘西）

"良言一句三冬暖，恶语伤人六月寒"，这是对语言威力的最好概括。真  **087**

善之语，即使在严寒的冬日，也能使人感到温暖；恶意之言，即使是在炎炎夏日，也会让人感到心寒。这句俗语在中国民间广泛流传。在湘西，人们说"良言一句三日好，恶语一句六日忧"，将"三冬""六月"分别变为"三日""六日"，将其中的形容词"暖"变为"好"，而将形容词"寒"变为动词"忧"。虽然没有使用夸张的修辞手法，但似乎更贴近实际：听了好话心情好几天，听了恶言，烦恼加几天。

①嘴大喉咙小（普通话）
②肚大喉咙窄（南宁平话）

我们通常说一个人"嘴大喉咙小"意思就是说人太过贪心，喜欢兜揽自己能力达不到的事情。另外还有"眼大喉咙小"的说法，除了前面说的这个意思之外，还特指人吃饭时太贪婪，想吃的太多而实际上根本吃不了。这两条俗语都用形容词"小"来形容喉咙，而南宁平话则说"肚大喉咙窄"，用形容词"窄"来形容喉咙，一个突出面积，一个突出孔径，表达了一样的意思，达到了同样的效果。

①好吃不如饺子，舒服不如倒着（普通话）
②好吃不如饺子，舒索不如倒着（牟平）
③舒服不如倒着，好吃不如饺子（大同）

普通话说"好吃不如饺子，舒服不如倒着"，这条俗语在山东牟平用形容词"舒索"代替了普通话的"舒服"，"舒索"是当地方言，意即"舒服"。在大同方言中则将顺序颠倒成为"舒服不如倒着，好吃不如饺子"。

①初吃馒头三口生／乍吃馒头三口生（普通话）
②暴吃馒头三口生／暴剃头碰着生胡人（宁波）

　　俗语"初吃馒头三口生"用了比喻的修辞手法，表示刚开始做某事，总是有些不熟悉或不能适应的地方，普通话也说"乍吃馒头三口生"。在江浙一带，将副词"初"替换成了"暴"，意思也是"刚开始"，如此例中的宁波话。宁波话里的"暴剃头碰着生胡人"，意同普通话"初学剃头就碰到络腮胡子"；苏州话中"暴学三年，天下去得；再学三年，寸步难行"中的副词"暴"的用法也同此一致。

①好借好还，再借不难（普通话）

②好借好还，再借弗难（丹阳）

人常说"好借好还，再借不难"，告诫人们借了别人的东西要及时归还。丹阳方言说"好借好还，再借弗难"，"不"换成了"弗"，都是副词，意思相同。"弗"在丹阳方言中使用广泛，俗语中就有很多，如"打弗还手，骂弗还口""低头弗见抬头见""弗听老人言，吃亏在眼前""瘪芝麻打弗出油""三句话离弗开本行"，如果将其中的"弗"替换为"不"，便变成了普通话俗语。

在吴语区，"不"还可以说成"勿"，如苏州有"伏里勿热，五谷勿结""赊一千勿如现八百""驼子跌跟斗，两头勿着实"；瓯越地区有"偷风偷雨勿偷雪""问理勿问人""晓勿得饭是米煮""心急吃勿得烫粥""头醋勿酸，二醋勿辣""屋宽勿如心宽"；宁波有"勿到黄河心勿死"等等。

## 3.2 语法差异

语法是语言系统中最稳定的部分，跟其他部分相比，语法的发展演变是最慢的。作为固定语，汉语俗语的语法结构更是如此。但是由于受到各方言区自身语法系统的影响，跟普通话相比，方言俗语的语法结构有时也会发生一定的变化，有些变得跟普通话完全不同，有些则在结构方面产生了小的变化。

### 3.2.1 词素顺序不同

本节所说词素和我们通常所说的"语素"是一个概念，是指汉语中最小的 **089**

音义结合体。这里为了跟温端政《汉语语汇学》① 提出的"语素"（即"构成语的要素"）的概念相区别，就用词素来指称。跟现代汉语普通话相比，有些方言词的词素顺序产生了变化，或将修饰语后置，或将并列成分的次序调换，构成了地域特征明显的方言俗语。

①好吃婆娘不留鸡母种（监利）

多管鸡娘孵鸭卵／眼睛一瞬，懒孵鸡娘变鸭／拿鸡娘伏不得鸡儿／刀鹰哭老鸡娘——狙有好心肠（瓯越）

鸡婆下蛋——各顾各（南昌）／瞎眼鸡婆跌得米箩里——该它吃的（长沙）

上述多条俗语中出现的"鸡母""鸡娘""鸡婆"，意思都是"母鸡"，跟普通话相比，其中的词素顺序却发生了变化，普通话说"母鸡"，是"种＋属"关系，而在上述方言中却为"属＋种"关系。与此类似，普通话说"公鸡"，在很多方言中说"鸡公"，如"鸡公屙屎头节硬"（成都）、"鸡公跟不得马走"（萍乡）、"蜈蚣碰上鸡公——了命"（湘西）、"一个笼里关不住两只叫鸡公"（监利）、"鸡公打架头对头，夫妻打架不记仇"（监利）等。

②老鼠黄走鸡搭拜年——冇好心（瓯越）

老鼠黄不嫌憎鸡儿柴（瓯越）

上述例句中的"老鼠黄"即"黄老鼠"，指的就是黄鼠狼，这条俗语普通话说"黄鼠狼给鸡拜年——没安好心"。在瓯越地区还有"老鼠黄不嫌憎鸡儿柴""老鼠黄儿向鸡拜寿——不是好良心""捉头老鼠黄放在鸡窝里养"等说法。

③凑闹热（绩溪）

---

① 温端政：《汉语语汇学》，商务印书馆，2005。

"凑闹热"即"凑热闹"，"闹热"和"热闹"是一组逆序词，意思相同。在瓯越语中也有，如"勿走勿闹热，走起两头折""破嘴吃粥——门头闹热"等。

④两个老人客胜过一阵鸭（温州）

上例中"人客"即"客人"，是说老人话多，说起来没完。瓯越地区这样的说法很普遍，如"酒席好办，人客难请""人客来扫地，盗贼走关门""一日两日是人客，三日四日是便客"等等。

### 3.2.2　语序不同
**（1）动宾颠倒**

现代汉语中普遍的语序是 SVO 结构，谓词在前，宾语在后，而在一些方言俗语中，则是 SOV 语序，即宾语在前，谓词在后。这是一种古汉语语法的遗留，多见于南方方言，下面以瓯越语为例。

①大树斫倒有柴烧

"大树斫倒有柴烧"，普通话一般说"砍倒大树有柴烧"，意思是"打败了强者，自己就能得益"。从语序上来看，普通话俗语中的"砍倒大树"采取的是（S）VO 语序，而瓯越地区俗语中的"大树斫倒"采取的是（S）OV 语序。

②吃饭汗吃出，干事眼泪干出

"汗吃出"即"吃出汗"，"眼泪干出"即"干出眼泪"，这条俗语如果按照现代汉语普通话的语序来说，就是"吃饭吃出汗，干事干出眼泪"，说的是人吃饭的时候很积极，让做事却发愁得掉眼泪，讽刺了那些好吃懒做的人。瓯越语采用了（S）OV 语序。这个意思在瓯越语中还有另外的说法："吃饭武松打虎，做事李逵叹苦"；在其他地区也有相似的表达，牟平说"待吃饭，就和抓虎的样，待做生活儿，就和哭的样""吃饭挑大碗，干活儿白瞪眼"；西宁说"吃饭端大碗，做活挠屁眼"等等。

③船勿会撑嫌憎河江小

这条俗语也是采用的（S）OV语序，"船勿会撑"即"勿会撑船"，宾语"船"放到了谓词"勿会撑"的前面，比喻人自身没能力，却抱怨客观因素。类似的意思，成都说"不会撑船怪河湾"，语序与普通话一致。

**（2）构语成分前置或后置**

①老鼠屎，毒人怀死讨人嫌（瓯越）

这是一例补语后置的例子，表否定意义的补语出现在了宾语的后面。按照现代汉语常用语序，应该是"老鼠屎，毒怀死人讨人嫌"，用来指某人或某事虽无大碍，但让人心里不舒服。这样的语序在瓯越俗语中还有，如"犁你勿着，耙也耙着""棺材店里咬牙——恨人不死"。

②未屙屎，呼狗先（瓯越）

在这条俗语中，表次序的副词"先"放在了动宾结构"呼"的后面，在普通话中，语序应该是"未屙屎，先呼狗"，讽刺人还未开始做事，就大张旗鼓地张扬开来。

### 3.2.3　词性或句法功能发生变化

①当家三年狗也黑眼（大同）

这条俗语用的是夸张的手法，意思是当家人因为管事多，容易得罪人。"黑眼"按照现代汉语一般词序来理解，是一个偏正式名词性结构，但在这里是做动词使用，意思是讨厌、厌恶，词性发生了改变。

②阿爷值钿大孙子，阿爹值钿小儿子（宁波）

"钿"是"钱"的意思，"值钿"即"值钱"，本是一个形容词，表示价值高。在宁波方言中，转变为一个动词，意思也发生了改变，由"值钱"变为"宠爱、疼爱"。词性的变化带来了语义的改变。类似的说法瓯越地区还有"父母疼小儿，公婆疼长孙""娘惜小儿，婆爱长孙"，其中用的就是动词"疼""惜""爱"。

③个山盼着那山高（瓯越）

这条俗语普通话说"这山望着那山高"，而在瓯越语中用量词"个"来代替指示代词"这"，这是量词的一种特殊用法："量词'个'可以变读为入声成为指示代词"[①]。类似的例子有"个两个人着共条裤""跌倒也不识个爬字""一篓田鸡就祇个只眼最光"（转引同上）。

### 3.2.4　句式变化

句式变化，主要体现在"被字句"和"把字句"中。

①只见贼吃，冇盼贼打（瓯越）

这条俗语普通话的说法是"只见贼吃肉，没看到贼挨打"，"挨打"是一个含有被动义的结构，而在瓯越语中，"挨打"变为"打"，完全没有了被动的标志。这是因为瓯越语中被动句的构成和形式跟普通话不同，该例中因施事没有出现，因此不能用任何表被动的词。相同的例子还有"柴箬壳跌落来怕头打开""为着小小弃大大，为个鸡卵头打破"等。

---

②把大麦不当粮食（监利）

现代汉语中，把字句的常用否定形式是"不 + 把 +NP+VP"，否定词"不"位于"把"的前面，如"不把我们当人看"，但在一些方言俗语中，把字句的否定形式变为"把 +NP+ 不 +VP"，如监利方言俗语"把大麦不当粮食"，否定词后置，这不是现代汉语通行的否定形式，因此，可以看作是俗语因地域不同而形成的一种句式变化现象。

## 3.3 风格差异

风格，本指文学创作中所表现出来的与众不同的综合性特征。汉语俗语作为群众的口头创作或口头运用形式，有自己独特的风格特征：口语性、通俗性。相较于普通话中的俗语，方言俗语的这种特征更加明显，我们称之为汉语方言俗语的地域风格差异，可以分语体差异和语用差异两种情况来看。

### 3.3.1 语体差异

汉语中绝大多数俗语一般都是口头上流行的，具有很强的口语性，按说不存在语体风格差异问题，但通过对比，我们发现，跟普通话中的俗语相比，有些方言俗语的结构更加松散，表达更加自由，更加具有口语性特征。或者说，在口语性这个特征上，方言俗语更加突出。

**（1）表达更加生活化，语句更加口语化**

①远路无轻担（普通话）
②远路鸡毛变成铁（雷州）

人常说"远路无轻担"，意思是说路程长了，即使最轻的东西也会让人感觉重。各地方言也有类似的说法，如瓯越地区说"百步冇轻担""千里冇轻担"，牟平说"路远无轻载"，用的都是直白的描述。而在雷州方言中，这条俗语说"远路鸡毛变成铁"，一改白描的手法，用生活中常见的事物"鸡毛"和"铁"

的轻重对比来说明问题，表达更加形象，语义更好理解。

①黑狗偷食，白狗当灾（普通话）
②黑狗偷了油，打了白狗头（监利）

普通话常说"黑狗偷食，白狗当灾"，是说黑狗偷吃了东西，却让白狗替它受罚，比喻替人受过。这句话在不同的地区有不同的表达，如瓯越地区有"黑猫偷吃，白猫替灾"的说法，将动物"狗"换成了"猫"；南昌说"黑狗吃肉，白狗当斋（灾）"，将偷食的内容进一步细化为"肉"，表达的意思相同，从语形上判断也是同一条俗语的地域变体。而在监利方言中，这条俗语说成"黑狗偷了油，打了白狗头"，偷食的内容不仅细化为"油"，当灾的内容也细化为"被打了头"，其直观形象、生活化的表达使得这句俗语更贴近生活。

①巧妇难为无米之炊（普通话）
②舅舅冇米，勿要怪姈娘不会煮饭（瓯越）

这条俗语选取了生活中常见的人物和场景来说明一个道理：没有原材料，什么都干不成。从普通话和瓯越方言的对比可以看出，方言俗语的语言更加口语化，场景更加生活化，口语风格非常突出。

①懒人拔长线（瓯越）
②懒人拖长纱（宁波）
③懒老婆纫的死长的线（大同）

懒妇缝衣服时，为了少穿几次针，每次穿针都会穿上很长的线，上面三条俗语讽刺了那些懒惰的人为了偷懒而采取的可笑做法。瓯越地区用俗语"懒人拔长线"或"懒人拖长纱"，形式简洁明了。同样的意思，山西大同说"懒老婆纫的死长的线"，"死长"是一个极具口语特色的词，"死"表程度用来修饰"长"，意思是"非常长"，这也使得这条俗语带上了浓重的口语色彩。

①平时不烧香，临时抱佛脚（普通话）

②闲了不烧香，忙了爬到供桌上（敦煌）

"平时不烧香，临时抱佛脚"讽刺的是那些平时不注重关系的培养，到关键时刻才去求人的人，"临时抱佛脚"突出刻画了为了应付急难而低三下四求人的场景。在敦煌，这条俗语说"闲了不烧香，忙了爬到供桌上"，夸张的手法、形象的描绘、口语化的表达，跟普通话相比，口语化的风格更加突出了。

①吃着碗里，看着锅里（普通话）

②口里吃一个，筷子高夹一个，眼睛看到一个（监利）

"吃着碗里，看着锅里"是对那些贪得无厌的人的绝妙讽刺，这条俗语选取生活中常见的吃饭场景勾勒出一个贪婪者的形象。而在监利方言中，这条俗语说"口里吃一个，筷子高夹一个，眼睛看到一个"，没有采取"吃着碗里，看着锅里"那样工整的对仗形式，而是用了最通俗的口语来表现，但形散而神不散，很好地体现了俗语的口语性和地域性的特点。

此外，监利俗语"今天省把米，明天省滴油，来年买条大牯牛"也极具口语性，对比牟平"一天省一把，三年买匹马"、瓯越"一日省把米，一年添床被"便可以看出来。监利俗语"活到老，学到老，还有几多冇有学"，更是在"活到老，学到老"的基础上增加了口语化的内容"还有几多冇有学"，使得表意更加清楚明白。

**（2）化经典为口语**

①吃不言，睡不语（监利）

"食不语，寝不言"出自《论语·乡党》，意思是"吃饭时不说话，睡觉时也不说话"。这是一种生活礼仪，是对人在吃饭和睡觉时进行的一种礼仪上的规定和约束，现在常说"食不言，寝不语"。但在监利说成"吃不言，睡不语"，劳动人民将经典化为生活语言，用通俗易懂的白话代替了古语，给这条古老的俗语注入了新的活力，使其在民间生根发芽，变成了老百姓的口头语言。

②老唔死是贼——人人卤（潮汕）

"老而不死，是为贼"出自《论语·宪问》，说的是孔子的旧友原壤叉开双腿坐着等待孔子，孔子骂他说："幼而不孙弟，长而无述焉，老而不死，是为贼"，意思是说，你年幼的时候不讲孝悌，长大了又没有什么可说的成就，老而不死，真是害人虫。这条俗语在今潮汕方言中保留，但变成了一个歇后语"老唔死是贼——人人卤"，"卤"在潮汕方言中是"讨厌、恨"的意思，这条歇后语讽刺那些大家都讨厌的人。

③蚕儿吐丝丝方尽（湘西）

"春蚕到死丝方尽"，出自唐·李商隐《无题》诗："相见时难别亦难，东风无力百花残。春蚕到死丝方尽，蜡炬成灰泪始干。晓镜但愁云鬓改，夜吟应觉月光寒。蓬山此去无多路，青鸟殷勤为探看。"在湘西地区，这句诗被化用为"蚕儿吐丝丝方尽"，少了古典韵味，多了生活气息，诗意性和口语性并存，成了化用的经典。

### 3.3.2 语用差异

汉语俗语在运用过程中，出于表情达意的需要，往往会将肯定的句式改变为反问的句式或使用反问语气，以此来增强表达效果。这些改变有些是临时的，有些则作为比较固定的形式沉淀下来。因为这些变化都是在汉语方言俗语的使用过程中产生的，所以我们称之为语用差异。

①心中无冷病，哪怕吃西瓜（成都）

这是一个反问句式，用疑问词"哪"加动词"怕"来表示反问，意思是自己没做亏心事或没做见不得人的事，就什么都不怕。这条俗语在其他地区也有，但采用的是肯定句式，如青川、监利"心中无冷病，不怕吃西瓜"，敦煌"肚子里没冷病，不怕吃西瓜"。相比较肯定句式，成都采用的反问句式，语气更加强烈，更能突出要表达的意思。此外，成都"留倒青山在，哪怕莫柴烧"，表达方式也是一样的。监利"吃烧饼哪有不掉芝麻的"，也是用"哪"加动词"有"来表示反问语气。同样的例子还有监利"哪有吃五谷不生辛寒"、大同"哪有个勺子不碰锅沿的"等。

②不想吃锅巴，岂肯锅边转（青川）

这也是一个反问句式，意思是参与其中，就是想得到某些利益。监利方言中有与其意思相同的肯定形式"不想油渣子吃，不到锅边站"，二者比较，前者语气更强，强调了动作的目的性。

③鸡蛋没有缝儿可能抱出小鸡来（牟平）

这是一个没有句法标志、只用语气来表达的反问句式，实际要表达的意思是"鸡蛋没有缝是不可能孵出小鸡来的"，告诉我们即使像鸡蛋那样表面看上去圆滑光整，实际上还是有缝隙的，比喻事情保密得再好，也可能泄露出去。同一条俗语，有的地区用了肯定的表达，如厦门说"鸡卵密密也有缝"，古田说"鸡卵再密，固会孵出鸡囝"，意思相同，但用反问句式的表达语气更强。同类的例子还有监利"有得张屠户，还吃哒连毛猪"、敦煌"离了狗屎不种菜了"、山西临县"借不的米还把升子丢咾着呀"、瓯越地区"舅爷开饭店，还怕你外甥肚大"、青川"有心开饭店，怕你大肚汉"等等。

## 3.4 语类转换

语类，即根据俗语性质的不同，在汉语语汇学系统中给俗语划分的类别。

根据温端政汉语语汇学的观点，俗语是一个庞大的系统，内部有比较严格的分类，大致可以分为谚语、歇后语、惯用语、俗成语四类。[①] 由于汉民族共同的生活经验和思维特性，就同一条俗语而言，其语类在方言跟普通话中通常是一致的。但也有特例，或成语转换成惯用语，或惯用语转换成歇后语，这时就产生了语类的变化。语类转换通常是由于方言区民众独特的思维方式、表达习惯或方言系统自身调节等因素造成的。为便于讨论，下面我们以俗语的普通话语形和语类为基准，按照类别来看汉语方言俗语的语类转换。歇后语因为语形的特殊性，决定了在语类转换过程中，它只能成为转换的最终形式，而不可能向其他语类转换，所以下面不讨论歇后语向其他语类的转换问题。需要说明的是，这里仅就我们看到的共时语言现象进行讨论，没有涉及历时问题，也就是说没有考察普通话俗语和方言俗语之间转换的先后问题。

### 3.4.1　惯用语的语类转换

惯用语的语类变化最多见的是由惯用语变为歇后语。惯用语是具有描述性的俗语，描述人或事物的性质、特征、状态等，正因为其只作描述而不作任何判断，使得惯用语具有一定的张力，在其后可以加上一些具有评判性的词语，从而变为歇后语。转换而来的歇后语的语义有的跟原来的惯用语相同，有的则没有任何关联。

　　①脚踩两只船（普通话）
　　②脚踩两只船——三心二意（敦煌）
　　③脚踩两只船——拿不定主意／脚踏两只船——左右摇摆（湘西）
　　④脚踏两只船——人定心不定（瓯越）

同样一条惯用语，因地域不同，转换后的歇后语也不同。"脚踩两只船"是惯用语，意思是同时跟两方面保持着联系，见机行事。这条俗语在敦煌说为歇后语"脚踩两只船——三心二意"，湘西则说"脚踩两只船——拿不定主意""脚

① 温端政：《汉语语汇学》，商务印书馆，2005。

踏两只船——左右摇摆"，在瓯越地区说成了"脚踏两只船——人定心不定"，这些歇后语的后语"三心二意""左右摇摆""拿不定主意""人定心不定"，基本意思相同，属于同一条歇后语在不同地域的形式变化。

①换汤不换药（普通话）
②换汤不换药——共货色／换汤不换药——原旧（瓯越）
③换汤不换药——老套套（湘西）

"换汤不换药"也是一条常用的惯用语，意思是虽然形式变了，但内容没变。在瓯越地区，这条惯用语后面加上了解释性语言"共货色"和"原旧"，变成了歇后语"换汤不换药——共货色"和"换汤不换药——原旧"，在湘西则加上了"老套套"，变成了歇后语"换汤不换药——老套套"，意思不变，但歇后语的后语点明了语义，使得语义更加清楚明了。

①瞌睡碰到枕头（普通话）
②瞌困碰到枕头——合适（南昌）
③瞌睡碰到枕头——求之不得（湘西）
④瞌睡遇了枕头——正好（敦煌）

"瞌睡碰到枕头"是说某种行为或话语正合心意，含有"合适、求之不得、正好"等心理期待，所以在南昌方言中，它说为歇后语"瞌困碰到枕头——合适"，在湘西说"瞌睡碰到枕头——求之不得"，在敦煌说"瞌睡遇了枕头——正好"，三条后语的语义引申方向一致，意思也相同。

①拿着鸡毛当令箭（普通话）
②拿着鸡毛当令箭——小题大做（湘西）
③拿鸡毛当令箭——吓老百姓（湘西）

"拿着鸡毛当令箭"常用来讽刺那些将上司无关紧要的话奉若圣旨去执行

的人。这些行为真的是"小题大做"了。在湘西，这条俗语就说成歇后语"拿着鸡毛当令箭——小题大做"，语义相同。而在湘西这条惯用语还可以说成另一条歇后语"拿鸡毛当令箭——吓老百姓"，这条歇后语的语义跟原来惯用语的语义差异较大，因为歇后语的后语不是就"拿鸡毛当令箭"这种行为本身引出来的，而是针对这种行为的目的来引申的，这就使得这条歇后语的语义跟之前惯用语的语义产生了差异。尽管引语相同，但它们还是分属两条歇后语。

湘西还有一条歇后语"鸡蛋碰石头——粉身碎骨"，是由惯用语"鸡蛋碰石头"改变而来的，"鸡蛋碰石头"是说人自不量力，去跟比自己强大得多的人去争斗。惯用语本身只是对一个动作行为的描述，并没有对其结果做出明确的说明，在变为歇后语后，后语"粉身碎骨"点明了鸡蛋去碰石头的后果，语义发生了轻微的变化。在瓯越地区，"鸡蛋碰石头"说"鸡卵碰石头——坐输"，"坐输"也是动作行为的结果，但只是一种直白的陈述，并不像"粉身碎骨"那样形象生动，直观传神。

①端着金碗讨饭吃（普通话）
②端起金碗讨米——装穷（监利）

人常说"端着金碗讨饭吃"，是说人不会利用自有的有利条件，而四处去求人帮助。这条惯用语在监利说"端起金碗讨米——装穷"，意思是人故意装作贫穷以博同情来达到自己的目的。转换成歇后语后的语义跟之前惯用语的语义差别很大，这也是因为歇后语的语义重点在后面的"注语"——"装穷"，说的是行为的目的，而非行为本身，故语义产生了差异。

①打屁安狗心（梅县）
②打屁安狗心——哄人（于都）

"打屁安狗心"在梅县等地流行。表面意思是放个屁来安慰狗，实际上讽刺的是那些并不给人实惠而只是弄虚作假来试图安抚人心的行为。这条惯用语在于都转换为歇后语"打屁安狗心——哄人"，语义更加清楚明白，"哄人"

直接揭露了这种弄虚作假的行为。

①老牛拉破车（普通话）
②老牛拉破车——拉儿哪儿算儿哪儿（牟平）

惯用语"老牛拉破车"讽刺的是那些做事慢，没有效率的人。而牟平则转换为歇后语"老牛拉破车——拉儿哪儿算儿哪儿（拉到哪里算哪里）"，语类转换后就不是说没有效率了，而是说没有目标和方向，因为注语"拉儿哪儿算儿哪儿"强调的是行为的无目标性，所以语义发生了变化。

①拉着黄牛当马骑（普通话）
②拉着黄牛当马骑——穷凑（湘西）

惯用语"拉着黄牛当马骑"本义是说让没能力的人去做难以胜任的事。湘西方言加上了注语"穷凑"，使之变成了一条歇后语，语义侧重于"黄牛"和"马"在价值上的不同，语义演变成"因缺乏好的而拿不好的来凑合"，跟原来惯用语的语义关联较小。

再举几个湘西地区的例子。人们常用"陈芝麻烂谷子"来比喻已经过去很久的陈年旧事。湘西地区在其后面加上"不是好货"，使之成为歇后语，意思也随之发生了改变，指人或事物的本质不好，跟原来的语义几乎没有关联。这也是因为从惯用语推导出歇后语的注语的时候，语义侧重点发生了改变，侧重于"陈、烂"的品相而不是时间，这直接导致了语义上的改变。再如"背起伢崽找伢崽——没名堂"，原来的惯用语"背起伢崽找伢崽"，相当于普通话"骑着驴找驴"，意思侧重于动作行为本身，指的是某物就在眼前却还到处找寻。但变为歇后语以后，语义侧重点变成了动作行为的原因，指没有正当的理由去做某事或者完全没必要去做。

①光棍遇着没皮柴（普通话）
②光棍佬遇着冇皮柴——大家一样（东莞）

"冇皮柴",即剥了皮的柴,也就是一根表面光滑的棍子,即"光棍"。"光棍佬遇着冇皮柴",普通话说"光棍遇着没皮柴",意思是碰到了对手。在东莞,加上注语"大家一样"后就转换成了歇后语,"对手"的强度削弱了,凸显的是"一样"的状态。

①逼公鸡下蛋（普通话）

②逼雄鸡生卵——难上难（瓯越）

"逼公鸡下蛋"比喻强迫人做办不到的事。瓯越方言中的歇后语"逼雄鸡生卵——难上难"则直接揭示了这条俗语的语义,使人更容易理解和方便运用。

这种直接揭示语义的变异方式在惯用语向歇后语的转换中比较普遍。如:瓯越地区还有"暗中使绊子——蔫儿坏""闷鼓里恁——一厘儿也晓不得""扳着指头算账——有数"等;湘西有"背着牛头不认账——死赖""八两对半斤——谁也不吃亏""矮子中选长子——拔尖""八九不离十——有谱了""丢了西瓜捡芝麻——因小失大""挂羊头卖狗肉——表里不一"等;敦煌有"打肿脸充胖子——假装体面""打开天窗说亮话——喊明叫响""二一添作五——平分""活人还能叫尿憋死——迟早有办法""喝凉水塞牙缝——倒霉透顶"等;南昌有"白狗吃屎,黑狗当灾——赏罚不明"等,例子很多,不胜枚举。

### 3.4.2　成语的语类转换

成语是二二相承的具有描述性或表述性的俗语,因其外形短小,故从长度上来看弹性比较大。一些历史悠久的汉语成语,在方言中的表达却并不一定是成语,往往选择口语性更强的其他语类。

**（1）成语转换为惯用语**

①狐埋狐搰（普通话）

②狐埋之,狐搰之（瓯越）

"狐埋狐搰"说的是狐性多疑，"搰"是挖掘的意思。狐刚把东西埋下，又把它挖出来看看。比喻人疑虑过多而不能成事。瓯越语有"狐埋之，狐搰之"的说法，源自《国语·吴语》，意思与"狐埋狐搰"完全相同，但语类不同，"狐埋狐搰"是二二相承的四字格式，属于成语，而"狐埋之，狐搰之"是具有描述性的俗语，属于惯用语。

①狐假虎威（普通话）
②九节猫固会假老虎威（古田）

"狐假虎威"是一个家喻户晓、妇孺皆知的成语，源于《战国策·楚策一》。在古田方言中有"九节猫固会假老虎威"的说法，"九节猫"即"九尾狐"。从描述的对象、现象等来看，这条俗语等同于"狐假虎威"，但因其外在形式不是二二相承式，因此属于惯用语。

①雁过拔毛（普通话）
②老鹰飞过拔根毛（瓯越）

成语的"二二相承"性表现在两个方面：一是结构上是二二相承的，二是虽然结构不是二二相承的，但习惯上还是按照二二相承来读。"雁过拔毛"就属于第二种情况，属于俗成语，它讽刺了那些爱占便宜，有机会就要捞一把的人。在瓯越地区，同样的意思说成"老鹰飞过拔根毛"，雁、鹰同为飞禽，因此也可以看作是"雁过拔毛"的一个地域变体，由成语转换成了惯用语。

①指桑骂槐（普通话）
②指桑树，骂槐树（监利）

"指桑骂槐"的意思是明着说这个人，实际上却在骂那个人。监利方言有"指桑树，骂槐树"的说法，跟"指桑骂槐"意思一样，只不过是将四字成语的格式说成了六字双语节的惯用语。

①路死路埋（普通话）
②半路死半路埋（梅县）

"路死路埋"也是一个俗成语，是说人死不得其所，结局悲惨。梅县也有类似的说法，不过说成了惯用语"半路死半路埋"，描绘的场景相同，意思相同，只是语类发生了变化。

①拨草寻蛇（普通话）
②扒起草来寻蛇打（监利）

成语"拨草寻蛇"比喻招惹恶人，自找麻烦。在监利方言中有"扒起草来寻蛇打"的说法，不再是成语，而是惯用语。

## （2）成语转换为谚语

①雪中送炭（普通话）
②雪里送炭炭似金（瓯越）

"雪中送炭"是一个常用成语，字面义是"在下雪天给人送炭取暖"，深层含义是比喻在别人急需时给以物质上或精神上的帮助。这是一个具有描述性的成语，只对行为进行描述，并不作价值评判。在瓯越语中这条成语转换为"雪里送炭炭似金"，加上"炭似金"，这条俗语就有了价值评判，说明了"雪中送炭"这种行为的可贵。整条俗语的语义也跟着发生了变化：在急需时给予的帮助是最宝贵的，语义的改变带来了语类的变化，由具有描述性的成语转换成了具有表述性的谚语。

①心直口快（普通话）
②心直口快见人怪／心直口快，讲话见人怪（瓯越）

105

　　我们常用成语"心直口快"来形容人没心眼，心里怎么想就怎么说，但这条成语并未就此而做出"好"或"不好"的判断。瓯越俗语中"心直口快见人怪 / 心直口快，讲话见人怪"表达的却是心直口快的人会被人怪怨的意思，只加了三个字，描述性的成语一下子就变成了具有经验性的谚语。

　　　　①趁热打铁（普通话）
　　　　②趁热好打铁（瓯越）

　　成语"趁热打铁"是说抓紧有利的时机和条件去做事。瓯越语在其中加了一个"好"字，变成"趁热好打铁"，意思也变成了"趁着时机和条件有利时行动更容易成事"，一字之差，就由俗成语转变成了谚语。

　　**（3）成语转换为歇后语**

　　　　①过河拆桥（普通话）
　　　　②过河拆桥——不留后路（敦煌）

　　成语"过河拆桥"，是说自己过了河就把桥拆掉，比喻事成之后就把帮助过自己的人一脚踢开。在敦煌，后面加上了"不留后路"，成为歇后语，点明了这种行为的后果。"不留后路"语义双关，本指不给自己留后退的路，转指做事不给自己留回旋的余地。

　　　　①趁热打铁（普通话）
　　　　②趁热打铁——抢火候（湘西）

　　成语"趁热打铁"本义是说要趁铁被烧红的时候及时锻炼，铁块才容易成型做成器物，比喻抓紧有利的时机和条件去做事。湘西地区，后面加上了"抢火候"，成为歇后语，突出了"火候"，强调了火候（时机）的重要性，语义更加明确，更加容易理解。

①对壁呵气（普通话）

②对壁呵气——冒用（南昌）

"对壁呵气"是说对着石壁吹气，石壁不会有任何反应，比喻对听不懂的人讲道理，意思相当于"对牛弹琴"。后加"冒用"之后，转换为一个歇后语，"冒用"即"没用"，侧重于行为的效果，而不是行为本身，"冒用"直接点名了语义，省却了语义推导的过程。

①就坡骑驴（普通话）

②就坡骑驴——省事（敦煌）

"就坡骑驴"是一个俗成语，本指让驴停在坡地上，骑上去会比较省力。比喻顺着有利形势做事。敦煌方言后加注语"省事"，转换为歇后语，"省事"是这个行为带来的直接实惠，歇后语的语义比成语更加明确，理解起来更加容易。

①海底捞针（普通话）

②海底捞针——难上难（湘西）

我们常说一件事几乎难以办到是"海底捞针"，湘西地区在这之后加上了"难上难"，使之从成语转换为歇后语，语义更加清楚直白，让人一看便知。

## 3.5　语长差异

语长，即语的长度。跟普通话中的俗语相比，有些方言俗语明显增加了语的长度。这种形式上的差异，在一定程度上突出了俗语的形象性，增强了说服力。

俗语中语长差异最大的要数惯用语和谚语，变化方式多为从单语节结构增 107

加为双语节或多语节结构。新增部分可以在原语前，也可以在原语后。从增加的内容来看，可以分为四种情况：第一，增加并列性成分，两个结构的语义同时起作用。第二，增加举例性成分或补充性说明，整条俗语的语义没变，但具体事例的加入使其更容易理解。第三，增加比喻性成分，使得语义更加形象生动。第四，增加顺承性成分，使语义更加清晰。

### 3.5.1 惯用语的语长增加
#### （1）增加并列性成分

①八面光（普通话）
②八面光，四面净（洛阳）

普通话中常用"八面光"来形容人处事圆滑，各方面都能应付周到。洛阳一带也有这样的说法，但说成"八面光，四面净"，后面增加了"四面净"，跟"八面光"相对，两个结构共同作用，使得该惯用语的语义更加突出，更具有表现力。

①没吃羊肉惹身臊（普通话）
②未吃羊肉得身臊，翻穿皮褂得身毛（湘西）

"没吃羊肉惹身臊"是说人好处没得到，反而惹来了麻烦。湘西地区通行的形式是在之后加上"翻穿皮褂得身毛"，使之变成双语节惯用语。两个结构并列在一起，更加形象地说明和强调了语义。

①和稀泥（普通话）
②和稀泥，漫光墙（敦煌）

人们常用"和稀泥"来讥讽那些面对纷争，无原则地折中调和的人。敦煌方言则在这之后加上了"漫光墙"，本义是拿糊状物将墙面抹平，这里跟"和稀泥"相辅相成，对那些没有原则一味折中调和的人进行了绝妙的讽刺。

**（2）增加补充性说明**

①吃力不讨好（普通话）
②吃力不讨好，黄胖搡年糕（杭州）

"吃力不讨好"是说人出了力但没有得到他人的认可或肯定。杭州方言中，这条惯用语转换为"吃力不讨好，黄胖搡年糕"，"黄胖"指脸色发黄，身体虚胖有病的人，"搡年糕"是用很大的木榔头在捣臼里连续捶打年糕，是一种非常辛苦费力的活儿。"黄胖搡年糕"是对"吃力不讨好"这条俗语举例性的补充说明，增加了"吃力不讨好"的形象性，使得整条俗语有了浓重的地域色彩。

①好心不得好报（普通话）
②好心不得好报，烧香遇着鬼叫（牟平）

"好心不得好报"，是说好心却被人误解，本来善意帮助他人，却反遭他人的怨恨或责骂。牟平说"好心不得好报，烧香遇着鬼叫"，语中"烧香遇着鬼叫"是"好心不得好报"的某一个具体表现，是对前一语节的一个形象化的补充。这条俗语在敦煌方言中说成"好心没好报，烧香惹鬼叫"。

**（3）增加比喻性或起兴成分**

①半斤对八两（普通话）
②半斤对八两，铜缸对铁甏（宁波）

"半斤对八两"是一句常用的惯用语，意思是实力相当，不相上下。宁波方言后面加上了"铜缸对铁甏"，于都、海口等地后面加上了"拳头对巴掌"，增加一个语节，用另一个形象的比喻进一步补充，整体语义未变，但更加形象生动。

①曹操倒霉遇蒋干（普通话）

②曹操倒霉遇蒋干，萝卜干倒霉遇稀饭（扬州）

"曹操倒霉遇蒋干"说的是《三国演义》里的故事，蒋干求功心切，却害苦了曹操。现在我们用这条俗语来形容人倒霉到了极点。"萝卜干倒霉遇稀饭"，说的是旧时人民生活贫苦，吃不上饱饭，经常只能以稀饭充饥，喝稀饭时要就着咸的萝卜干，稀饭越稀，吃的萝卜干就越多，所以说"萝卜干倒霉遇稀饭"。这句与上句"曹操倒霉遇蒋干"配在一起，更加形象地将倒霉的状态呈现出来，增强了表现力。这条俗语在成都方言中说"胡豆（儿）背时遇稀饭，曹操背时遇蒋干"，顺序与扬州方言不同，但语义一致。

①见什么人说什么话（普通话）

②葫芦头茄子把，见啥人说啥话（敦煌）

"见什么人说什么话"说的是人善于交际，能根据对象适时改变语言和态度。敦煌方言在之前加上了"葫芦头茄子把"，这可以看作是对说话内容的起兴，整条惯用语因为这个语节的出现而变得形象、生动，更富有生活气息。

**（4）增加顺承性成分**

①没有功劳也有苦劳（普通话）

②没有功劳有苦劳，没有苦劳有疲劳（监利）

我们常说某人"没有功劳也有苦劳"，意思是我们应该肯定某人对某件事的付出。监利方言的说法则是在后面又加上"没有苦劳有疲劳"，用了顶真的修辞手法，语义相承，俏皮活泼，俗语的口语性特征更加凸显。

①空口说空话（普通话）

②空口说空话，伸手打嘴巴（监利）

"空口说空话"为惯用语，意思是只在口头上说说，并不实际行动。监利方言后加"伸手打嘴巴"，把只说空话而不兑现所带来的后果直接描写出来，语义承接"空口说空话"，把惯用语转换为谚语，语义也从对某类人的描述转换为对所有人的品德教育。

①临时抱佛脚（普通话）
②临时抱佛脚，越抱越蹩脚（杭州）

"临时抱佛脚"是常用惯用语，描述有些人平时不操心，事到临头才想办法应付的现象。杭州地区通行的形式是在其后加上"越抱越蹩脚"，这是对"临时抱佛脚"后果的一种承接，告诉人们"临时抱佛脚"是不可取的。同时，语类由描述性的惯用语转换为带有经验性的谚语。这条俗语瓯越地区还有一种说法是"临时抱佛脚，到老冇结煞"，增添了对不良习惯将会导致严重后果的谆谆告诫。

### 3.5.2　谚语的语长增加
#### （1）增加并列性成分

①浪子回头金不换（普通话）
②败子回头金不换，拙儿回头难上难（瓯越）

"浪子回头金不换"是说人能改邪归正非常可贵，现代汉语中常用的是单语节，但在瓯越语中则为双语节"败子回头金不换，拙儿回头难上难"。"拙儿回头难上难"跟"败子回头金不换"语义并列，共同强调了人改邪归正的艰难性和可贵性。

①兔子不吃窝边草（普通话）
②狡兔唔食窝边草，匪贼唔打自家围（东莞）

111

人常说"兔子不吃窝边草",这是单语节谚语,东莞方言说成双语节"狡兔唔食窝边草,匪贼唔打自家围"。增加的语节"匪贼唔打自家围",跟"狡兔唔食窝边草"语义相同,且更加直白,两个语节共同作用,告诫人不应该祸害四邻。

  ①寡妇门前是非多(普通话)
  ②寡妇门前是非多,道士门前鬼唱歌(监利)

普通话常常用单语节俗语"寡妇门前是非多"来说明寡妇往往容易招人议论。在监利方言中,常用的形式则是"寡妇门前是非多,道士门前鬼唱歌"。"道士门前鬼唱歌"是说道士因经常跟鬼打交道,所以鬼都欺到门上来了,指出现了反常或悖逆的情况。这两条俗语本来没有关联,但并列放在一块,便产生了新的语义:有些特定人群往往容易招惹是非,需要更加小心避免。

  ①船烂了还有三百斤钉(普通话)
  ②船烂了还有三百斤钉,锣破了还有三斤铜(湘西)

"船烂了还有三百斤钉"语义同"瘦死的骆驼比马大",意思是说,一个大的家族或集团,即使败落了,实力也不容小觑。在湘西地区,后增了"锣破了还有三斤铜",表达手法和语义跟"船烂了还有三百斤钉"完全一致,两个语节共同作用,使得语义更加突出,增强了谚语的表现力。

  ①朝里有人好做官(普通话)
  ②朝里有人好做官,伙房有人好泡汤(湘西)

湘西俗语"朝里有人好做官,伙房有人好泡汤",在普通话常用俗语"朝里有人好做官"后又加上了"伙房有人好泡汤",两个语节的语义重点都在"有人"和"好"上,共同表达一个语义"内部有人好办事",但增加了语长之后,表现力增强了。

①货比三家不吃亏（普通话）

②货问三家不吃亏，路走三遍不生头（瓯越）

瓯越地区俗语"货问三家不吃亏，路走三遍不生头"，前一语节是通用俗语"货比三家不吃亏"的地域变体，加上后一语节"路走三遍不生头"后，不仅语长增加了，而且语义更加抽象，教导意味更浓，告诉人们多经历几次就能积累丰富的经验。

①金窝银窝不如自己的草窝（普通话）

②金窝银窝不如草窝，湖水海水不如泉水（湘西）

"金窝银窝不如草窝"在普通话中的常用形式是"金窝银窝不如自己的草窝"，是一个单语节的谚语；而在湘西方言中，后加上了"湖水海水不如泉水"，变成一个双语节谚语，前后两个语节之间虽然没有语义上的关联，只在形式上由"不如"一词相照应，但加强了比较的语气。

①大河无水小河干（普通话）

②大河无水小河干，锅里有碗里才有（青川）

俗语"大河有水小河满，大河无水小河干"是说个人的命运跟集体的命运是紧密相连的。"大河无水小河干"也经常单用，青川方言在之后加上了"锅里有碗里才有"，描述对象转到了日常生活情节，进一步强化了语义，更加形象，也更容易理解。

①狗肉上不得台盘（普通话）

②狗肉上不得台盘，稀泥巴糊不得墙壁（瓯越）

"狗肉上不得台盘"讥讽不成才的人再怎么帮扶都没有用。瓯越语后面加上了"稀泥巴糊不得墙壁",变成了一个新的并列结构,使语义得以增强。

①吃水不忘挖井人(普通话)
②吃菌子不忘树疙苑,吃水不忘挖井人(成都)

"吃水不忘挖井人"告诫人不要忘恩。成都方言在前面加上了"吃菌子不忘树疙苑",变成了双语节,强化了"人不能忘本,不能忘恩"的语义。

**(2)增加举例性或补充性说明**

①百货中百客(普通话)
②百货中百客,鸟豆子中酱油客(于都)

普通话说"百货中百客","中",表示中意,意思是什么样的物品都会有人喜欢。于都增加了一个语节,形式变为"百货中百客,鸟豆子中酱油客"。豆子是做酱油的主材,后一语节"鸟豆子中酱油客"是"百货中百客"的一个具体的事例,使人对该谚语有了更具体的了解。

①拔了萝卜地皮宽(普通话)
②拔爻萝卜地皮阔,嫁出姑娘阿嫂阔(瓯越)

"拔了萝卜地皮宽"指除掉了痛恨的人或碍眼的事物,行事方便了或心里感觉舒畅了。瓯越地区的说法增加了语长,"拔爻萝卜地皮阔,嫁出姑娘阿嫂阔",阔,即"宽"的意思。小姑和嫂子关系历来比较难处,故有"嫁出姑娘阿嫂阔"这样的说法,这个语节可以看作是对前一语节"拔爻萝卜地皮阔"的举例和补充说明。

①慢工出细活(普通话)
②慢工出细活,三天做个牛打脚(成都)

"慢工出细活"本指工匠要精雕细作才能制造出精美的物品，告诉人做事不能急于求成。成都方言在其后加上了"三天做个牛打脚"，使之变成了一个双语节俗语。"牛打脚"是农村用牛耕地时木犁上放在牛脚后、犁头前的一根短横木，两端可系纤绳。"牛打脚"做起来十分简单，但用了三天才做出来，可真是"慢工出细活"了，夸张和讽刺的意味凸显。

①懒人施重担（普通话）
②懒人施重担，十担并做一担担（瓯越）

"懒人施重担"是说懒人往往为了省事而一次性做大量的工作。瓯越语中增加了"十担并做一担担"，这是对"施重担"的一个具体补充说明，让人在头脑中勾画出了一幅滑稽的图画，强化了"懒"或"怕麻烦"的行为，方言俗语结构上的松散性和口语性特征更加突出了。

### （3）增加比喻性成分

①跑了和尚跑不了庙（普通话）
②碓窝掉了杵杵在，和尚跑了庙子在（成都）

"跑了和尚跑不了庙"是说就算一时能跑掉，但由于其他无法摆脱的牵累，最后还是无法脱身。成都方言说"碓窝掉了杵杵在，和尚跑了庙子在"，"碓窝"是旧时一种用石头、铁或木头制成的深窝状器具，配上"杵"（棒），用来舂米、面、花椒等。"碓窝掉了杵杵在"跟"和尚跑了庙子在"表达的意思相同，但前者的比喻手法使语义更加明白。

①傻人有傻福（普通话）
②痴人有痴福，泥巴菩萨住瓦屋（监利）

北方人常说"傻人有傻福"，监利方言说"痴人有痴福，泥巴菩萨住瓦屋"，　　**115**

不仅更换了形容词，语长也变了，后加上"泥巴菩萨住瓦屋"，使得"痴人有痴福"更形象，更立体，更易于理解。瓯越地区也有类似的说法"呆有呆格福，烂泥菩萨住大屋"。

①恶人自有恶人磨（普通话）
②恶人自有恶人磨，蜈蚣只怕蜒蚰螺（瓯越）

"恶人自有恶人磨"意指狠毒的人自然会有更狠毒的人来折磨他，通常是单语节形式。在瓯越地区，语长增加为"恶人自有恶人磨，蜈蚣只怕蜒蚰螺"，"蜒蚰螺"是一种无壳的蜗牛。蜗牛是蜈蚣的克星，蜗牛腹足分泌的黏液能把蜈蚣的毒吸出来。增加的"蜈蚣只怕蜒蚰螺"既是一种形象的比喻，又是对"恶人自有恶人磨"的一种比喻性说明。

①儿大不由娘（爹）（普通话）
②船大不由橹，儿大不由父（瓯越）

人常说"儿大不由娘（爹）"，是说孩子大了，父母难以管教了。瓯越地区说"船大不由橹，儿大不由父"，前面加上了比喻性结构"船大不由橹"，用隐喻的手法，将日常的生活经验映射到抽象领域，这是人类认知世界的一种常用手段。

### （4）增加顺承性成分

①财不露白（普通话）
②财帛不露白儿，露白儿光招贼（牟平）

"财不露白"告诫人钱财不能在人前显露。这条俗语在牟平的说法是"财帛不露白儿，露白儿光招贼"，加上另一个语节"露白儿光招贼"，是对"财帛不露白儿"的一种假设性的反义相承，点名了"露白"的后果是"招贼"，增加了语长以后的方言俗语更加贴近生活，贴近口语。

　　①成材的树不用苛（普通话）

　　②成材的树不用苛，越苛越是结疤多（监利）

　　"苛"是一个同音替代的词，有的地方写作"科""括"等，有些地方写作"斫""修""剪"等，据《三晋俗语研究》[1]考证，这个字应该写作"栝"，是修剪的意思。"成材的树不用苛"是一条常见谚语，意思是自身悟性高、可造就的人不用过多批评指教就能成才。监利方言在之后加上"越苛越是结疤多"，反证了教育过于严苛的不良后果，加强了表达效果。

　　①话说三遍淡如水（普通话）

　　②话说三遍淡如水，再说一遍驴拌嘴（敦煌）/话说三遍淡如水，再说一遍打驴嘴（陵川）

　　③话说三遍淡如水，再说三遍狗不听（临县）

　　"话说三遍淡如水"意思是说多次重复的话淡而无味，使人厌烦，劝人不要一直唠叨。敦煌方言加上了"再说一遍驴拌嘴"，进一步提醒人唠叨可能带来不良后果；陵川说法"话说三遍淡如水，再说一遍打驴嘴"意思同敦煌。临县则说成"话说三遍淡如水，再说三遍狗不听"，承接前语，用话语多次重复后烦人的场面起到了对人的教育作用。

　　①出门人小三辈／出门三辈小（普通话）

　　②出门儿小三辈儿，总是好办事儿（牟平）

　　俗语"出门人小三辈"或"出门三辈小"有两个语义，一个是说人出门在外，日子总是很艰难；二是规劝人出门在外，要学会尊重他人，这样才好办事。牟平方言加上了顺承性成分"总是好办事儿"之后，前一语节的语义削弱，强

---

① 吴建生、李淑珍：《三晋俗语研究》，书海出版社，2010。

化了后一语节的语义。

## 3.6  小结

以上我们从五个方面讨论了汉语方言俗语的地域差异，这五种形式或手段并不是孤立存在的，而是相互渗透，共同产生作用。汉语方言俗语在不同区域间的差异，使得各地的方言俗语深深地打上了地域的烙印，呈现出自己独有的魅力，为方言区民众的语言生活增添了更多的趣味和活力。

由于普通话的大力推广以及各方言区人民的交流和融合日益深入，各地方言也在不断吸取普通话和其他方言的特点，方言和普通话将会进一步融合、趋同。随着时间的推移和语言的发展，各方言区民众口语中的这些俗语也将进一步演变。未来如何变化取决于语言自身及社会的发展。无论如何，做好对当下汉语方言俗语的记录和整理是方言研究的一项基础工作。在此基础上，对汉语方言俗语中的各种现象做出合理的解释与分析，将是方言俗语学研究的一项长期而艰巨的任务。

# 第四章 汉语方言俗语的同一性和同义性

同一性和同义性是汉语方言俗语研究中的一个重要的问题。汉语方言俗语的同一性是指两条（或多条，下同）方言俗语的外在形式不同，但其表层意义和深层意义都相同；汉语方言俗语的同义性是指两条方言俗语的外在形式不同，表层意义也不同，但其深层意义相同。不管是具有同一性还是同义性的俗语，其深层意义都是相同的。因此，在深层意义相同的前提下，外在形式和表层意义是否相同就成为判定两条汉语方言俗语之间是否具有同一性或同义性的标准：如果两条方言俗语的外在形式不同，但表层意义相同，那么它们之间具有同一性；如果两条方言俗语的外在形式和表层意义都不同，只是深层意义相同，那么它们之间具有同义性。

需要说明的是，本章所说的同一性和同义性着眼于汉语方言俗语中不同语言形式之间的表层意义和深层意义的关系，非哲学意义上的同一性和同义性。

## 4.1 汉语方言俗语的同一性

汉语方言俗语的同一性，指的是两条方言俗语的外在形式不同，但其表层意义和深层意义都相同。具体来说，就是指一些存在于汉语各方言区的俗语，主要构语要素基本相同，所描述的场景相同，语义一致，只在少量用词或语序上存在一定的差异。例如，瓯越俗语"苍蝇不叮无缝卵"，忻州俗语"苍蝇不钻没缝哩蛋"，普通话俗语"苍蝇不叮无缝的蛋"，基本场景"苍蝇叮蛋"完全相同，只是在构语要素"叮"和"钻"之间，"卵"和"蛋"之间存在细微差别，这种情况下，我们就说这三个俗语之间具有同一性。

### 4.1.1 同一性的表现形式

这里我们不讨论那些在方言区通行的形式和意义跟普通话俗语完全相同的俗语，如"不知天高地厚""打破砂锅问到底""黄鼠狼给鸡拜年——没安好心""姜太公钓鱼——愿者上钩""飞机上挂暖壶——高水平""鼻子插葱——装象""猪八戒照镜子——里外不是人""清官难断家务事""三下五除二""三天打鱼，两天晒网""一是一，二是二"等。

根据我们观察，方言俗语的同一性，主要表现在以下几个方面：

**（1）构语成分中的主要名词不同**

①没得儿女夸干净，没得公婆夸孝顺（成都）

②没儿哩夸干净，没老人哩夸孝省（忻州）

③没儿女的夸干净，没父母的夸孝顺（雁门）

以上 3 例，前半段的主要区别在"儿女"和"儿"，二者有一个共同特征：家里的晚辈；后半段的主要区别在"公婆""老人""父母"上，三者有一个共同特征：家里的长辈。三条俗语尽管用词有所不同，但表层意思相同，深层意思也相同：指人如果没有身处其中，就只会说些轻巧的不合实际的话。所以彼此之间具有同一性。类似的例子有"春天晚娘面，一日变三变"（宁波）和"春天伢儿脸，一日变三变"（杭州），虽有"晚娘"和"伢儿"的区别，但所描述的基本场景完全一致，也具有同一性。

再如：

①狗肉上不咾台盘秤（太原）

②狗肉上不咾高抬秤（临县）

③狗肉上不了席面（西安、雁门）

④狗肉上不得台盘（瓯越）

以上4例，"台盘秤"和"高抬秤"义同，"席面"和"台盘"相同，尽管这两组词语字面义稍有差别，但有相同的要素"狗肉"，所描述的场景接近，深层意义相同，因此彼此之间具有同一性。

**（2）构语成分中的主要动词不同**

①老鸹嫌猪黑（成都）

②黑老哇笑猪黑（雁门、长子）

③老哇笑猪黑（长治）

④老鸦笑猪黑（瓯越）

⑤老哇还嫌猪黑（繁峙）

以上5例中，"老鸹""黑老哇""老哇""老鸦"说的都是乌鸦，只是各地称呼不同，用字不同。主要动词有"嫌"和"笑"两个，意思均与"嘲笑""瞧不起"有关，相同的场景决定了这几个俗语彼此间的同一性。

再如：

①干响雷，不下雨（银川）

②光打雷，不落雨（娄底）

③干打雷，不下雨（繁峙、雁门）

④光打雷，不下雨（成都）

上面4例中，主要动词"打"和"响"不同，"下"和"落"不同，但组成的词语"打雷"和"响雷"，"下雨"和"落雨"意思相同；副词"干"和"光"同义，语义场景相同：天空只打雷而不下雨。所以，以上四例彼此具有同一性。

其他的例子，如"吃则碗里望则锅里"（丹阳）和"吃着碗里的，瞅着锅里的"（银川）；"大树底下好躲阴"（萍乡）和"大树下头好乘凉"（丹阳）；"吊杀鬼拍粉——死要面子"（苏州）和"吊死鬼搭粉——死要脸"（扬州）；"吃不穷，穿不穷，打划不到一世穷"（西宁）和"穿不穷，吃不穷，盘算不到一世穷"（临县）；"空口打白话"（于都）、"空口讲白话"（温州）和"空口说白话"

（丹阳）；"迷娄葫芦画瓢"（徐州）和"照葫芦画瓢"（丹阳）等等。

### （3）构语成分中的其他成分不同

①细来偷针，大来偷金（长沙）

②小时偷针针，长大偷金金（临县）

③小时偷针，大了偷金（青海）

④小时偷针，长大偷金（瓯越、成都）

⑤小时惯偷针，大了敢偷金（雁门）

以上 5 例，表层义和深层义都相同，彼此具有同一性。不同的是其中表时段的词，长沙方言用"细来""大来"，意思分别是"小时候""长大了"，跟其他几例完全对应；雁门增加了"惯"和"敢"两个词，起到了强调的作用；临县则是将名词重叠。

有些不同体现在副词上，如"裁缝丢掉剪子——就剩下尺咧"（乌鲁木齐）和"裁缝丢了剪子——只剩下尺（吃）了"（银川）。

有些不同体现在量词上，如"宁吃仙桃一棵，不吃烂杏半背斗"（青海）、"宁吃仙桃儿一口，不吃烂杏儿一兜"（忻州）、"宁吃鲜桃一口，不吃烂杏一堆"（雁门）、"宁吃鲜桃一口，不吃烂杏一筐"（成都）。再如"饭后一袋烟，快活似神仙"（扬州）和"饭后一支烟，快活似神仙"（丹阳）。

更多的是仅有一个虚词性成分不同，如"冬至大如年"（苏州）和"冬至大似年"（上海）；"伏里勿热，五谷勿结"（苏州）和"伏天不热，五谷不结"（成都）；"有借有还，再借无难"（雷州）和"有借有还，再借不难"（多地）。

这些都是在同一性基础上的差异，是同一性多样化的体现。

### （4）语节顺序不同

语节是构成语的具有相对独立性的"部件"。[①]汉语俗语中有些是由一个语节构成的，有些则是由两个（含）以上语节构成的。有些表层义相同的多语节俗语，彼此之间具有同一性，但语节顺序却不同。如：

---

　　① 温端政：《汉语语汇学》，商务印书馆，2005。

①狗大自咬，女大自巧（成都）

②汝大自巧巧，狗大自咬咬（临县）

③狗不嫌家贫，儿不嫌母丑（成都）

④儿不嫌母丑，狗不嫌家寒（临县）

例①和②，除了临县有叠音的细微区别外，主要区别就在于语节顺序。例③和④除了同义词"贫""寒"互换以外，主要区别也在于语节顺序。

汉语方言俗语形式多样，变化复杂。具有同一性的方言俗语并不局限于上述几类形式，还有其他一些不同形式。有些是由以上各类情况综合而成的，如"说话不扶下脖子"（临县）和"说话不带下巴鼓子"（扬州），构语成分中的动词和名词都不同。有些则变化更大一些，如"冬至一过长一线"（于都）和"过个冬，长一针"（临县）；"苍蝇不叮人，圪蝇人"（银川）和"蝇子不噎人，有些儿圪疑人"（忻州）等。但无论形式怎样变化，只要俗语的语义相同，所描述的基本场景相同，那么彼此之间就具有同一性。

### 4.1.2 歇后语的同一性分析

在俗语的四大类别中，形式上最为特殊的是歇后语。歇后语是由具有引注关系的前后两部分组成的，前面的部分叫引语，后面的部分叫注语。[1] 因其形式的特殊性，所以单独拿出来分析。

歇后语只有前后两部分描述的场景和表达的语义都相同，才具有同一性。具有同一性的歇后语在形式上大致可以分为以下几种情况：

### （1）引异注同

①茅房头的石头——又臭又硬（成都）

②屎厕坑石头——又硬又臭（东莞）

③屎坑里介石头——又硬又臭（于都）

---

① 温端政：《汉语语汇学》，商务印书馆，2005。

④粪坑里的石头——又臭又硬（银川）

⑤屎坑里介鹅鼓卵——又臭又硬（于都）

以上5例，注语基本相同，只在语序上有细微差别；引语中出现的事物一样，只是说法存在地区差异。我们说，这5个例子彼此具有同一性。再如"关公卖豆腐——人硬货不硬"（扬州）和"关老爷卖豆腐——人硬货不硬"（温州）、"城头高头出棺材——远兜远转"（杭州）和"城头浪出棺材——远兜远转"（苏州）、"风箱里格老鼠——两头受气（丹阳）"和"耗子钻风箱——两头受气"（成都）等。

这类歇后语的同一性需要跟歇后语的同义性相区分，如"脚（板）底下揩油——开溜"（娄底）和"西瓜皮打掌子——开溜"（长沙），这两个歇后语尽管也是引异注同，但因为引语所描述的事物或对象完全不同，二者之间并不具有同一性，而具有同义性（关于同义性，后面将有论述）。

**（2）引同注异**

①黄连树下弹琴——苦中作乐（于都）// 黄连树下弹琴——苦中求乐（梅县）

②瞎子吃馄饨——肚里有数（苏州）// 瞎子吃馄饨——心里有数（丹阳）

③半夜吃黄瓜——没晓得头尾（柳州）// 半夜吃黄瓜——不知头尾（瓯越）

以上3组例子中，前后两条歇后语引语完全一致，注语形式虽不同，但意思完全相同，因此我们说，各组的两条歇后语之间具有同一性。

但是，特别需要注意以下这种情况：

①猪八戒过河——不赌嘴功（扬州）// 猪八戒过河——倒打一钉耙（儿）（成都）

②针尖对麦芒——尖对尖（银川）// 针尖对麦芒——两不相让（太原）

③猪八戒背媳妇——上当受骗（湘西）//猪八戒背媳妇儿——实心下
苦（忻州）//猪八戒背媳妇儿——出儿劲儿不讨好儿（牟平）

以上 3 组例子中的前后两条歇后语，尽管引语所描述的场景是相同的，但
引出来的注语意思完全不同。这是人类思维的发散性造成的，因为歇后语的表
意功能是由歇后语的注语承担的，所以尽管引语相同，但仍属于两条不同的歇
后语。

**（3）引异注异**

因同一事物或现象在不同地区的说法不同，所以有些具有同一性的歇后语
的引语和注语都有所不同，这种情况在歇后语中最为常见。如：

①吃猪红屙黑屎——当堂见功（南宁平话）//吃猪血屙黑屎——当场
见效（湘西）

②叫化子炙火——只望自家只胯夳里扒（娄底）//告化子炙秆——往
怀里扒（萍乡）

③驼背佬儿掼跤儿——两头不着地（杭州）//驼子跌跟斗——两头勿
着实（苏州）

④脚（板）底下揩油——开溜（娄底）//脚底脑搽油——溜起走（于都）

⑤半夜吃黄瓜——没晓得头尾（柳州）//半夜食黄瓜——唔知头尾（东
莞）

⑥耗子钻风箱——两头受气（成都）//风箱里葛老鼠——两面受气（苏
州）

⑦顶石臼做戏——吃力勿讨好（苏州）//戴哒碓窝子唱戏——费力不
讨好（长沙）

⑧放屁脱裤子——多了一道手续（银川）//脱裤子放屁——多此一举
（苏州）

⑨和尚脑壳上的虱子——摆起的（成都）//秃子头的虱子——明摆着
呢（银川）

125

可以看出，虽然上面各组中前后两条歇后语的引语和注语在语形上有所不同，但它们的深层意义是相同的，所以它们具有同一性。

这里要注意以下情况：

①大腿上号脉——瞎摸（忻州）// 大腿上摸脉——找错了地方（青海）

②磨道儿寻驴脚蹭——专找岔儿（忻州）// 磨道里寻驴脚踪——十拿九稳（忻州）

③脚踩西瓜皮——溜到哪里是哪里（监利）// 脚踏西瓜皮——滑溜（瓯越）

以上 3 组例子中，前后两条歇后语的引语语形高度相似，描述的事件或场景完全相同，但注语却完全不同，所表达的语义也完全不一样。这时，我们说它们分别是两条不同的歇后语，彼此之间并不具有同一性关系。

### 4.1.3 语类不同的方言俗语之间的同一性

如前所述，汉语方言俗语的同一性以语形不同但表层意义和深层意义都相同为前提。谚语和惯用语分属不同类别，语义各异，二者之间一般不会存在同一性问题。除此之外，其他不同类别的俗语之间可能存在同一性关系吗？请看下面的例子：

①二一添作五——平分（成都）// 二一添作五（贵阳）

②打屁安狗心——哄人（于都）// 打屁安狗心（梅县）

③骗子碰着贼伯伯——黑吃黑（苏州）// 强盗碰上贼爷爷（临县）

④三两鸭子四两嘴——尽出嘴（于都）// 三两雀仔四两嘴（建瓯）

⑤逼倒鸡公下蛋——强人所难（成都）// 逼得公鸡下蛋（监利）

⑥打烂醋坛子啦——好大的酸劲儿（忻州）// 打翻了醋坛子（重庆）

以上 6 组例句，每组中都有两条俗语，前一条均为歇后语，后一条均为惯用语。6 组例句中，歇后语的引语，有些语形跟后面一条惯用语完全相同，如例①例②。有些则不完全相同，又可以分为几种情况：

第一种，俗语中所出现的意象不同，但具有共同属性。如例③，苏州话引语是"骗子"和"贼伯伯"，山西临县话是"强盗"和"贼爷爷"，"骗子"和"强盗"具有共同的属性：巧取豪夺，不劳而获；"爷爷"和"伯伯"具有共同的属性：长辈，亲属。两条俗语表示的意思正是苏州话的注语所点明的：坏人遇上了更坏的人。再如例④，于都话中出现了"鸭子"，而建瓯话中出现的则是"雀仔"，二者有共同的属性：禽类，嘴长。两条俗语意思也正是于都话点明的：斥人嘴多话多。

第二种，意象相同，各地方言的说法不同。如例⑤，成都话用"鸡公"，监利话用"公鸡"。

第三种，谓词结构及副词等辅助构语成分不同，如例⑥忻州用"打烂"，重庆用"打翻"。

以上6组例子中，前面歇后语的引语所引出的正是后面的惯用语要表达的意思，这样的歇后语和惯用语之间具有同一性。这样的例子还有不少，如歇后语"打碎牙齿咽肚里——干吃哑巴亏"（忻州）、"打落牙齿吞肚里——吃哑巴亏"（湘西）和"打落门牙带血吞"（广州）、"打落牙齿肚里咽"（宁波）、"打落牙齿和血吞"（南昌）、"打落牙齿往肚里吞"（监利），之间都具有同一性。

如果一条歇后语的引语跟其他俗语的形式相同或相似，但引语所引出的注语的意义不同，那么它们之间就不具有同一性。如温州话，单说"口渴喝盐卤"，意思是饮鸩止渴；而瓯越地区还有"口渴喝盐卤——不得已"和"口渴喝盐卤——越喝越渴，越渴越喝"的说法，尽管三条俗语中都有"口渴喝盐卤"，但从所表达的意思来看，这三条俗语之间并不具有同一性。

## 4.2 汉语方言俗语的同义性

语言是思维的工具和物质外壳，人类的思维是共通的，这决定了不同国家、不同地区的人会用相似的语言去描绘相同的现象或事物。比较英语和汉语就会发现不少这样的情况，比如"long hair and short wit"——"头发长，见识短"；"blood is thicker than water"——"血浓于水"；"easier said than done"——"说时容易做时难"等。前述汉语不同方言中的一些俗语之间具有同一性也证明了思维的这一特点。

思维的相通性，决定了人类语言表达的相似性一面；但思维的发散性，又造成了人类语言表达的特异性。这种特异性在不同的语言中存在，在同一种语言中更多。如汉语俗语中要表示"做事不分轻重缓急，不分主次一齐上"的意思，就可以用"芝麻绿豆一把抓""糖炒栗子一把抓""西瓜芝麻一把抓""小葱韭菜一把抓""芝麻西瓜一把抓""眉毛胡子一把抓"这几条俗语来表达。语言表达的特异性在方言俗语中表现得尤其突出。如同样表达"白得便宜还要挑剔"，苏州用"白乘仔航船还嫌鄙衫木臭"，杭州用"白吃咸鲞嫌憎淡"，西安用"白吃枣儿还嫌核大"，瓯越地区用"吃了白食还要比咸淡"。这些方言俗语表层义不同，但所表达的深层意义完全相同，可是使用的语言素材又不同，所描述的语义场景也不同。我们说，这样的方言俗语之间就具有同义性。与普通话俗语相比较，汉语方言俗语的同义性形式更加多样，表现得更加丰富多彩。

### 4.2.1  方言俗语同义性的表现形式

在4.1中我们讨论了汉语方言俗语的同一性问题，同一性的最大特征是多条方言俗语之间主要构语成分相同（或具有共同义属）而形式不同，表层义和深层义都相同。本节所讨论的同义性则是说多条汉语方言俗语之间形式不同，所使用的素材和所描述的语义场景不同，即表层义不同，但深层语义相同，即所要表达的意思相同。

**（1）一个或多个谓词相同，语义场景不同**

①看客儿下菜碟儿（牟平）

②看人打被扶（梅县）

上面2例，有共同的谓词"看"，例①所描述的场景是吃饭，例②所描述的场景是睡觉（"打被扶"的意思是准备被褥）。两条俗语的语义也相同：根据不同的人采取不同的态度，给予不同的待遇，而不是一视同仁，同等对待。因此，这两条俗语具有同义性。

①猫狸无着厝，老鼠做大王（古田）

②山中无老虎，猴仔做大王（龙岩）

例①中"猫狸"即指"猫"，"无着厝"意思是"不在家"。这两条俗语跟普通话"山中无老虎，猴子称霸王"意思都一样。其中主要谓词都是"无""做"，不过出现的意象和描述的场景不同：一个是猫和老鼠，一个是老虎和猴子。两条俗语异曲同工，表达了相同的意思：主事人不在，下面的小人物便开始逞威风。二者具有同义性。

**（2）语模相同，构语成分不同，语义场景不同**

①说你脚小，你还要崴两下（监利）

②说你个肉你就喘起来（忻州）/ 越说你胖你越喘（徐州）

这几条俗语，都有"说你……你（就、要）……"这个基本格式，称之为"语模"。①三条俗语都采用第二人称手法。例①"说你脚小，你还要崴两下"，"崴"意思是摆动、晃动，这条俗语的字面意思是别人夸某人脚小，他就越发晃动起脚来给人看。例②是两条具有同一性的俗语。前一条中"肉"的意思是"胖"，这条俗语的字面意思是别人赞扬某人身体胖了，此人就趁势以喘气来显示自己胖得厉害。后一条"越说你胖你越喘"可以看作是语模"越……越……"和"说你……你（就）"的合并形式。例①和例②描述的语义场景不同，但表达的意思一样，都是说人经不住夸赞，别人越赞扬，他越要自我炫耀。

又如：

①你不说我大脚，我不说你癞壳（监利）

②你不说我的嘴歪，我不说你的腿蹁（监利）

③你不说他秃，他不说你瞎（忻州）

---

① 周荐：《语模造语浅说》，载《语文研究》2008 年第 1 期。

这 3 条俗语属于同一个语模"你不说我（他）……我（他）不说你……"，但其中出现的意象和展现的场景却完全不同，例①出现了"大脚"和"癞壳"（指头上生的癞头疮），例②出现了"歪嘴"和"蹩腿"（跛腿），例③出现了"秃子"和"瞎子"，这些人物意象都有一个共同特点：有生理缺陷。三条俗语都在告诫人与人之间不要互相揭短，具有同义性。

再如：

①吃饭□［nuei⁵⁵］尖尖，做活路梭边边（成都）

②吃饭打冲锋，做事打瞌睡（瓯越）

③吃饭端大碗，做活挠屁眼（西宁）

④吃饭挑大碗，干活儿白瞪眼（牟平）

⑤吃饭武松打虎，做事李逵叹苦（瓯越）

放到现代汉语普通话中，可能"吃饭……做事（干活儿、做活儿）……"算不上一个语模，但是放到汉语方言俗语中来看，这是一个特殊的造语语模。上述五例，表达的意思都是指人好吃懒做，但在我们头脑中勾勒出的场景却完全不同。例①中，"□［nuei⁵⁵］尖尖"是说东西装得很满，高出了容器，堆成了尖形；"梭边边"是说躲到一边。我们头脑中马上出现了一个人好吃懒做的形象。例②、例③和例④，都是通过描写人面对吃饭和做事这两件事儿的态度和动作来凸显某些人的好吃懒做。例⑤通过"武松"和"李逵"这两个文学作品中的人物形象来描绘好吃懒做的人。以上 5 条俗语具有明显的同义性特征。

还有：

①想吃胡椒又怕辣（监利）

②又想吃油糕，又怕油了嘴（临县）

③想吃鲫鱼又怕刺（监利）

④又想吃猪肉，又怕猪腥气（忻州）

以上几例均有一个共同语模：（又）想……又怕……，表达的也是相同的意思：比喻既想得到好处，又怕麻烦或吃亏。其中出现的意象各不相同：例①是"胡椒"，其特点是"辣"；例②是"油糕"，其特点是"油"；例③是"鲫鱼"，其特点是"刺多"；例④是"猪肉"，其特点是"腥"。不同地域的人有不同的生活体验，他们通过观察这些不同的事物，把自己的生活经验加以总结和升华，并将其映射到了抽象领域，这就是人类认识抽象事物的"隐喻"思维。隐喻是人类通用的思维方式。

**（3）基本语形不同，构语成分也不同**

这是具有同义性俗语中数量最大的一类，基本语形和构语成分都不同，但表达的意思却完全一致。如：

①起厝师傅住茅楼（古田）

②裁缝老司着破衣（瓯越）

③卖鞋老婆赤脚跑（临县）

④卖柴老婆烧柴叶（宁波）

⑤卖花姑娘插竹叶（广州）

⑥铁匠屋里有饭勺，木匠屋里有凳脚（溆浦）

⑦泥匠的火火常塌的，裁缝的扣门儿常豁的（平遥）

上面的例句，尽管字面意思不同，但表达的意思却惊人的一致：指从事某一行业的人常常因为忙或舍不得而难以享受自己的劳动成果。例①"起厝"意思是盖房子，说的是盖房子的人；例②说裁缝，例③说缝制鞋的人，例④说卖柴的人，例⑤说卖花的人，例⑥说铁匠和木匠，例⑦说泥瓦匠和裁缝。这些人有一个共同的特点：常年忙碌却难以享受自己的劳动成果。这7条俗语之间具有同义性，它们是同义俗语。与这些说法类似的方言俗语还有"泥匠住哩跌皮墙，木匠住哩烂草房"（忻州）、"木匠屋里有得板凳坐"（监利）、"木匠屋里三脚凳"（宁波）、"先生要（生）的娃不识字，木匠屋里没板凳"（万荣）、"木匠屋里有凳坐，道士屋里鬼唱歌（于都）"等等。

又如：

①生伢儿的不急，抱腰的却着急（监利）

②溪里人撑船，岸上人夹死子（长汀）

③前鼎未滚，后鼎啪啪滚（古田）

上述 3 例，描述了三个不同的语义场景，表达的却是同一个意思：指当事人或主事人不着急，其他无关的人瞎操心，跟我们常说的"皇帝不急太监急"异曲同工。例①描述了一个常见的生孩子的场面：生孩子的人不慌不忙，旁边帮忙的人却要急死了。例②中"夹死子"的意思是因为太过紧张了，无意中把怀里的孩子都夹死了，这条俗语有很强的画面感：水中撑船的人慢慢悠悠，一点儿都不紧张，岸上的人却紧张到手足无措。例③中"鼎"指"锅"，灶膛正上方的锅坑放置的锅叫"前锅"，偏后的位置加设一个利用余热烧水的锅坑，放置"后锅"。"前锅"用来烧饭菜，"后锅"一般用来烧热水。做饭时起主要作用的前锅水不开，而后锅则在猛烈地沸腾，虽然描述的场景不同，语义却跟前两条一样。这三条俗语彼此之间也具有同义性。

再看下面的例子：

①瘦死的骆驼比马大（湘西／银川）

②铜盘烂哩斤两多，大船烂哩钉子多（长汀）

③破伞强大笠（古田）

④金盆再烂分量重（青海）

⑤财主家棚烂咾也有三千钉子（临县）

例①"瘦死的骆驼比马大"在全国大部分地区都流行，普通话中也多用这条俗语，比喻家族或事物尽管已经衰败了，但依然有很强的实力或很大的用处。下面几例表达了同样的意思，但其中的意象和构语成分却完全不同。例①出现了动物"骆驼"和"马"；例②出现了"铜盘""大船""钉子"等；例③出现了"破伞"和"斗笠"，其中"强"用来表示比较，这是当地一种特殊的比较句式；例④出现了"金盆"；例⑤出现了"棚子"。意象如此不同，却表达了相同的意思，不得不让人深深地叹服劳动人民的智慧。

类似的例子还有"光看倒贼娃子吃嘎，没看倒贼娃子挨打"（成都）和"只看见和尚吃馒头，不看见和尚化斋"（杭州）；"离了红萝卜，照样办酒席"（成都）和"死哒张屠户，不吃附毛猪"（长沙）等。

众多具有同义性的俗语，充分体现了方言俗语在表达上的多样性和丰富性。

### 4.2.2 方言歇后语的同义性分析

歇后语由前后两部分组成，前面的部分作为引子，引出后面的部分，表义重点在后一部分。如果多条歇后语的后一部分语义相同，则初步具备了同义性的条件。接下来就要具体分析：如果这些歇后语引语的主要构语成分也相同，那么它们之间具有同一性，即它们可以算是同一条歇后语的不同变化形式；而如果这些歇后语的引语主要构语成分不同，即引语中出现的意象和所描述的场景不同，只是所引出的注语意思相同，那么它们之间具有的是同义性。也就是说，在注语语形和语义都相同的情况下，如果引语一样，就是具有同一性，如果引语不同，就是具有同义性。下面我们举例来看歇后语的同义性。

**（1）注语完全相同**

这种类型的歇后语，由不同的引语所引出的注语语形完全一致。

例如：

①屙屎挑地菜——一举两得（萍乡）

②挖塘捡泥鳅——一举两得（湘西）

③剃头捉虱子——一举两得（敦煌）

④棉花地里种芝麻——一举两得（湘西）

⑤烤火盆里煨红薯——一举两得（湘西）

⑥赶场走亲戚——一举两得（湘西）

以上 6 条歇后语，由引语所引出的注语完全一样。"一举两得"指做一件事同时能得到两方面的好处，但引语所描绘的语义场景却完全不同，我们说这样的歇后语之间具有同义性。

再如：

①稻秆绳缚鸡卵——两头脱（瓯越）

②无鼻粪担——两头脱（海口）

③手捏鸡卵——两头脱（瓯越）

④尖担担柴——两头脱（瓯越）

⑤橄榄核——两头脱（瓯越）

以上 5 条歇后语，注语均为"两头脱"，意思是哪方面都没有得到好处。但引语描绘的场景却不相同，尽管有些出现的意象一样，如例①和例③均出现了"鸡卵"，例②和例④都出现了"扁担"，但在人头脑中呈现出的画面却不一样，因此它们之间也是具有同义性的。

这样的例子还有很多，如引出注语"进退两难"的引语有"吞橄榄核"（古田）、"爹儿跨进媳妇的门"（监利）、"牛娘陷进泥坑里"（湘西）、"前有狼，后有虎"（湘西）、"小寡妇找对象"（忻州）、"老母猪钻刺芭林 / 沙坝头行船 / 堂屋头推鸡公车 / 又打收兵锣，又吹冲锋号 / 泥鳅儿钻篆篆（成都）"等；引出注语"危险"的引语有"棺材背翻跟斗"（瓯越）、"羊伴虎睡"（湘西），光山西忻州一地就有"脖子儿挂镰刀""水瓮沿上跑马""手榴弹擦屁子""瘦娃娃吃凉糕"4 条；引出注语"走投无路"的引语有"蚂蚁窜秤杆"（原平）、"崇祯皇帝上吊"（湘西）、"烧爻庙里个土地爷"（瓯越）、"马鞭蜂窜到秤杆头上啦"（忻州）、"船脑壳上跑马"（成都）等等。

**（2）注语语义一致，语形有差别**

歇后语是俗语中取材最为丰富多彩的一类，形式灵活多样，内容五花八门。生活经验丰富的人，信手拈来就可以创造一条形象贴切的歇后语。为了明确说明歇后语的同一性和同义性，区分同义性中的两种情况，并充分展现歇后语取材的生动性和丰富性，我们将收集到的歇后语进行了分组举例。分组的主要标准是注语是否相同，兼顾引语的同异。引语取材不同，注语语义相同而语形有差异的，分组出例。同一组中又分为两种情况：①引语取材相同，但因通行地区不同而说法不同，即彼此之间具有同一性的，中间用"/"隔开；②引语取材不同，注语语形相同，即彼此之间具有同义性的，中间用"//"隔开。下面以语义为"斥责人自找倒霉，自己找死"的歇后语为例来看。

第1组：扑灯蛾儿投火——自寻死（忻州）/ 蚊蝶仔扑火——自己找死（建瓯）

第2组：草螨撩鸡错爱——寻死（宁德）// 老鼠背猫上楼梯——寻死（瓯越）// 老虎头上捉虱子——寻死（天镇）// 老鼠圪搞猫儿屁眼——寻死（忻州）

第3组：老虎头上抓痒——自找死路（湘西）// 老鼠进铁笼——自找死路（湘西）// 猴子救火——自找死路（湘西）

第4组：老鼠给猫儿溜尻子——自寻死路（青海）// 蛇进竹筒——自寻死路（湘西）// 蛇□（钻）竹筒——自寻死路（娄底）

第5组：活人跳进滚水里——找死（青海）// 蛤蟆蚪塔儿追鸭子——找死（宁津）// 泥鳅跟倒黄鳝撺——找死（重庆）// 羊进狼窝——找死（湘西）// 老虎口里拔牙——找死（湘西）// 老鼠逗猫玩——找死（湘西）// 草蜢弄鸡公——找死（漳州）// 耗子舔猫鼻子——找死（成都）// 打着灯笼拾粪——照屎（找死）（莱州）/ 打灯笼捡粪——找死（屎）（湘西）

第6组：鸡给黄鼠狼拜年——送死（南昌）/ 麂子给狼拜年——了命（湘西）

上面6组例子中，注语分别有"自寻死""自己找死""寻死""自找死路""自寻死路""找死""送死""了命"等，意思大体相同。可以分为三种情况：①如果其引语取材相同，那么它们之间是同一性关系，如第1组；②如果其引语取材不同，注语完全相同，那么它们之间是上一节中所讲的"注语语形完全相同"的同义性关系，如第2组至第5组。③如果引语取材不同，注语语形有差别，那么它们之间就是本节所讲的"注语语义一致，语形有差别"的同义性关系，如第6组。上面6个组别之间也具有这种关系。

我们再看下面的例子：

①矮子骑马——上下都难（湘西）/矮子骑大马——上下两难（成都）

②岩旮里的笋子——左右为难（湘西）//婆媳吵架儿子劝——左右为难（湘西）//公要吃辣，婆要吃酸——左右为难（湘西）

③小娃儿爬楼梯——上下两难（成都）//马高镫短——上下两难（建水、青海）

④摆渡碰着牛过河——上下为难（湘西）//老婆婆住高楼——上下为难（湘西）

⑤染匠的双手——左也难（蓝）右也难（蓝）（湘西）

⑥两只手提篮——左篮（难）右篮（难）（监利）


以上歇后语意义均为"陷入某种困境，不知道该怎么办才好"，注语分别有"左右为难""上下两难""上下都难""上下为难"，还有通过谐音而成的"左也难（蓝）右也难（蓝）""左篮（难）右篮（难）"。除了例①中的两条歇后语是同一性关系以外，其他各例彼此之间都是同义性关系。

这样的例子还有很多，不再赘举。

需要注意的是，汉语方言俗语的同义性应该以语义相同为基本前提，如果语义不同，仅形式上相似，也不能算具有同义性。如：


①若要发，从人头上刮（宁波）

②若要发，养群鸭（宁波）

③若要富，刲猪熬酒磨豆腐（柳州）

④若要富，开水铺（青海）/若要富，开酒铺（忻州）

⑤若要远年富，年年要栽树（青海）/要想富，多种树（雁门）

⑥若要发，勤倒茬；若要富；喂母猪（吉县）

⑦若要富，雪盖墓（雁门）

⑧若要富，敬祖墓（忻州）

⑨若要富，灶火泊子儿坐胖妇（忻州）

⑩若要富，买卖带庄户（忻州）

⑪若要富，雨洒墓（忻州）

　　以上方言俗语，有的彼此之间具有同一性，如例④⑤中的两条俗语，但这些方言俗语之间并不具有同义性，因为他们的语义不同。

　　再如：

　　　　①若要俏，常戴三分孝（苏州）／若要俏，添重孝（忻州）
　　　　②若要俏，骨头冻得嗦嗦叫（瓯越）／闺女要俏，冻得狗叫（大同）

　　例①说的是穿白色衣服才漂亮，例②说的是冬天穿的衣服越少越俏丽，二者语义不同，因此也不具有同义性。

### 4.2.3　语类不同的方言俗语之间的同义性

　　跟汉语方言俗语的同一性一样，不同语类的方言俗语之间也可能具有同义性。这种情况多发生在汉语方言歇后语和俗成语、惯用语之间；谚语的知识性和经验性特征决定了它跟其他语类的俗语之间发生同义性关系的可能性较小，但也并非绝对没有。比较多见的情况是：某条歇后语的注语就是惯用语或者俗成语，这时候该条歇后语和该条惯用语或俗成语之间语义一致，彼此就具有了同义性关系。

　　歇后语的注语是俗成语的，如：

　　　　①船头上跑马——走投无路（瓯越）
　　　　②没病捡药——自找苦吃（成都）
　　　　③高山上瀑布——一落千丈（湘西）
　　　　④荷心儿炒粉条——无孔不入（重庆）
　　　　⑤青菜煮豆腐——一清二白（青川）
　　　　⑥张飞捻线——粗中有细（忻州）
　　　　⑦两兄弟坐班房——难兄难弟（成都）
　　　　⑧黑瞎子打立正——一手遮天（哈尔滨）

歇后语的注语是惯用语的，如：

①媛主儿生姆——吃力不讨好（瓯越）

②武大郎盘杠子——上不着天，下不着地（宁津）

③飞机上作报告——讲空话（湘西）

④八十岁老太爷担担——心有余而力不足（瓯越）

⑤木匠弹墨线——开一只眼，闭一只眼（湘西）

⑥张飞逮耗子——大眼瞪小眼（忻州）

⑦野鸡躲进草丛——顾头不顾尾（湘西）

⑧抵门杠做牙签——插不上嘴（成都）

以上这些歇后语跟与其注语同形的俗成语、惯用语的语义相同，但因为歇后语有引语的形象描述，形式上跟其他语类区别较大，所以它们之间不具有同一性，而具有同义性。

## 4.3 汉语方言俗语同一性和同义性的区别与联系

### 4.3.1 方言俗语的同一性和同义性的鉴别

前面反复阐述，汉语方言俗语的同一性和同义性都是以深层语义相同为前提的。同一性是说两条或多条方言俗语的主要构语成分相同，仅有个别用词或语序不同，其表层意义和深层意义都是相同的。同义性是说两条或多条方言俗语，所运用的语言素材完全不同，但表达的意思相同。人类思维的相通性，决定了语言表达的相似性，于是汉语方言中有些俗语具有了同一性关系；人类思维的发散性，又造成了语言表达的特异性，于是汉语方言里就有了具有同义性关系的俗语。语言现象错综复杂，有时候判断两条或多条方言俗语到底是同一性关系还是同义性关系也是颇为困难的。下面我们具体来看同一性和同义性的区别。

瓯越地区和重庆地区都有俗语"不会撑船怪河弯"，意思是自己没有能力，却抱怨客观条件不好。其他地区跟此类似的说法还有"不会撑船赖河弯""不会撑船嫌溪弯""不会划船怨河弯""不能使船嫌溪曲""不善使船嫌港曲""不善使船嫌港弯""不晓掌船嫌溪曲""不晓掌船嫌溪弯""勿会摇船嫌港曲""不会撑船嫌河小""不会划船嫌河弯"等。我们把这组俗语称为 A 组。

还有一部分俗语，和 A 组表达的意思完全一致，如"不会过河怨河宽""不会骑车嫌路弯""不会赶车嫌路窄""不会耖田怪犁弯""不会使牛怪枷担""不会走路怨脚弯""不会走路怨路弯""不会拉屎怪马桶（屙屎不出赖茅厕）""不会撒尿怪马桶""不会睡觉怪床歪""不会写字怨笔秃""不会浮水，反怪水草缠脚"等，我们把这组俗语称为 B 组。

为方便讨论，我们将"不会撑船怪河弯"叫作主条俗语。我们看到，主条俗语中一共出现了几个基本构语组件："不会""撑船""怪""河""弯"。我们将 A 组俗语的构语组件跟主条俗语逐一进行对比：

| 主条 | A 组 |
|------|------|
| 不会 | 不能，不善，不晓，勿会 |
| 撑船 | 撑船，划船，使船，掌船，摇船 |
| 怪 | 赖，嫌，怨 |
| 河 | 溪，港 |
| 弯 | 曲，小 |

很明显，A 组俗语和主条俗语的主要构语组件的语义基本一致，只有"弯"和"小"不能算同义词，但在特定的场景，表达的意思相同。最主要的是，它们所描述的语义场景完全相同，所以我们说主条俗语和 A 组俗语之间具有同一性。

我们再来比较主条俗语跟 B 组俗语：

| 主条 | B 组 |
|------|------|
| 不会 | 不会 |
| 撑船 | 过河，骑车，走路，拉屎，撒尿，睡觉，写字，浮水，赶车，耖田 |
| 怪 | 怪，怨 |
| 河 | 河，路，脚，马桶，床，笔，水草 |
| 弯 | 宽，歪，秃 |

单从构语组件来看，除了"不会""怪、怨"等成分两者一致以外，其他的构语组件都不同。所描述的语义场景也完全不同，所以我们说主条俗语和 B 组俗语之间具有同义性，而非同一性。

再如：

①荔枝卖折本，看见松毛卵都会惊（古田）

②一朝被蛇咬，三年怕草绳（宁波）/ 一次被蛇咬，十年怕草绳（宁津）/ 蜀摆乞蛇咬，十年畏草索（莆仙）/ 一摆乞蛇咬，草索计是蛇（泉州）

例①中"松毛卵"指的是松球，说的是因为卖荔枝赔了本，所以看到类似的东西都害怕。例②共有 4 条俗语，其中"蜀摆"的意思是"一次"，"乞"的意思是"被"。4 条中出现的主要构语组件一样，"蛇""草绳"等意象相同，意思相同，因此例②内部 4 条俗语之间是同一性关系。再对比例①，可以看出，语言素材完全变了，出现的意象也变成了"荔枝""松毛卵"，尽管例①和例②的深层语义完全一致：一次受了害，一辈子害怕相似的东西，但因为语言素材不同，所以它们之间是同义性关系。

由此，我们看到，判断方言俗语具有同一性还是同义性，主要取决于语言素材的异同。下面再以歇后语为例来看。

①自搬石头自砸脚——自作自受（忻州）

②搬起石头砸自己的脚——自作自受（湘西）

③暗中吃黄连——自作自受（湘西）

④木匠戴枷——自作自受（湘西）

上面 4 例中，例①和例②所运用的语言素材和所描绘的语义场景都一样，它们之间具有同一性。而例③例④跟例①例②所描绘的语义场景却完全不同，因此它们跟例①例②之间不具有同一性关系，而具有同义性关系。类似的例子还有：

①演粤剧唱京戏——南腔北调（广州）

②南路哩师家北路哩戏——南腔北调（忻州）

③癫子唱歌——南腔北调（湘西）

④龙家寨骡子学马叫——南腔北调／骡子学马叫——南腔北调／驴子学马叫——南腔北调／山东骡子学马叫——南腔北调（湘西）

以上 4 组例子彼此具有同义性，而例④中的几条歇后语则具有同一性。

### 4.3.2　方言俗语的同一性和同义性的联系

从上面的论述可以看出，汉语方言俗语的同一性关系和同义性关系的特征比较明显，但是语言现象纷繁复杂，千变万化，总有那么些意义相同的俗语之间的关系让我们很难判断。有时候，同一性和同义性也并不能截然分开，而是你中有我，我中有你，构成了一个连续的语言符号系统。

#### （1）构语成分趋同

①鸡蛋里挑刺（西宁）

②鸡蛋内里择骨头（黎川）

③鹅蛋里挑骨头（牟平）

上述 3 例，例①和例③中出现的意象都不同，彼此之间无疑具有同义性关系。但例②中出现了"鸡蛋"，同例①，又出现了"骨头"，同例③。那么我们如何看待它们之间的关系呢？假设上述三例从例①到例③是一个连续的变化过程：例①→例②→例③，在这个变化过程中，例②处于中间的过渡地带，向前接近例①，向后接近例③，例②跟例①和例③之间可以说都是接近同一性的关系，而①和③之间的联系则比较疏远，属于同义性的关系。由此可以看出：语义相同的两条俗语，相同的构语成分越多，彼此越接近同一性；相同的构语成分越少，彼此越接近同义性。

**（2）意象相同或相似**

①上不了重树上栗树（监利）

②上不起杨树上柳树（监利）

例①中出现了意象"重树、栗树"，其中重树指重阳树，栗树比重阳树矮小。例②中出现了意象"杨树、柳树"，两条俗语意思都是比喻欺软怕硬。两条俗语中出现的意象不同，严格来说，二者的关系并非同一性关系，但"重树、栗树、杨树、柳树"却又同属于树木，是同一个物种，因此我们说，这两条俗语的关系处于从同一性向同义性过渡的中间带，它们之间具有某种内在的联系，是一种意象图式的相似性。再如：

①翻过来牛皮鲊，翻过去鲊牛皮（重庆）

②翻过来麻叶，折过圪油果子（临县）

例①出现了意象"牛皮鲊"，其中的"鲊"是一种食物，以米粉、佐料与肉和匀蒸熟吃。牛皮做鲊既不容易蒸熟也嚼不烂，喻指说话啰唆。例②出现了意象"麻叶"和"油果子"，都是油炸食品，形状不同。两条俗语中的三个意象均不相同，但它们又同属于食品，因此，这两条俗语也处于从同一性到同义性的过渡地带。

**（3）本体同，喻体异**

①人争一口气，神争一炉香（洛阳）

②人争一口气，树争一层皮（广州）

③人争一口气，火争一股烟（衡山）

以上3例，都用比喻的手法表达了相同的意思。其中，本体相同，但喻体各不一样，从本体看，它们具有同一性，从喻体看，它们具有同义性。那么这些俗语之间到底是同一性还是同义性呢？我们认为，这是同一性和同义性的一种特殊关系，是人类思维的发散性和归纳手段的共同结果。

**（4）一语节同，一语节异**

①上床萝卜下床姜，不用郎中开单方（长沙）

②上床萝卜下床姜，当得食人参汤（于都）

③人情逼似债，镬爿揅勒卖（宁波）/人情大如债，尺六镬儿揅去卖
（温州）

④人情大如债，坐把秧田卖（萍乡）

上面例①和例②，前一语节完全相同，后一语节从不同的方面展现了吃萝
卜和姜的重要性，例①侧重结果，例②侧重功用，但表达的意思却是一样的。
例③和例④，前一语节结构和意义相似，直接指出了人情所带来的压力像债务
一样沉重，后一语节则用夸张的手法表现了这一内容，但所取的事例不同：宁
波、温州是把锅拿去卖了，萍乡是卖了土地。例①和例②之间，例③和例④之间，
都是前一语节相同，后一语节不同，深层语义相同；从前一语节来看具有同一性，
整体来看，则具有同义性，这依然是发散性思维的结果。

类似的例子还有：

①不听老人言，吃亏在眼前（敦煌）// 不听老人言，把准流清鼻（牟平）
// 不听老人言，到老不周全（瓯越）

②裁缝不落布，三工一条裤（萍乡）// 裁缝不落布，死得勿得过（瓯越）
// 裁缝勿落布，老婆出屁股（宁波）// 裁缝勿落尺，回去要生怪（苏州）

这里要注意的是，谈论方言俗语的同一性或同义性，是以深层语义相同为
前提的，离开此前提，即使有些语节形式完全相同，也是分属两条不同的俗语。
如瓯越语中有结构类似的俗语"眼饱肚中饥，脚膀大晦气"和"眼饱肚中饥，
越看越肚饥"，这两条俗语虽然前半部分相同，但后半部分的意思完全不同，
所以应该分属两条不同的俗语。

### 4.3.3 方言俗语同一性和同义性的连续统

语言是一个连续的符号体系，语言现象从来就不可能按照某一种理论截然分开。从以上所举例子可以看出：两条深层含义相同的汉语方言俗语，彼此之间相同的构语成分越多，二者的同一性关系就越凸显；彼此之间相同的构语成分越少，二者的同义性关系就越明显。两条汉语方言俗语所描述的语义场景越接近，同一性关系就越明显，反之则同义性关系越突出。这样来看，如果以汉语方言俗语的语义相同为前提，从同一性关系和到同义性关系就会形成一个连续统：同一性特征明显的，处于连续统的最左端；同义性特征明显的，处于连续统的最右端；中间是模糊地带。下面以语义为"自己没有能力，却抱怨客观条件不好"的方言俗语为例来看，大致可以分为以下几组：

第1组：

①脸小怨人沟子大（万荣）

②面兮无肉怨侬大尻穿（漳州）

③家己面无肉，怨人尻川大（泉州）（家己：自己）

第2组：

①困不着，埋怨床公床婆（瓯越）

②睡不着怨枕头（忻州）

第3组：

①不会撑船怪河弯（重庆）

②猪母娘死爻怨糠（瓯越）

③拉不出屎来怨茅楼儿（哈尔滨）

④肚痛埋怨灶司（瓯越）

⑤呣怪家己麻索短，只怪伊人古井深（泉州）（家己：自己）

第4组：

　　①自家笨，怪刀钝（宁波）

　　②自家笨，还要埋怨刀钝（瓯越）

　　③刀钝怪肉老（宁波）

　　④自家吼饭吃，还怪人家铲镬（宁波）

第5组：

　　①脚大怨拐骨，拐骨怨腿粗（繁峙）

　　②脚大怨拐孤，割咾拐孤怨腿粗（太原）

　　③脚大怨孤拐，肚大怨奶奶（忻州）

　　④脚不正，怨鞋歪（牟平）

　　⑤不说自己鞋做哩不好，怪怨人家脚大脚小（忻州）

　　第1、2组内部均具有同一性，因为其中所出现的意象和描述的事物是相同的。第3组内部均具有同义性，因为其中所出现意象和描述的场景均不同。

　　我们重点看第4组和第5组，这两组方言俗语充分演示了从同一性到同义性的变化过程。第4组的语义场景：厨房，例①和例②主要构语要素相同，具有同一性；例③有相同的构语要素"刀钝"，但加入了不同的元素"肉老"，同一性特征开始减弱；例④跟前面几例没有相同的构语要素，但场景相同，因此，跟前面几例的关系逐渐过渡为同义性。第5组，例①和例②主要构语要素相同，具有同一性；例③则将"拐骨怨腿粗"替换为"肚大怨奶奶"，跟前面两例的同一性开始减弱；例④虽仍保留了"脚""怨"等构语成分，但加入了新的成分"鞋歪"，同一性进一步弱化；到例⑤脱离同一性，走向同义性。

　　以上5组汉语方言俗语之间全部具有同义性关系。这种同义性，相比较例④例⑤内部的同义性而言，关系更加疏远，同义性关系的特征也更加明显。

## 4.4　小结

我们这里讨论汉语方言俗语的同一性和同义性，只是对我们所观察到的方言俗语做一个简单的分析和总结。事实上，语言现象千变万化，我们所看到的仅仅是冰山一角，数量庞大的汉语方言俗语蕴含着无尽的宝藏，汉语方言俗语的同一性和同义性关系还需要我们继续深入挖掘，一点一点接近语言事实，一点一点揭示汉语方言俗语的存在规律及其深层的运作机理。这不仅可以丰富汉语俗语的研究，也可以为汉语方言语汇学增添新的课题：从日常使用的这些俗语着手，去研究不同地区人们的思维规律，从而找出汉民族共同的思维方式以及各地独特的思维表达，这对我们进一步认识汉语方言俗语具有极其重要的作用和意义。

# 第五章　山西方言俗语例释

## 说　明

1. 本例释选取山西方言俗语田野调查成果 1600 余条。其中谚语 270 余条，惯用语 400 余条，歇后语 130 余条，俗成语近 800 条。

2. 语目放在【 】内。语目后〔 〕内标出俗语的类型。

3. 语目后加以释义，方言点放在释义后边的（ ）内。

4. 全部条目以语目首字汉语拼音顺序排列。首字同音的，按笔画排列，笔画少的在前，多的在后。首字相同的，按照第二字、第三字的读音顺序排列，依此类推。

5. 本例释田野调查地点：临县、平定、太谷、万荣、武乡。

6. 例释中写不出本字的用同音字代替。没有合适同音代替字的用方框"□"加音标的方式表示。

## 例　释

## A

【阿公背儿媳妇——费力不讨好】〔歇后语〕指做没必要的事情，虽然花了很大力气，却没有得到好的回报。（万荣）

【啊达儿黑咾住啊达儿】〔惯用语〕啊达儿：哪儿。指事先没有计划，走　　147

到哪一步算哪一步。（临县）

**【挨墙靠壁】**〔俗成语〕指紧靠着墙壁。（武乡）

**【挨圪榄】**〔惯用语〕圪榄："秆"的分音词。责骂某人言行失当，该挨打了。（太谷）

**【鹌鹑还笑兔儿没尾巴嘞】**〔惯用语〕体小尾短的鹌鹑却笑话兔子没尾巴。比喻自身条件不行，还笑话别人。（太谷）

**【袄袖合里出下一只脚——就不是手】**〔歇后语〕指不是行家里手。（万荣）

## B

**【八米二糠】**〔俗成语〕形容人精于计算。（平定）

**【八十里不换肩——抬杠好手】**〔歇后语〕抬杠：本指抬着杠子，转指无谓的争辩。形容人喜欢和人争辩。（武乡）

**【八五不着实】**〔惯用语〕形容人不实在，靠不住。（万荣）

**【扒眉不醒】**〔俗成语〕形容瞌睡的样子。（武乡）

**【扒天瞭地】**〔俗成语〕指向高处攀爬。（武乡）

**【扒崖上圪台】**〔惯用语〕圪台：高处的平地。指向高处攀爬。（武乡）

**【疤泥圪痤】**〔俗成语〕形容脸上长满小疙瘩或者痤疮。（武乡）

**【拔人圪倒】**〔俗成语〕形容水很凉。（武乡）

**【把愁帽脱咧】**〔惯用语〕愁帽：喻发愁的事情。比喻终于摆脱忧虑、愁苦之事。（太谷）

**【把人抬在干案上】**〔惯用语〕指把人置于某种尴尬的境地，难以脱身。（临县）

**【霸屎脑抢】**〔俗成语〕指撅着屁股费力地做事。（临县）

**【白干细净】**〔俗成语〕形容皮肤很白净。（武乡）

**【白眉怪眼】**〔俗成语〕①形容人脸色或事物颜色过白。②形容人没有礼貌，不热情。也说"白眉搜眼""白眉竖眼"。（临县）

**【白眉黑咾眼】**〔惯用语〕形容表情令人生厌。（平定）

148　　**【白眉是眼】**〔俗成语〕形容不耐烦。（武乡）

【白凭无故】［俗成语］指没有情由，突然发生。（临县）

【白说六道】［俗成语］形容人胡乱说话。（平定）

【白天悠悠圪串，黑夜熬油哄汉】［惯用语］汉：指丈夫。原指媳妇儿白天到处闲逛，到晚上才忙着赶活儿。讥讽人浪费了大好时光。（太谷）

【百努自气】［俗成语］指使出全身的力气。（平定）

【百之改样】［俗成语］各种各样。（武乡）

【扳不倒坐烧饼——面上之人】［歇后语］扳不倒：不倒翁。指有头有脸的人。（武乡）

【扳磨还活的个磨不脐】［惯用语］磨不脐：上磨与下磨的中心连接处，上磨是小铁尖，下磨是小铁槽，喻指人的心。贬斥人没心，做事不动脑筋。（太谷）

【斑鸰ㄦ也顾不得咕咕库了】［惯用语］斑鸰：鸽子。鸽子都顾不上咕咕咕咕地叫了。形容人着急忙乱的样子。（太谷）

【搬起石头砸喽自家的足】［惯用语］搬起石头本想砸别人，不料却砸了自己的脚。比喻害人不成，反害了自己。（太谷）

【半道ㄦ杵出你月大得脑来】［惯用语］月：一个。得脑：头。斥责人半路插进来。（平定）

【半憨乐四】［俗成语］形容人憨憨的，做事鲁莽，说话不着调。（太谷）

【半年说了六个月】［惯用语］指说了半天事情仍未解决，等于没说。（临县）

【半腾结愣】［俗成语］形容人傻，不聪明。（武乡）

【半天空里耍火——烧云嘞】［歇后语］烧云：谐“舒晕［suo$^{33}$yɤ$^{33}$］”，舒服之义。形容人日子过得舒服。（太谷　）

【半头露圪截】［惯用语］形容物品不完整。（平定）

【半夜里借夜壶——你用娘不用】［歇后语］娘：“人家”的合音。半夜里跟人借尿壶，人家也在用，肯定借不到。讥讽人借东西借得不是时候。（太谷）

【半夜刨锅头——倒灶等不到天明】［歇后语］倒灶：倒霉。指人突然倒霉。（万荣）

【绊戗石磕】［俗成语］形容走路跌跌撞撞。（武乡）

【帮棱插畔】［俗成语］指看到别人有事儿就积极帮助。（临县）

【膀眉肿脸】［俗成语］形容脸部肿胀。（武乡）

【饱饭憋得拐肠疼嘞】［惯用语］指责人有吃有喝还不满足，放着好好的日子不过，没事找事，无事生非。也说"饱饭憋得拐筋疼嘞"。（临县）

【抱住墓圪堆哭，抱住粪圪堆也哭】［惯用语］讥讽人穷时、富时都哭穷。（太谷）

【抱住香炉打喷嚏——灰气上身了】［歇后语］灰气：谐"晦气"。抱着香炉打喷嚏，香灰被喷撒在脸上和身上。转指人倒霉，遇事不顺利。（太谷）

【背锅倾腰】［俗成语］背锅：驼背的人。身体缩着，走路猫着腰，形容人身材不舒展。（临县）

【背筐接李】［俗成语］形容带的行李多。（武乡）

【背着鼓寻槌】［惯用语］指人做事情没谱儿，自己找骂。（平定）

【奔颅切势】［俗成语］形容人前额非常突出。（武乡）

【锛子来斧子去】［惯用语］锛子：削平木料的工具。柄与刃具相垂直呈丁字形，刃具扁而宽，使用时向下向里用力。一会儿用锛子，一会儿用斧子。①形容人干活麻利熟练。②形容打架时场面激烈。（太谷）

【绷得个黑茄子脸】［惯用语］形容表情难看，没一丝笑容。（太谷）

【绷纸圪$_1$连墓圪堆也寻不上】［惯用语］绷：布置。绷纸：清明节时，人们将四张（或三张）麻纸（当地祭祀用的一种纸）的四角相对摆放在墓堆上，民间传说本来是为了纪念介子推，后寓意变化，表示坟墓的主人有后。圪$_1$：表趋向，意同"去"。去墓地摆放麻纸，却连要去的坟堆都找不到。讥讽人做事蠢笨，不机灵。（临县）

【鼻胖脸肿】［俗成语］形容人脸浮肿或突然变胖。（武乡）

【鼻梁洼里摆摊子——眼目宽】［歇后语］形容人眼界宽。（临县）

【鼻涕邋蠕】［俗成语］形容人鼻涕流到鼻孔外面。（武乡）

【比不上娘的个足尖尖】［惯用语］娘："人家"的合音。形容相差悬殊。（太谷）

【笔筒儿里睡觉——细人人】［歇后语］能在笔筒里睡觉，可见人有多细

小。形容人过于心细，做事过分纠结、挑剔。（太谷）

【壁虱爬喽一脊背】［惯用语］壁虱：臭虫。比喻人欠债很多。（太谷）

【扁豆面压饸饹——不起碗子】［歇后语］形容人没本事，别人瞧不起。（临县）

【扁食吃成撅疙瘩】［惯用语］撅疙瘩：太谷的一种面食，面呈片状，也称撅片子。扁食：饺子。饺子皮未捏紧，下锅一煮皮馅分开，饺子变成面片儿。讥讽人包饺子的技术不佳。（太谷）

【憋火燎焦】［俗成语］①形容天气炎热，气温高。②形容灶台周围温度高，做饭辛苦。（临县）

【憋脚圪尿】［俗成语］形容性格古怪。（武乡）

【蹩眉蹙眼】［俗成语］形容不痛快、不耐烦。（武乡）

【冰凉凄泠】［俗成语］凄：寒凉。形容东西（手、被子、水等）冰凉。（太谷）

【拨来拉肚】［俗成语］形容人大摇大摆的样子。（武乡）

【玻璃得老八面高】［惯用语］得老：头。形容人非常狡猾。（太谷）

【薄行烂李】［俗成语］破烂的行李，多形容人穷困潦倒。（临县）

【跛跌倒动】［俗成语］指因动作过急过猛而发出较大的声响。（武乡）

【卜来耷度】［俗成语］形容由于精神不振而摇摇摆摆的样子。（武乡）

【卜脐还嫌肚大嘞】［惯用语］比喻自己不怎么样，还嫌弃他人。（临县）

【不成个摊气】［惯用语］指家里脏乱，极不整洁。（太谷）

【不成用儿】［惯用语］指派不上用场。（平定）

【不吃芽子不要赊绿豆盆里杠】［谚语］芽子：豆芽。赊：往。杠：跑。比喻不想得利就不要参与进来。（临县）

【不出烂超】［俗成语］形容人行为下作，没出息。（临县）

【不打彩尽戳拐】［惯用语］打彩：出彩。戳拐：闯祸。斥责人事情做不好，却总是闯祸或惹麻烦事。（太谷）

【不待浇园补柳罐】［惯用语］不待：不愿意。柳罐，用柳条编成的水桶。浇园辛苦，补柳罐轻松。形容人奸猾，挑轻活儿干。（太谷）

【不低河衍】［俗成语］①指移动容器时因不能保持平衡而使液体从容器

中流出。②比喻人做事过了头，越来越过分。也说"不低衍点""圪低衍点"。（临县）

　　【不高烂见】［俗成语］形容人品行不正。（临县）

　　【不够垫牙旮旯儿】［惯用语］牙旮旯儿：牙缝。形容东西太少，不能成事。（临县）

　　【不顾眉眼】［俗成语］不顾脸面的意思。（万荣）

　　【不合神倒】［俗成语］指发生了意想不到的倒霉事。（临县）

　　【不恨杀人的，单恨递刀的】［谚语］指杀人者背后的主谋才是最危险的人物。（临县）

　　【不急拉过】［俗成语］指穿着打扮不精神、不合体。（武乡）

　　【不紧半就】［俗成语］指不凑巧、不方便的时候。（临县）

　　【不看来的亲戚抬的石蜡】［惯用语］石蜡：装金银珠宝等贵重物品的箱子。指本来没指望的事儿，竟然有了意外的收获。（临县）

　　【不烂七砍】［俗成语］形容人走路不稳，跌跌撞撞。（临县）

　　【不图馍馍单图气】［惯用语］指不求有好结果，只为了争一口气。（临县）

　　【不为打鱼还为混网嘞】［惯用语］比喻人不正经，干活只是存心捣乱。（太谷）

　　【不支耷赖】［俗成语］形容摇头晃脑的样子。（武乡）

<h1 style="text-align:center">C</h1>

　　【财主家棚烂咾也有三千钉子】［谚语］指富人即使落魄了也还有实力。（临县）

　　【财主相扑嘞，银棍相磕嘞】［谚语］指有钱人家往往喜欢联姻，使得财富更加集中。（临县）

　　【踩扁又圪搓】［惯用语］搓：来回摩擦着踩。比喻狠狠地压制欺负人。（太谷）

152　　　　【曹操吃砒霜——面熟皮顽】［歇后语］曹操苦于头风病，吃砒霜也不在

乎了。转指人被某事折磨或磨炼得不会再在乎什么了。（太谷）

【草帽拍钹——没音】［歇后语］钹［pʰɤ²⁴］：一种打击乐器。指没有动静。（万荣）

【茬山黑落】［俗成语］形容脏乱不整齐。（平定）

【差得天ㄦ地ㄦ】［惯用语］形容相差悬殊。（太谷）

【馋羊下的个馋羔羔】［惯用语］比喻子女遗传了父母的不良秉性。（临县）

【铲铣带环——连抄带响】［歇后语］抄：铲。形容人骄傲自大。（万荣）

【长不说长，短不说短】［惯用语］指关于某事，什么话也不说。多指没跟对方说解释或道歉的话。（临县）

【长出短气】［俗成语］形容人唉声叹气。（平定）

【长猫死狗】［俗成语］形容人说话东拉西扯，没完没了。（临县）

【长袍ㄦ短褂ㄦ】［俗成语］指穿戴不整齐。（平定）

【长眼细发】［俗成语］形容人容貌漂亮。（临县）

【常骂不惊，常打不怕】［谚语］惊：害怕。指挨打挨骂多了，也就不害怕了。（万荣）

【常年起来三十六】［惯用语］指年年重复，没有任何变化。（临县）

【唱旦的不搽粉——给承班子的捅乱子】［歇后语］承班子的：承揽戏班的头儿。捅乱子：惹麻烦。指下属不按照规矩做事，给领导惹麻烦。（万荣）

【朝眉卖眼】［俗成语］形容人反应迟钝、不机灵。也说"朝眉树眼"。（临县）

【朝年古辈】［俗成语］指很久远的年代。（临县）

【潮洼倒湿】［俗成语］形容极度不干净。（武乡）

【潮滋圪纳】［俗成语］形容潮湿。（平定）

【车ㄦ能打起，油瓶就挂不起】［惯用语］打：制造；建造。马车能造得起，马车上的油瓶却买不起。讥讽人大钱都出了，却舍不得出小钱。（太谷）

【车脚子不圆转早些】［谚语］车脚子：车轱辘。指客观条件不好就要提早开始准备。（万荣）

【车辙里的狗屎——厮离不得，厮守不得】［歇后语］狗屎落在车辙里，

153

来回过往的车辆会将它们一会儿碾开，一会儿又聚拢回来。比喻彼此合不来，但又没办法分开。（太谷）

【抻脚趔舞】［俗成语］形容大幅度伸手抬脚。（武乡）

【吃不开汤水】［惯用语］比喻没能力谋生或跟周围人关系不融洽。（临县）

【吃不穷，穿不穷，不会划计一辈的穷】［谚语］划计：计划。指过日子计划安排十分重要。（万荣）

【吃不住个皮头，还好打个架】［惯用语］讥讽人瞎逞能。（太谷）

【吃倒泰山不谢土】［惯用语］指人海吃之后不懂得谢恩。（太谷）

【吃得蹾喽桶底】［惯用语］形容人吃得过饱，导致生病。（太谷）

【吃饭拣大碗，做活计干瞪眼】［惯用语］斥责人能吃不能做。（太谷）

【吃过水面】［惯用语］比喻为买卖双方牵线，从中谋利。（临县）

【吃米要吃榆次王湖的，娶［tsʰəʳ²³］婆姨要娶太谷侯城的】［谚语］指榆次王湖的小米好吃，太谷侯城的女子漂亮。（太谷）

【吃皮耐厚】［俗成语］指不与人计较，不惧怕压力或不怕人责骂。（太谷）

【吃上绿枣ₙ喝上凉水——尽痢啦】［歇后语］痢：谐"利"。吃上没有成熟的绿枣再喝上凉水，容易引起痢疾。转指人得到的全是利益。（太谷）

【吃虱子还留八根腿】［惯用语］形容人极其吝啬。（太谷）

【吃枣ₙ也等不得红】［惯用语］形容人性子急。（平定）

【痴聋茶哑】［俗成语］形容人耳朵背，话也说不清楚。（万荣）

【痴眉瞪眼】［俗成语］指故意拖延以示不满或冷落对方。也说"痴眉吊眼""迟眉秃眼"。（临县）

【痴眉信眼】［俗成语］形容人呆头呆脑。（万荣）

【匙上不掭碗上掂】［惯用语］不在这里纠缠，就在那里胡闹。斥责人无故寻机闹事。（临县）

【赤脚打瓦ₙ】［俗成语］①指光着脚，没穿鞋。②指生活十分艰难。（平定）

【赤脚撂手】［俗成语］指冷天不穿鞋袜、不戴手套等。也说"赤脚露蹄""赤脚撂胯"。（临县）

【赤麻不条儿】［俗成语］形容赤身裸体。（平定）

【赤屁子攆狼狐——胆大不害羞】［歇后语］赤屁子：光屁股。狼狐：狼。责骂人胆大不知羞耻。（太谷）

【赤屁坐在冷地下，谁愿意笑话谁笑话】［惯用语］指自暴自弃，不顾及颜面。（临县）

【翅翅还没啦扎上就想飞】［惯用语］喻指孩子未练就本领就妄想独立成大事。（太谷）

【愁眉洼眼】［俗成语］形容忧愁、烦恼的样子。也说"愁眉苦脸"。（临县）

【臭骨子扎下根】［惯用语］臭骨子：有狐臭的人。①指狐臭的人将狐臭遗传给下一代。②叱骂人赖在某地不愿离开。（临县）

【臭屁子掼上复菊花——臭美嘞】［歇后语］臭屁子：一种黑色臭虫。掼：插。复菊花：菊花的一种。讥讽人臭美。（太谷）

【臭屁子爬墙——人不夸自夸】［歇后语］讥讽人自己夸自己本事大。（太谷）

【出经换火】［俗成语］指毫无缘由地突然发起脾气来。（临县）

【出消料息】［俗成语］指注意观察，有情况随时告知相关的人。（临县）

【出言吐语】［俗成语］指说话做事、待人接物的方式方法。（临县）

【初出马的神神灵着嘞】［谚语］指人刚开始做事会很认真，容易成功。（临县）

【锄尖尖上有水嘞，权尖尖上有火嘞】［谚语］指多锄地有利于土壤保湿，多用权子翻粮食能快速晒干。（临县）

【锄芡子碰上墓圪聚——沾上死人的光咧】［歇后语］锄高粱碰上墓堆，沾死人的光可以少锄一点儿。讥讽人沾光了。（太谷）

【处眉扎眼】［俗成语］指不出声地啜泣并拿手拭泪。（临县）

【穿青的遇上黑叫驴——一样的毛片】［歇后语］穿黑衣服的人遇上黑色的驴，都是一样的黑色。比喻二者没有一个是好的。（太谷）

【穿裙戴圪蒂】［惯用语］形容打扮得比较庄重。（平定）

【穿靴戴帽儿】［俗成语］指把剩余的事情做完使其完整。（平定）

【穿衣打扮趁家道，搽胭抹粉趁人才】［谚语］指人的衣着打扮要符合身

份。（临县）

【喘牙圪料嘴】［惯用语］指与长辈说话针锋相对，不知谦让。（武乡）

【串门子不说远近，单说腿顺】［谚语］指串门时不管路远近，人总爱到投缘的人家去。（临县）

【串门子不修面，担的人家的炕沿边】［惯用语］去别人家不洗脸也不收拾一下，到人家家里就不好意思上炕，只好把脚放在炕沿边儿上。讽刺人出门不注重仪容和礼仪。（太谷）

【吹起捏塌】［俗成语］讥讽人说话不实在，不顾事实随意胡编滥造。（临县）

【粗朴打蛋】［俗成语］太谷方言树木粗大也说"朴"。形容人又矮又胖。（太谷）

【粗糁拉克】［俗成语］形容非常粗糙。（武乡）

# D

【奃拉倒悬】［俗成语］形容绳状带状物向下奃拉。（平定）

【打鼓卖糖，百事不成】［惯用语］指人什么事情都做不好。（万荣）

【打黄牛震黑牛】［惯用语］比喻打击一方，震慑了另一方。（临县）

【打老鼠还得根油捻捻】［谚语］比喻做事情要舍得付出代价。（太谷）

【打喽一辈子鹌鹑，还认不得个公和母】［惯用语］指对某人或某物一眼就能识别出来。（太谷）

【大风刮了凉帽子——心凉无事】［歇后语］指对发生的事情毫不在意。（武乡）

【大懒支小懒，小懒没人管】［惯用语］支：支使。指大家都懒惰，谁也不想干活儿。（万荣）

【大母虱顾头不顾尻】［惯用语］尻：屁股。①讥笑人盖被子上身裹得严实，腿脚却露在外面。②比喻人做事只顾眼前，不管日后。（太谷）

【大盆盆扣小盆盆】［谚语］①指家丑不要外扬。②比喻对家里的小辈要担待与容忍。（太谷）

【大张嘴没说的】［惯用语］指想争辩却又无法说出口。（太谷）

【呆眉悻眼】［俗成语］形容人一副呆傻的表情。也说"呆眉处眼"。（临县）

【待答不理】［俗成语］指不耐烦，不愿意搭理人。（武乡）

【待溜摔拐】［俗成语］形容人态度不端正，干事不认真。（平定）

【逮住拐子使劲踹】［惯用语］比喻一旦逮着能使唤的人就可劲儿地用。（太谷）

【逮住老鼠当牛使】［惯用语］比喻随便逮着个什么人都企图让其做大事。（太谷）

【单方儿气死名医】［谚语］指民间偏方也可以有效治病。（万荣）

【单皮忽斯】［俗成语］形容衣服穿得过少。也说"单衣薄裳"。（临县）

【担的葱儿呹喝韭菜】［惯用语］比喻人做事不专一。（太谷）

【担蹄跃胯】［俗成语］担：提起来。形容人坐相不好，把腿脚抬得很高。（临县）

【耽搁嘞牡丹花一盆】［惯用语］比喻耽搁了姑娘的终身大事。（太谷）

【弹嫌鸡蛋没缝儿】［惯用语］弹嫌：嫌弃；指摘。指故意找碴儿。（万荣）

【淡流寡水】［俗成语］①指饮食缺少油荤，过于清淡。②指对人很不热情。（武乡）

【淡眉失斯眼】［惯用语］形容人面部肤色过白，眉毛太少。（临县）

【当家的是恶水桶】［谚语］恶水：泔水。指当家人要包容。（万荣）

【当嘞赖人装好人】［惯用语］斥责人伪装，耍两面手法。（太谷）

【当面叫哥哥，腰里掏家伙】［惯用语］指人当面说得好听，背后害人。（万荣）

【倒塌瓦陷】［俗成语］形容房屋倒塌、场面荒凉破败的样子。（武乡）

【倒塌污水】［俗成语］斥责人犯了错误，糟践了自己。（临县）

【捣鬼磨忽松】［惯用语］形容人很不老实。（太谷）

【捣脑子对命】［惯用语］指双方展开殊死搏斗与较量。（临县）

【祷告空中过往神】［惯用语］形容急切地祈求神灵保护。（太谷）

【得个长命的等】［惯用语］长命：岁数大。形容人行动慢或办事效率低，

让人等的时间太长。（临县）

【蹭二架五】［俗成语］指做事不在状态，不知道该如何插手。（武乡）

【蹭脚刹手】［俗成语］指因生气而跺脚、甩胳膊。（武乡）

【等脑上顶着驴粪——屎（死）对头】［歇后语］等脑：头。指两个人不和睦，凡事都要针锋相对。（万荣）

【等脑上抹猪油——滑头】［歇后语］等脑：头。形容人圆滑，不实在。（万荣）

【低眉蹙眼】［俗成语］形容胆小害怕。（武乡）

【滴离不起来】［惯用语］滴离："提"的分音词。指尽力帮扶某人却因本人不努力而无效果。（太谷）

【滴流淡水】［俗成语］形容来的人少而不集中。（临县）

【颠葫芦倒马勺】［惯用语］形容来回倒腾。（万荣）

【店里的壁虱——啃客嘞】［歇后语］店里的壁虱专门咬客人。指宰客。（太谷）

【叼糜掐谷】［俗成语］叼：趁人不备很快拿走。指小偷小摸，偷人财物。（临县）

【雕红抹黑】［俗成语］①指演员化妆。②形容女子妆容浓艳，打扮不庄重。（太谷）

【雕眉画眼】［俗成语］形容化妆过于浓艳。（武乡）

【吊的人半天喽】［惯用语］形容使人处于尴尬、艰难的境地。（太谷）

【吊杀鬼磕头——日倒你不死嘞】［歇后语］日倒：哄骗。吊死鬼不断地磕头，显然是在哄骗人。转指人的某种举动是在哄骗人。（太谷）

【掉疯卖倚】［俗成语］指故意回避或不理会说话人的意图，胡乱接话。（临县）

【跌脚炮手】［俗成语］炮：掉。手脚都要被冻掉了。形容天气异常寒冷。（临县）

【跌屁子露屁股】［惯用语］指没衣服可穿。（太谷）

【钉鞋没掌子，唱戏没嗓子】［惯用语］形容人自身条件有限，没有能力从事某种行业。（万荣）

【定头瓦脑】［俗成语］形容头脑简单，做事不考虑后果。（武乡）

【丢帮子跌底】［惯用语］帮子：鞋帮。底：鞋底。指因被拒绝而感到脸面无光或做事丢了人，失了面子。（临县）

【丢筋八怪】［俗成语］形容人性格古怪，不随和。（临县）

【丢茶打盹ₙ】［俗成语］形容打盹儿。（平定）

【丢天漾地】［俗成语］漾：用力扔。指因不满而故意使狠劲，使肢体或动作幅度过大。（临县）

【东耙西扫帚】［惯用语］形容家务繁忙，没一刻空闲。（临县）

【东一脑，西一脑】［惯用语］指到处乱跑。也说"东一脑，西一耙"。（临县）

【东荫凉凉趁西荫凉凉】［惯用语］整天坐在荫凉处，东边荫凉过去就去西边荫凉处。指人贪图享受，懒于干活。（太谷）

【斗鬼七实】［俗成语］①指巫婆拿巫术来给人治病。②指暗中耍手段。（临县）

【抖下灰胎子】［惯用语］指甘心堕落，不想上进。（临县）

【肚里有万害】［惯用语］指内心藏着坏主意。（临县）

【多嘴不落舌】［惯用语］不落："拨"的分音词。斥骂人话多，瞎掺和他人之事。（太谷）

【多嘴不由人，打嘴又害疼】［惯用语］多起嘴来由不得自己，就想说；别人训斥又觉得受不了。常用来贬斥人多嘴乱说话。（太谷）

【屁子不着地】［惯用语］屁子：屁股。形容人非常忙，连坐的工夫都没有。（太谷）

【屁子大的一疙瘩瘩地】［惯用语］形容地方窄小。（太谷）

【屁子底坐的蒺藜嘞】［惯用语］形容人动来动去，坐不稳。（太谷）

【屁子还没啦温热】［惯用语］形容人刚坐下就又起身走了。（太谷）

# E

【屙鸡屎下软蛋】［惯用语］比喻事到临头又因胆小而不敢出面。（武乡）　159

【恶毛草散】［俗成语］形容荒草长得非常茂盛。（武乡）

【恶醭烂气】［俗成语］醭：酒、醋等因腐败或受潮后表面所生的白霉。形容粮食发霉、房屋潮湿散发出霉烂味道。（太谷）

【儿多母罪深】［谚语］指子女越多父母付出越多。（平定）

【儿多总有好的，汝多总有巧的】［谚语］汝：女儿。指孩子多了，总会有有出息的。（临县）

【儿像爹，女像妈，生下媳妇像阿家】［谚语］生：娶。阿家：婆婆。指旧时婆婆常按照自己的标准给儿子选媳妇，所以娶回来的儿媳妇常和婆婆性情相近。（万荣）

【耳朵钵钵里抹牌——真是窄狭】［歇后语］在耳朵里打牌当然非常狭窄。形容某地不宽敞，非常狭窄。（太谷）

【二八五气】［俗成语］形容人莽撞。（临县）

【二眉二眼】［俗成语］①形容人刚醒来还未全醒的样子。②指伺机做坏事或做完坏事以后显露出不正常的表情。（临县）

【二难八混】［俗成语］形容人不讲理。（平定）

【二妮子吃灌肠——自己撂蒜的吧】［歇后语］撂蒜：谐"料算"。本指二姑娘吃灌肠自己放蒜。转指自己打算考虑。（太谷）

【二五搭八成】［惯用语］形容两个人智力都有点不正常。（万荣）

【二一添作五】［惯用语］指双方平分。（平定）

【二阴不定】［俗成语］指拿不定主意。（临县）

F

【发恶心倒肚】［惯用语］指胃部不适，想吐。（临县）

【翻鼻子瞪眼】［惯用语］形容人发脾气。（万荣）

【翻葫芦倒帽】［惯用语］比喻人说话不算数。（太谷）

【翻眉吊眼】［俗成语］指做出对人不满意的表情。（太谷）

【翻天不兹】［俗成语］形容人把顺序搞颠倒了。（平定）

【翻天跌浪】［俗成语］形容洪水或锅内的汤汁翻滚得厉害。（临县）

【凡人为己，己为各儿】［谚语］各儿：自己。指人都是为自己谋利的。（临县）

【反打倒出】［俗成语］指人办事没有规矩。（平定）

【反打算盘子】［惯用语］指只从某个角度片面地考虑问题，自认为对己有利的想法或做法其实是有害的。（临县）

【房檐底下的稀虫——飞不远】［歇后语］稀虫：飞虫，指麻雀。指人没有远大前程。（万荣）

【放不的桌面面上】［惯用语］①比喻事情不能明说。②比喻人经不了大场面。（太谷）

【放大心宽】［俗成语］指完全放心。（平定）

【放屁踢响屎儿——对上点气咧】［歇后语］放屁时正好被踢了一脚，放屁的声音会很大。转指正好赶上。（太谷）

【放下耙耙弄扫帚】［惯用语］①形容人很勤快。②形容人整日忙于家务，没一刻歇息。（太谷）

【飞踢飞咬】［俗成语］形容孩子淘气、多动。（武乡）

【啡屎啕大】［俗成语］啡［pʰiaʔ³］：《集韵》蒲皆切。《集韵·皆韵》："啡，吹也。"形容人特别能吹牛。（太谷）

【肥溜突碌】［俗成语］形容东西（葡萄等）非常饱满。（太谷）

【肥头炸耳】［俗成语］形容人头大，耳朵大。（太谷）

【费力倒劲】［俗成语］形容花费了很多精力。（武乡）

【费事倒豁】［俗成语］形容事情做起来费周折，费精力。（太谷）

【坟地里拉辅——吹鬼嘞】［歇后语］辅：风箱。在坟地里拉风箱是在吹鬼。转以形容人在吹牛。（太谷）

【粉皮立嘴】［俗成语］形容人的嘴厉害，语言锋利，想怎样说就怎样说。（太谷）

【风磨谷穗】［俗成语］比喻形势非常紧迫。（平定）

【风匣板子作了锅盖——受了凉气受热气】［歇后语］风匣：风箱。比喻两头不落好儿，两头受气。（万荣）

【疯魔捣瘴】［俗成语］形容女孩子性格过于外向、主动或者调皮。（武乡）　161

【疯魔野道】［俗成语］形容人疯癫、慌张，不稳重。（平定）

【扶起爷爷，跌倒娘娘】［惯用语］比喻问题接二连三出现。（临县）

【浮沿圪窜】［俗成语］①指因害怕、心虚等而沿着墙根或路边小心地走。②指无家可归，在外流浪。（临县）

# G

【旮旯八卸】［俗成语］形容缝隙很大。（武乡）

【改河溜言】［俗成语］形容人爱狡辩。（平定）

【干八二净】［俗成语］形容非常干净利索。（武乡）

【干巴落利脆】［惯用语］形容干活儿利落，痛快。（平定）

【干尘火燎】［俗成语］①指感到又饥又渴。也说"干火活燎"。②指人看上去脸色干枯，气色不好。③形容经济拮据，一分钱都没有。（临县）

【干大瞎愣怔】［惯用语］指人个子很高，头脑却不够聪明。（武乡）

【干河滩撒网——瞎张结】［歇后语］张结：忙活。形容人空忙活没有收获。（万荣）

【干僵圪料】［俗成语］形容食物干硬，失去水分。（太谷）

【干筋爬沙】［俗成语］形容人长得又瘦又干。（临县）

【干毛作水】［俗成语］形容人皮肤干燥或动物皮毛不滑溜。（临县）

【干眉净眼ᵣ】［俗成语］形容人干净、清爽。（平定）

【干盆子硬碗】［惯用语］比喻说话不留情面，什么难听的话都说出来。（临县）

【干生污烂】［俗成语］干生：发干。①形容食物发干，面相不好看。②形容人面容干枯。（太谷）

【干鞋净袜】［俗成语］形容工作环境不错，鞋袜都不湿不脏。（太谷）

【干牙活厮】［俗成语］①形容食物太干，难以下咽。②形容人又干又渴，不想吃干东西。（临县）

【干油刮净】［俗成语］①形容物件干净。②形容东西一点儿都不剩。（太谷）

【**刚过河就拆桥，刚下磨就杀驴**】［惯用语］比喻事才成，就急着欺负帮助自己的人。（太谷）

【**高门千金下泥坑**】［惯用语］高门：借指富贵之家。千金：旧时称富家的女孩儿。指富家姑娘落入苦难之中。（太谷）

【**圪蹙勒蛋**】［俗成语］形容皱巴巴的样子。（武乡）

【**圪蹙眉要眼**】［惯用语］①指因疼痛、苦恼等而紧皱眉头，也指做鬼脸。②形容人年纪大，面部皮肤不舒展。③形容人长相丑陋。也说"圪抖迷要眼"。（临县）

【**圪蹙烂污**】［俗成语］形容衣物、布匹等皱巴巴的，非常难看。（太谷）

【**圪蹙八代**】［俗成语］形容皱巴巴的样子。（武乡）

【**圪蹴地吃饱，站起来正好**】［谚语］蹲着时觉得很饱，站起来就不觉得饱胀了。多用来劝人多吃点。（太谷）

【**圪蹴马爬**】［俗成语］形容人半蹲半趴在地上的姿势。（平定）

【**圪搓溜球**】［俗成语］形容皱巴巴的样子。（武乡）

【**圪垯榔槌**】［俗成语］形容桌面等不平整，不光滑。（平定）

【**圪低圪包**】［俗成语］形容一包一包的东西多。也说"圪低圪蛋"。（临县）

【**圪低歪揣**】［俗成语］形容人个子矮小，难看。（临县）

【**圪洞瓦砌**】［俗成语］形容地面坑坑洼洼。（武乡）

【**圪窦不过，往外炕**】［惯用语］圪窦：烧柴火的简易炉灶。炕：冒烟。形容做事极为不顺。（太谷）

【**圪嘟儿瓦切**】［惯用语］形容路面等不平整。（平定）

【**圪堆连天**】［俗成语］形容堆得很高。（平定）

【**圪急麻灰**】［俗成语］形容人不大气。（平定）

【**圪挤住眼就歇心咧**】［谚语］圪挤住眼：人死的婉称。指人死后才能安心。（太谷）

【**圪夹住泡尿也做咧**】［惯用语］形容很快就能做完某事。常用于斥责某人干活太慢。（太谷）

【**圪节马趴**】［俗成语］形容东西被分为一节一节。（武乡）

【圪筋麻乍】［俗成语］斥骂人行为嚣张，瞎咋呼。也说"圪吱麻吰"。（临县）

【圪榄棒棍】［俗成语］形容棍子胡乱堆放。（武乡）

【圪凉人】［惯用语］指故意招人讨厌。（武乡）

【圪料弯弓】［俗成语］形容物件非常不直，弯得厉害。（太谷）

【圪料八至】［俗成语］①形容物体表面不平整。②形容道路、棍子等弯曲不直。也说"圪溜把介""圪溜弯切"。（武乡）

【圪羚叫，猫打滚，三天不下看艾根】［谚语］圪羚：松鼠。指下雨前有这几种征兆。（武乡）

【圪溜二三】［俗成语］形容人陆陆续续到来。（临县）

【圪溜拐弯ᵣ】［俗成语］①形容物体弯曲。②形容说话不直接。（平定）

【圪溜撩拉】［俗成语］形容物体不平或不直。（临县）

【圪咙哑劈】［俗成语］形容嗓子哑了。（武乡）

【圪窿塌套】［俗成语］形容破洞很多。（武乡）

【圪坮人】［惯用语］故意惹人讨厌。（武乡）

【圪秋八歪】［俗成语］秋：歪。形容物体摆放得不正或人长得不端正。（临县）

【圪屈连颠】［俗成语］形容人受委屈，显得可怜的样子。（太谷）

【圪声散摇】［俗成语］形容人举止轻浮，故意显摆、卖乖。（临县）

【圪缩圪捻】［俗成语］形容人舍不得花钱。（临县）

【圪蹄盖上钉掌——离蹄太远】［歇后语］圪蹄盖：膝盖。指离题很远。（万荣）

【圪兴打换】［俗成语］换：晃动。形容走路时身体上下晃动的样子。（临县）

【圪兴撵肚】［俗成语］撵：挺着（肚子）。形容人因得意或肥胖而挺着肚子走路的样子。也说"圪松撵肚""撵胸裂肚"。（临县）

【圪萬烂气】［俗成语］形容植物因水分少而萎缩的样子。（武乡）

【圪渣老务】［俗成语］形容食物、粮食中杂质多。（太谷）

164　　【圪枝哑叉】［俗成语］形容树枝长势旺、分叉多。（武乡）

【圪锥马瑙】〔俗成语〕形容物体表面不平。（临县）

【割圪垯板板把你顶起吧】〔惯用语〕指像供奉神一样把人供奉起来。对难侍候的人或懒人的一种讥讽。（太谷）

【割喽得老刚木碟碟大】〔惯用语〕得老：头。刚：才。形容人对死无所畏惧。（太谷）

【蛤蟆不要笑鳖没尾】〔谚语〕指彼此差不多，都不怎么样，不要互相指责埋怨。（万荣）

【个别六样】〔俗成语〕形容性格、行为等和大多数人差异很大。（武乡）

【各儿说咾不用人说】〔惯用语〕各儿：自己。指自己能认识到自己的问题，就无须他人点出来了。（临县）

【各鸡刨各食】〔谚语〕比喻各人都在为自己的生计而奔波。（临县）

【各另八怪】〔俗成语〕形容物体分散放置、相隔很远。（武乡）

【各人呐路儿各人走，各人呐难过各人受】〔谚语〕各人呐：自己的。难过：指苦难。指自己的事情再难也要自己做。（万荣）

【给你割的榆木柳木门限限嘞】〔惯用语〕门限限：门槛。用榆木柳木做的门槛耐磨。嘲讽人天天登别人的门。（太谷）

【跟的后头擦屎子】〔惯用语〕屎子：屁股。比喻替别人做未完成或未干好的事。（太谷）

【狗儿儿喂成狼儿儿】〔惯用语〕比喻从小养大的人却成了仇人。（临县）

【狗鸡磨养】〔俗成语〕形容做事磨磨蹭蹭，不利索。（武乡）

【狗皮袜子没反正】〔惯用语〕形容关系特别亲密，不分彼此。（万荣）

【狗求麻绳】〔俗成语〕指零碎的不值钱的东西。（临县）

【狗逛油葫芦】〔惯用语〕形容人到处乱转悠。（万荣）

【孤人难活，孤雁难飞，孤柴难着】〔谚语〕一个人难在艰难复杂的境况中生存，一只雁难以长时间飞翔，一根木柴难以形成大的火焰。比喻团队合作非常重要，靠一个人很难成事。（太谷）

【孤颜落色】〔俗成语〕①形容色彩单调。②形容一个人孤单，寂寞。（临县）

【箍漏锅的开不了大铁】〔谚语〕箍漏锅的：修补锅碗的工匠。指能力不

强的人干不成大事情。（万荣）

【鼓<sub>儿</sub>上的虼蚤——干跳不咬】［歇后语］鼓上的跳蚤想咬咬不到，只能干跳。转指人只是干生气，却叫嚷不出来。（太谷）

【鼓楼底的半头砖——踢打出来的货】［歇后语］鼓楼底的砖块被过往的人或车辆不断踢打、碾压。比喻人已经被锤打锻炼出来了。（太谷）

【顾了辫蒜顾不了卖蒜】［惯用语］形容人忙碌，顾了一头顾不了另一头。（太谷）

【刮达流星】［俗成语］①形容跑得非常快。②形容来去非常神速。（太谷）

【刮神料鬼】［俗成语］指长期在外闯荡，不顾家。（临县）

【寡汤<sub>儿</sub>淡水】［俗成语］①形容食物味淡。②形容说的话无聊，没意思。也说"寡淡不几"。（平定）

【拐毛驴遇（上）圪垤垤】［惯用语］垤：小土堆。拐毛驴本来就走得慢，遇个小土堆索性就不过了。比喻懒人一有机会就想偷懒。（太谷）

【拐瘸咧叭】［俗成语］指走路一瘸一拐的样子。（武乡）

【拐三圪裂】［俗成语］①形容话语不合常理，让人生气。②形容人行为古怪，异于常人。也说"拐三圪料"。（临县）

【拐弯圪料】［俗成语］形容话语或行为出乎常人的思维。（临县）

【拐弯撩角】［俗成语］①形容地方不好找，弯路和角落多。②比喻人说话不直说，绕弯子。（太谷）

【怪声嘹气】［俗成语］形容说话声音高，腔调怪。（临县）

【官恼咾打衙役，衙役恼咾官打】［谚语］指不管出现什么局面，谁有理，谁生气，吃亏的总是势力弱的一方。（临县）

【棺材头里把倚风幡——混充孝子】［歇后语］倚风幡：送葬时用的一种纸扎。送葬时孙子走在最前面，手持"倚风幡"，用以引魂。在棺材前面手把"倚风幡"，人们就会认为他是孝子。指人只是装样子孝顺父母。（太谷）

【管咾门里三尺，管不咾门外三尺】［谚语］指人只能管好自家的事儿，管不了别人的事儿。（临县）

【惯娃害娃，惜子毒子】［谚语］惯：溺爱，放纵。指溺爱孩子最终会害

了孩子。（万荣）

【光儿几不粘】［俗成语］形容黏滑，没法下手。（平定）

【光儿头净面】［俗成语］形容整洁。（平定）

【光眉俊眼】［俗成语］形容人长得漂亮。（临县）

【光抹桌子不上菜——干张结】［歇后语］张结：忙活。形容人虚情假意招待人。（万荣）

【闺舍坐的个活死人】［惯用语］斥责人在家里却什么都不管不顾。（太谷）

【鬼林哨道】［俗成语］①形容田地里人少。②形容在地里干的活儿少而杂。（临县）

【鬼眉鬼眼】［俗成语］形容人面部表情狡猾。（太谷）

【鬼眉溜眼】［俗成语］眼睛东瞅西看。指人狡猾地察看四周，总想得到什么东西。（太谷）

【鬼眉日眼】［俗成语］形容人不老实，鬼鬼祟祟。（平定）

【鬼七裂八】［俗成语］形容人行为不正。（临县）

【鬼说六道】［俗成语］指编谎话或胡说。（临县）

【鬼头怪脑】［俗成语］形容人行为鬼祟，形迹可疑。（临县）

【滚水煮挂面——有盐（言）在先】［歇后语］滚水：开水。指事先说好条件。（万荣）

【棍枪圪榄】［俗成语］圪榄："杆"的分音词。多指小孩拿来玩耍的各种棍棒。（临县）

【锅盖搁风箱——受凉又受气】［歇后语］揭开锅盖放在风箱上，又是热气又是凉风。转指人处于困境或难堪之中，受人的指责。（太谷）

【锅子上树——前（钱）紧】［歇后语］锅子：驼背的人。指缺钱花。（武乡）

【果园喽脱帽，瓜地喽抽鞋】［惯用语］果园里伸手脱帽会被误认为是摘果子，瓜地里弯腰脱鞋会被误认为是偷瓜。指自己给自己找麻烦。（太谷）

【裹脚子围脖项——臭了一圈】［歇后语］裹脚子：旧时妇女的缠脚布。脖项：脖子。指人名声不好。（万荣）

【过来三，过去四】［惯用语］指不断重复同样的话。（临县）

【过咾冬至，长一中指】［谚语］冬至后太阳落山的时间，每天会比前一天晚一指。指冬至后白天时间逐渐变长。（万荣）

【过喽这个寺，就没这个庙】［惯用语］比喻错过某机会，就不会再有。（太谷）

# H

【哈巴狗儿咬了指头头——闹了个吃手】［歇后语］表面指哈巴狗吃人的手。"吃手"转指能吃的人。指碰了个能吃的人。（太谷）

【孩儿是要各儿养嘞，庄稼是要各儿种嘞】［谚语］指孩子还是自己生的亲。也说"孩儿要各儿养嘞，谷要自种嘞"。（临县）

【憨哩少世】［俗成语］形容人傻。（临县）

【憨水邋遢】［俗成语］憨：本字为"涎"。形容口水多。（武乡）

【含的五说不出六来】［惯用语］形容人受压抑不敢说出实情或不敢道出自己的苦情。（太谷）

【好病不如不害，好眼镜不如不戴】［谚语］指得病和近视眼戴眼镜都是让人痛苦的事情。（临县）

【好汉不打圪蹴蹴】［谚语］指与别人打架，对方已服软蹲下，就不要再穷追猛打了。（太谷）

【好黑咾不照歹白日】［谚语］不照：不如。再亮的夜空也不如白天的光线好。（万荣）

【好事不瞒人，赖事串周城】［谚语］指坏消息总是传得很快。（临县）

【好事都是姑娘来，赖事都是梅香来】［惯用语］指事情做好了是自己的功劳，做坏了是别人的过错。（太谷）

【喝凉水使筷子——是个招呼】［歇后语］指多少做点准备，以备不时之需。（万荣）

【禾鼠沟子——准眼儿】［歇后语］禾鼠：田鼠。沟子：屁股。准：全都是。眼儿：小窟窿。骂人心眼儿过多。（万荣）

【合拉巴系】［俗成语］形容动作快。也说"合里巴系"。（临县）

【和尚的领儿——转边边都是礼】［歇后语］和尚的领子是圆的，转圈都是领子。领［li³¹²］与"理"同音。指人常有理由。（太谷）

【和尚的帽子——平不沓】［歇后语］指平淡，没有特色。（万荣）

【和稀面】［惯用语］比喻调停纷争时没有原则，只图平息事态。（临县）

【荷的猪头寻不见庙门门】［惯用语］荷：拿。①比喻想去求人办事，却苦于找不到门路。②比喻好姑娘却找不到好人家。（太谷）

【阖世来界】［俗成语］形容到处都是。（平定）

【黑不言，白不语】［惯用语］指阴沉着脸，不说话。（临县）

【黑出瓦脸】［俗成语］形容人肤色过黑或物体颜色不亮，品相不好。也说"黑出兀烂"。（临县）

【黑糊燎灶】［俗成语］形容物体黑乎乎的样子。（武乡）

【黑捞揣摸】［俗成语］指夜晚没有任何光亮。也说"瞎捞揣摸"。（临县）

【黑麻咕咚】［俗成语］形容天色很黑。（万荣）

【黑眉绍眼】［俗成语］指露出一副不高兴的表情。也说"黑眉竖眼""黑眉怪眼"。（临县）

【黑皮见脸】［俗成语］指蛮不讲理，耍无赖。（临县）

【黑青乌烂】［俗成语］形容面色发紫。（平定）

【黑黢五烂】［俗成语］黢：黑。《集韵》促律切，入术清。《集韵·术韵》："黢，黑也。"形容物件颜色不鲜艳，面相不好看。（太谷）

【黑炭栽到石灰里——黑白分明】［歇后语］栽：掉。指是非界限很清楚。（万荣）

【狠人烂相】［俗成语］狠人：令人生气、厌烦。形容非常惹人讨厌。（武乡）

【横眉立眼】［俗成语］形容人长相比较凶。（太谷）

【红孩妖精】［俗成语］斥骂那些爱在人前故意表现，讨巧的人。（临县）

【红膨胀脸】［俗成语］形容脸色通红。（武乡）

【红吞活咽】［俗成语］①比喻全部占有或瓜分。②用于否定或反问，表示不会把某人怎么样。（临县）

【红消梨——中看不中吃】［歇后语］一种黄色中透出红色的梨，个儿大，颜色漂亮，吃起来却酸而苦，肉质粗糙。比喻人或物看起来样子不错，却没有

169

任何实际用处。（万荣）

【喉咙里攮上爪子——饿急咧】［歇后语］从喉咙里伸出爪子掏饭吃。形容人饿极了。（太谷）

【猴眉碎眼】［俗成语］形容人眼睛小。也说"猴眉竖眼""猴眉猴眼"。（临县）

【猴姿圪松】［俗成语］形容身材矮小、缩手缩脚。（武乡）

【后盆上长得眼嘞】［惯用语］后脑勺上都长着眼睛。形容人有远见。（太谷）

【忽得倒动】［俗成语］形容动作带来的声响过大。（武乡）

【忽二忽三】［俗成语］形容想法不确定、来回变动。（武乡）

【忽几撩乱】［俗成语］形容心神不宁。（平定）

【忽雷炮仗】［俗成语］①形容雷雨天气。②形容人脾气暴躁。（平定）

【忽斯闪电】［俗成语］形容人说话或做事咋咋呼呼，不实在。也说"忽溜闪电"。（临县）

【忽摇打颤】［俗成语］形容摇摇晃晃。（武乡）

【忽张喘气】［俗成语］指因跑得急而大张着嘴喘气。（平定）

【囫囵半坯】［俗成语］形容东西有完好无损的，也有破损的。（武乡）

【胡打轻捞】［俗成语］形容人做事不认真。（太谷）

【胡瓜溜扯】［俗成语］指彼此血缘关系疏远或几乎没有，只是勉强能搭上关系。（临县）

【胡拉被子乱钝毡】［惯用语］比喻说话时胡乱拉扯。（万荣）

【胡潦三画】［俗成语］形容不认真。（武乡）

【胡七麻烦】［俗成语］形容人心里麻烦。（太谷）

【胡踢瞎弄，不如不挣】［谚语］指胡乱浪费钱财危害大。（临县）

【胡子耙沙】［俗成语］形容男人胡子长、多。（武乡）

【糊涂麻缠】［俗成语］形容人糊涂，拎不清。（平定）

【觳觫打颤】［俗成语］形容因心里害怕或身体不好而颤抖。（平定）

【虎虎啊底出圪，狗狗啊底回来】［惯用语］出圪：出去。指出去时情绪高涨，回来后倍受打击，情绪低落。（临县）

【虎头兴脑】［俗成语］形容小男孩的脑袋大，看起来聪明。（太谷）

【互相厮恨不够吃，互相谦让吃不喽】［谚语］你嫌我吃得多，我恨你吃得多，东西被疯抢，总不够吃；你让着我，我让着你，东西总吃不完。指人与人之间互相谦让，彼此得到的利益都多。（太谷）

【花狗圐圙】［俗成语］圐圙：蒙古语"库伦"的旧译，指围起来的草场。太谷方言中表示一小片地方，也指小圈儿。形容院落扫得不干净，一片一片的脏都在。（太谷）

【花麻油嘴】［俗成语］形容人嘴巴灵巧，话语动听。（临县）

【花眉苏眼】［俗成语］花眼：双眼皮。形容人漂亮。也说"花眼四碧"。（临县）

【花园里拣花，拣得眼花】［谚语］指东西太多，挑花了眼。（临县）

【滑眉溜眼】［俗成语］形容人狡黠，精明。（临县）

【划里圪爽】［俗成语］划爽：干净，整洁。形容人衣着整洁或居室干净。也说"划划爽爽"。（临县）

【话说开，水流开】［谚语］指将各自的想法合理地表达出来能有效缓和彼此的矛盾。（临县）

【话在人前说，屁在背后放】［谚语］指意见、看法等要明确说出来才有助于解决问题。（临县）

【欢马尿跳】［俗成语］形容人跳得欢。（太谷）

【黄尘黑倒】［俗成语］形容动作造成的声响过大。（武乡）

【黄风圪阵】［俗成语］指刮着大风，卷着尘土。（临县）

【黄痨疲瘦】［俗成语］形容人消瘦，肤色枯黄。（太谷）

【黄水布袋】［俗成语］①指冰冻后又消融的湿淋淋的物品。②形容被冰冻的程度深。（临县）

【黄丝圪歪】［俗成语］形容人面色蜡黄、不健康。（武乡）

【黄天黑地】［俗成语］形容风大，空中弥漫的沙尘多。（临县）

【灰尘扑土】［俗成语］形容尘土飞扬。（武乡）

【灰嘴乞脸】［俗成语］形容脸上很脏。（武乡）

【灰眉怅眼】［俗成语］形容颜色不鲜艳。（平定）

【灰眉刮眼】［俗成语］形容人满脸尘土污垢。（平定）

【灰眉绍眼】［俗成语］①形容人浑身沾满灰尘的样子。②形容人精神面貌不好。也说"灰眉土眼""灰眉白眼""灰头土脸"。（临县）

【灰塌火星】［俗成语］形容灰尘多，粉尘扬起。（平定）

【灰渣底子作咾个圪燎坡】［惯用语］作：结亲。圪燎坡：农村倒灰渣的地方。指两个品性不好的家庭结了亲。（临县）

【会看的看个门头街道，不会看的看个红火热闹】［谚语］看戏时懂戏的人欣赏唱念做打、剧情发展；不懂戏的人只看见演员来来去去，热热闹闹。指内行外行，对事情的理解程度相差很多。（太谷）

【会挣不如会摆弄】［谚语］指女人会持家非常重要。（临县）

【昏死惑路】［俗成语］①指头晕，发昏。②指被哄骗得头脑发昏，辨不清是非。（临县）

【昏头耷脑】［俗成语］形容人头脑糊涂。（万荣）

【昏头大得脑】［惯用语］指头昏脑涨。（平定）

【昏头震耳】［俗成语］指感到眩晕。也说"昏头炸耳"。（临县）

【浑圪溜赤屄】［惯用语］指光着身子，什么都没穿。（临县）

【浑嘴喽跑舌头】［惯用语］斥责人废话太多且空话连篇。（太谷）

【豁儿半式】［俗成语］形容东西破损有了缺口。（武乡）

【豁牙瓣齿】［俗成语］①形容牙齿不整齐。②形容物件的边缘不整齐。（太谷）

【活得鏖糟人】［惯用语］鏖糟：懊丧烦恼。形容人内心痛苦、烦恼。（太谷）

【活灵四拉】［俗成语］形容说话、办事过于灵活，不太可靠。（临县）

【活马流星】［俗成语］形容人精神大，劲头足，行动快。（临县）

【活眉溜眼】［俗成语］指面相透着灵活，精明。也说"活眉活眼"。（临县）

【活人眼里擩拳头】［惯用语］指毫无顾忌地欺负人。（武乡）

【活声活哨】［俗成语］形容声音低而不真切。（临县）

【活说活道】［俗成语］指脑筋灵活，善于表达。也说"活说六道"。（临

县）

【活跐离套】［俗成语］形容接口松动。（武乡）

【活捉活拿】［俗成语］迷信传说中，有一种人来人间是专门害人家小孩子的，小孩子只要让他抱了，便会夭折，叫"活捉活拿"。（临县）

【火大没湿柴】［谚语］指用柴火烧饭时，火势大了，柴火湿点儿也能烧着。（临县）

【伙穿的裤子，圪捞的档】［惯用语］形容两个人关系特别好，不分你我。（武乡）

【伙夫熬成炊事员】［惯用语］指虽然形式变了，但本质没变（含谐谑意）。（临县）

【货到地头死】［谚语］指货物拉到买卖地，尽管价钱被压得很低，但鉴于来回劳力、交通等费用都会造成大的亏损，也只能卖掉。（太谷）

【货卖一张皮】［谚语］指商品的包装很重要。（万荣）

【惑二惑三】［俗成语］①指对某事记忆模糊。②指人的记忆力不好。（临县）

## J

【鸡蛋换盐——两不见钱】［歇后语］指交易中手里不过现金。（平定）

【鸡蛋壳壳还没啦褪喽嘞】［惯用语］斥责孩子人小心大、放肆妄为。（太谷）

【鸡多不下蛋，人多瞎胡乱】［谚语］鸡多了照顾不过来，反而下的蛋少了，人多了做事反而胡乱敷衍了。多指在一个群体中时，人们常会偷懒。（太谷）

【鸡叫狗咬，黄土埋人】［惯用语］指偏远的乡村过着宁静、原始的生活。（临县）

【急屙下蛋】［俗成语］比喻人做出决定后又反悔了。（临县）

【急慌燎躁】［俗成语］形容非常着急。（武乡）

【急慌野毛】［俗成语］形容急忙、慌张。（平定）

【急黄倒黑】［俗成语］形容非常着急。（武乡）

【急急不张张】［惯用语］形容因着急而说话十分快。（平定）

【急眉霸眼】［俗成语］指跟人发急，极力争辩。也说"曲眉霸眼""急眉砍眼""急眉溜眼"。（临县）

【急眉子砍眼】［惯用语］指面红耳赤极力地跟人辩解或争执。（临县）

【急皮潦草】［俗成语］形容十分急躁，做事不认真，不仔细。（平定）

【急婆姨嫁不上好汉】［谚语］性格急躁的女子常找不上一个可心的丈夫。指做事情不能太着急，否则会导致不好的结果。（太谷）

【急全打马】［俗成语］形容非常着急。（武乡）

【急上轿儿急绞足】［惯用语］着急上轿才急着裹脚。比喻人事先不做准备，着急办事时才忙于应付。（太谷）

【急头害眼】［俗成语］形容人性子急。（平定）

【急屎火燎】［俗成语］形容非常着急。（武乡）

【加料不顶惜力】［谚语］指给牲畜多喂饲料不如让其休息一会儿，休息好才能干得更好。（临县）

【夹壁的邻家，一井里的水】［谚语］夹壁：隔壁。指双方条件差不多。（临县）

【家有万两银，不如柜上有个人】［谚语］家里即便有万两银子，也不如做生意的人能赚钱。指家中有做生意的人能富家。（太谷）

【假挤圪尿】［俗成语］形容人做事故作姿态，假惺惺的样子。（武乡）

【假拉忽斯】［俗成语］指故意推辞或假意做出某种姿态。（临县）

【尖十尖，怪十怪】［惯用语］指与人交往过分精明，总怕吃亏。（临县）

【尖抓直唠】［俗成语］指声音过于尖锐刺耳。（武乡）

【肩膀膀不厮停】［惯用语］厮：相，互相。停：均等。比喻婚配的男女条件悬殊，不相称。（太谷）

【简纲节段】［俗成语］指精简、简化了部分内容。（武乡）

【见饭饥，见水渴，见人吃饭就眼热】［惯用语］眼热：羡慕；眼红。形容不管别人做什么都羡慕。（太谷）

【见干湿】［惯用语］指分高低。（临县）

174　　【见窟窟就下蛆】［惯用语］斥责人一有机会就干坏事，或讥讽人见便宜

就想占。（太谷）

【见了爷爷说孙子话，见了好汉圪蹴下】［惯用语］圪蹴：蹲下。指人见着比自己强的人就讨好退缩，不敢招惹对方。（太谷）

【见人屙屎屁眼疼】［惯用语］讥讽看见别人干什么自己也想干什么的人。（太谷）

【贱性烂气】［俗成语］形容言语或行为令人讨厌。（武乡）

【僵屎刮打】［俗成语］斥骂人故意顶嘴，不听劝。（临县）

【僵眉古怪】［俗成语］形容人性格固执、倔强，听不进一点儿劝告。也说"僵阴六道"。（临县）

【讲礼训】［惯用语］指有礼貌。（临县）

【娇养人人病多，出鼻子驴屁多】［谚语］指爱自我娇惯的人，身体总是有各种各样的不适。也说"娇养人人病多，上坡的骡儿气多"。（临县）

【娇养娃娃生缝子】［谚语］指娇惯的孩子往往不孝顺。（平定）

【茭棍上掼洋蜡——照远不照近】［歇后语］高粱秆儿上插蜡烛，能照到远处的地方，却照不到近处。比喻只看到别人的不是，却看不到自己的毛病。（太谷）

【绞毛扒皮】［俗成语］指不讲道理，胡搅蛮缠。（临县）

【脚疼不胜手疼，手疼不胜不疼】［谚语］不胜：不如。指哪里疼痛都不舒服。告诫人要爱惜身体。（万荣）

【接别人的憨拉拉水】［惯用语］憨拉拉水：口水。指跟着别人跑，重复别人的话语或行为。（平定）

【接不拉撒】［俗成语］形容不顾一切地赶快做某事。（平定）

【接二片三】［俗成语］接：隔过。指不按照顺序做事。（武乡）

【接风愣怔】［俗成语］形容人行动急躁慌乱。（平定）

【接咾门限上咾炕】［惯用语］接：隔过。门限：门槛。不从门槛上过就上了炕，比喻不按顺序或规矩办事。（平定）

【揭得锅盖早哩】［惯用语］比喻还没等时机成熟，就迫不及待地仓促行事。（临县）

【节机圪尿】［俗成语］形容脾气非常古怪。（武乡）

175

【结长把子果儿】［惯用语］指双方建立长期交往关系。（临县）

【截风愣怔】［俗成语］形容人性格过于外向。（武乡）

【疥蛤蟆躲端午——躲喽初一躲不喽十五】［歇后语］民间认为，疥蛤蟆有剧毒，能够清热解毒，特别是端午节这天捉到的疥蛤蟆毒性最大，质量最好。人们把疥蛤蟆眼泡上的毒汁挤出拌入面粉搓成长条，晾干备用，还把锭墨塞进疥蛤蟆嘴里，将它挂在墙壁上，风干后就成了中药，称蛤蟆墨。人身上出了毒疽，用此墨画一圈，病情就会得到控制。故有疥蛤蟆躲端午之说，但是躲过去初一，也躲不过去十五，迟早会被人们捉住。转指躲避不是办法，迟早都要面对问题。（太谷）

【疥蛤蟆爬的花椒树上——麻得不觉咧】［歇后语］疥蛤蟆爬到花椒树上，被花椒麻得没感觉了。转指身体某部位麻木，一时间没有了感觉。（太谷）

【借少还多刚够本】［谚语］指即使还的钱财比借时的多，对被借的人来说也刚刚够本钱。（临县）

【金窝银窝，不如各人的穷窝】［谚语］各人：自己。指任何地方都不如自己家里好。（万荣）

【筋厮连，骨厮串】［谚语］指血缘关系使得家庭成员彼此照顾。（临县）

【紧帮害三】［俗成语］指事情紧急，迅速行动。（临县）

【紧过搭石慢过桥】［谚语］搭石：水中支撑着用于行人通过的石头。指过搭石时要小心迅速，不能拖延，否则会掉进水里；过桥的时候不着急，可以慢一些。（武乡）

【紧脚料手】［俗成语］形容手脚麻利，行动利索。也说"紧脚绊手"。（临县）

【紧捞底摸】［俗成语］形容十分用心并积极地干事情。（平定）

【紧忙失忼】［俗成语］忼：急。形容非常紧张。（太谷）

【紧七六怪】［俗成语］形容脚步声紧急。（临县）

【紧说媒，慢说事】［谚语］指给人说媒时要抓紧时间促成，免得时间长了又生出是非；替人说事儿时要慢慢讲道理，让双方心里都感到满意。（临县）

【睛明眼亮】［俗成语］形容老年人眼睛明亮，身体好。（临县）

【精沟子撵狼——胆大不知羞】［歇后语］精沟子：光屁股。嘲讽人胆子

大，为了某种利益，连脸面都不要了。（万荣）

**【精眉忽拉眼】**［惯用语］形容非常聪明。（武乡）

**【精眉六眼】**［俗成语］指人面相看上去就非常精明。（临县）

**【精米白面，吃成瘦杆】**［谚语］指精米白面不如五谷杂粮对身体好。（万荣）

**【精明人好说话，惑毒人好打骂】**［谚语］好：容易；方便。惑毒：糊涂。指不同的人有不同的特点。（武乡）

**【就地一层钱，有手无人拈】**［谚语］指只要勤快，到处都可以赚到钱。（临县）

**【噘气马爬】**［俗成语］指喘不上气来难受的样子。（临县）

**【噘言嗔语】**［俗成语］指用嗔怪的口气说话。（平定）

**【撅竖马爬】**［俗成语］形容人弯着腰干活的样子。（平定）

**【嚼老婆舌头儿】**［惯用语］指传闲话儿。（平定）

**【嚼麻绳，咬疙瘩】**［惯用语］比喻与人交谈或辩论时死死纠缠住某一点不放。（临县）

## K

**【开开门子谁怕我，关住门子我怕谁】**［惯用语］指人在外面表现得软弱，但在家里表现得却很强势。（太谷）

**【开空头子腔】**［惯用语］指明知借不到还开口借。（临县）

**【看各人一朵花，看人家豆腐渣】**［谚语］各人：自己。指不能客观评议人，往往只看到自己的优点和别人的缺点。（万荣）

**【看天气着出凉粉】**［谚语］看天气的冷热决定做出凉粉的多少。比喻根据实际情况决定对策。（临县）

**【看戏的是痴熊，唱戏的是疯子】**［谚语］痴熊：痴呆的人。指戏里的剧情是假的，但演戏的和看戏的都很投入，实际上是都被剧情蒙蔽了。（万荣）

**【看异样】**［惯用语］指看着别人陷入困境而不施以援手，冷眼旁观。（临县）

【糠声浪气】［俗成语］形容人说话声音发虚发飘。（武乡）

【扛上死人上当铺——人不当人自当人】［歇后语］扛上死人到当铺里当钱，别人没把他（死人）当作人，他（死人）却自己把自己当作人。讥讽人自己抬高自己的身份。也指自己要把自己当作人好好对待。（太谷）

【扛着圪针过鼓楼——把人全赶散咧】［歇后语］肩扛着荆棘过鼓楼，过往的行人见状都跑开了。指把一伙人赶散开来。（太谷）

【瞌睡省不下眼里过】［谚语］指该做的事情总得做，逃也逃不掉。（临县）

【瞌睡马爬】［俗成语］形容很瞌睡。（平定）

【磕头捣蒜】［俗成语］形容低声下气求人办事。（平定）

【可量可码儿】［俗成语］指不多不少，数量恰好。（平定）

【吭齁气切】［俗成语］吭：鸟的喉咙，也泛指喉咙。形容人气短而不停地喘气咳嗽。（太谷）

【空口儿流白话】［惯用语］指说没根据的话。（平定）

【空手圪榄】［俗成语］手中什么也没拿。多指到别人家造访而不带礼物。（临县）

【空心忽塌】［俗成语］形容人不真诚。（平定）

【抠眉剥眼】［俗成语］形容人小气。（太谷）

【抠死憋肚】［俗成语］形容非常小气。（武乡）

【口大舌张】［俗成语］形容人爱吹牛，说大话。（临县）

【口儿不说心里话】［惯用语］指心口不一，没有说实话。（平定）

【枯头练耳】［俗成语］枯：敲打。对着脑袋就打，多指父母体罚子女。（临县）

【哭的也要教笑喽，笑的也要教哭喽】［惯用语］形容某事做得不合理，让人哭笑不得。（太谷）

【哭眉抢脸】［俗成语］指满脸泪水痛哭的样子。（临县）

【哭声奈何】［俗成语］指带着哭腔说话。（临县）

【窟窿塌套】［俗成语］形容窟窿很多。（武乡）

178

【宽袍缩袖】［俗成语］形容衣服过宽过大。也说"宽袍折武"。（临县）

# L

【邋遢婆娘肯要娃】［谚语］邋遢：邋遢。肯：次数多。要娃：生孩子。指能力差的妇女不懂得计划生育，搞得自己家里的生活一团糟。（万荣）

【腊月的穷汉快如马】［谚语］指腊月里穷人都想拼命挣点儿钱准备过年。（临县）

【腊月里的白萝卜——冻了心咧】［歇后语］冻：谐"动"。腊月里，白萝卜放在外面，连萝卜心都会被冻着。转指对某人或某物动了心，希望得到。（太谷）

【来人往客】［俗成语］指来往的亲戚或朋友。（临县）

【阑里不谈】［俗成语］①形容话语没有道理。②形容场面冷落，不热闹。（临县）

【揽工汉，碗里看】［谚语］指过去打工的人常根据主家提供的吃食的好坏来决定出力的多少。（临县）

【揽工休做饭，唱戏休唱旦】［谚语］指做饭和唱旦角儿都比较累。（临县）

【揽洋戏】［惯用语］指招惹上麻烦事。（临县）

【懒汉怯纳死】［惯用语］纳死：压死。指懒惰的人怕多次做麻烦，所以就一次承担很多。（临县）

【懒老婆拖长线】［惯用语］形容人办事不利索。（平定）

【懒里懒淡】［俗成语］形容人懒散，不勤快。（临县）

【懒眉子失斯眼】［惯用语］形容人懒得不愿多动一下。（临县）

【烂风匣烧火——响声大】［歇后语］风匣：风箱。形容做事儿动静大，不见得有实际效果。（万荣）

【烂糊砍脑】［俗成语］①指食物因烹饪时间过长而变得过分熟烂。②形容事情复杂，没有头绪。（临县）

【烂溜倒挂】［俗成语］形容人穿得破烂。（太谷）

【烂衣八裳】［俗成语］指破旧的衣服。（武乡）

【狼吃人有躲，人吃人没躲】［谚语］指人欺负人是最可怕的。（临县）　179

【狼刨黄尘】［俗成语］斥责人扫地的动作过猛，扬起很高的尘土。（临县）

【捞吃马爬】［俗成语］形容人急于上前，唯恐落下自己。（平定）

【老裁缝戴眼镜——纫针】［歇后语］纫针：穿针，谐音"认真"。形容人做事认真。（万荣）

【老圪丫杈】［俗成语］形容人年纪大，带有贬义。（平定）

【老虎沟子——摸不得】［歇后语］沟子：屁股。指人威严厉害，不能触犯。（万荣）

【老马六针】［俗成语］形容缝纫时针脚过大。（临县）

【老眉作眼】［俗成语］形容人年老，脸上皱纹多。也说"老眉作怪"。（临县）

【老婆是人家的好，娃是各家的亲】［谚语］各家：自己。指人总是认为别人家的妻子更漂亮，而自己家的孩子却是最优秀的。（万荣）

【老手旧胳膊，一只顶两只】［谚语］指技术熟练就能出活儿。也说"老手旧胳膊，一只顶几只"。（临县）

【老寿星骑羯骨驴——有福没禄咧】［歇后语］禄：福气、福运。老寿星：封神演义中昆仑山玉虚宫十二弟子首位，有鹤、鹿二童。羯骨驴：羊的一种。老寿星本来驾鹤、鹿，现在让骑着羊，显然是老寿星没有福运了。指人的福运开始衰退。（太谷）

【老鼠跌的面缸里——要了白瞪眼儿】［歇后语］老鼠掉在面缸里，浑身变白，只露出黑眼珠；转指对方的突然变化使得人一时不知该怎么办。（太谷）

【老鼠圪掏猫屁眼】［惯用语］老鼠用蹄子踢弄猫的屁股。比喻不自量力地招惹厉害的人。常形容两个小孩之间的打闹。（太谷）

【老鼠拉走镣圪节——盗铁】［歇后语］镣圪节：铁制的炉算子。盗铁：谐"倒贴"。老鼠拖走火炉中的"镣圪节"，是在偷盗铁；转指没有得到本应得到的钱物，却要反过来拿出钱物给人。（太谷）

【老鼠爬的瓮尖，人活的世间】［谚语］老鼠爬在瓮里粮食的尖顶上为的是吃饱肚子，人活在世间也为的是填饱肚皮。劝人活着不要舍不得吃喝。（太谷）

【老鼠蹚猫——寻死哩】〔歇后语〕蹚：转悠；寻找。比喻自己找麻烦。（万荣）

【老鼠栽到枯井里——死路一条】〔歇后语〕栽：掉。指没有出路。（万荣）

【老鼠栽到面瓮里——翻瞪白眼ₙ】〔歇后语〕栽：掉。指没有办法了。（万荣）

【老鼠住的书店里——还咬文吃字嘞】〔歇后语〕本指老鼠啃咬书本。转指专门从字眼里挑人的毛病，为难人。也指故意装出有文化的样子。（太谷）

【老羊皮换羔子皮】〔惯用语〕比喻用老年人的命来换年轻人的命。在打斗中年纪大的人常用这句话来威胁年轻的人。（临县）

【老一遍，小一遍】〔谚语〕指老人和小孩都是需要人悉心照顾的。也说"老一回，小一回"。（临县）

【老子不死儿不大】〔谚语〕指只有父亲离世，儿子才会感受到持家的压力，才会真正成人。（临县）

【老子的烧砖打瓦，儿的不离窑门】〔谚语〕老子的：父亲。儿的：儿子。指儿子往往会加入父亲所从事的行业。（临县）

【老子做甚儿做甚】〔谚语〕指儿子会继承父亲的职业。（临县）

【雷打百天暖】〔谚语〕指第一声春雷过后，再过大约三个月天就暖和了。（临县）

【雷翻更震】〔俗成语〕形容折腾的声音大。（临县）

【泪淋爬沙】〔俗成语〕形容哭得非常伤心。（武乡）

【冷搞热媒】〔俗成语〕搞：搞价，讲价钱。想买东西就要冷静地跟对方讲价，想说媒就要热情周到。指说话做事的态度要根据场合而定。（平定）

【冷气背风】〔俗成语〕指冒着严寒做事。（临县）

【冷掏湿搋】〔俗成语〕指生冷的东西。（平定）

【冷挖圪倒】〔俗成语〕形容非常冷。（武乡）

【离咾狗屎也种菜嘞】〔谚语〕指离开某人事情照样进行。（临县）

【礼没轻重，棍没长短】〔谚语〕指礼物不管多少，能表达心意就行。（临县）

【里捶外打】［俗成语］形容女人能干，里外一把手。（万荣）

【里翻外摆】［俗成语］形容颠来倒去地说话。（平定）

【立马登升】［俗成语］指马上去做某事。（武乡）

【立眉霸眼】［俗成语］①指人鼻梁过高过直。也说"立眉立眼"。②指瞪着眼睛跟人争吵、辩论。（临县）

【立秋草，拨拉倒】［谚语］指立秋后，野草长势已尽，很容易就拔了。（临县）

【立秋糜子四指高，一出穗穗参咾腰】［谚语］参：超过。指立秋时糜子还很小，但一旦抽穗，长势就很快。（临县）

【立夏不起尘】［谚语］指立夏时节，不会刮大风。（临县）

【立夏种棉花，有树没疙瘩】［谚语］疙瘩：棉桃。指立夏后种棉花没有收成。（万荣）

【立嘴斜胡柴】［惯用语］胡柴：胡须。形容跟人吵架时嘴脸难看。（临县）

【利汤寡水】［俗成语］形容稀饭、汤类等食物过于稀薄。也说"寡汤利水""清汤寡水""清汤洼水"。（临县）

【连毛圪草】［俗成语］指做生意算账时，连成本带收益全部算上。也说"连毛糙蛋"。（临县）

【连明彻夜】［俗成语］白天连上黑夜。形容干活不分白天黑夜，一直在干。（太谷）

【连雨地刮苜蓿——死活围了泥（你）】［歇后语］连雨地：冒着连日不停的雨。围了泥：身上沾满了泥水。围：谐音"为"。泥：谐音"你"。指克服困难、忍受痛苦做某事，就是为了帮助某人。（万荣）

【莲菜没眼儿——大笋（损）】［歇后语］笋：谐音"损"，糟糕，不如意。形容碰到了特别不如意的事情。（万荣）

【脸上没圪台——下不去】［歇后语］圪台：台阶。指脸上挂不住，不好意思。（万荣）

【凉二架五】［俗成语］形容对人或事不在乎、不上心。（武乡）

【凉锅贴油饼——哧溜】［歇后语］哧溜：象声词，谐音"自溜"。形容人溜走了。（万荣）

【凉汤洼水】［俗成语］形容汤类食物太凉了。也说"凉哇圪济"。（临县）

【两家厮靠，倒喽笼床】［谚语］笼床：大的笼屉。两个人抬笼屉需要配合，如果想着靠对方出力，笼屉就会掉在地上。告诉人只有彼此通力合作才能办成事。（太谷）

【两头尖遇枣骨子】［惯用语］枣骨子：枣核。两头尖的东西遇上枣核是尖对尖。①比喻双方力量对等，互不相让。②比喻双方在斗争中针对对方的言行采取相应的行动、措施。（太谷）

【量不得米来，丢不喽口袋】［惯用语］比喻人没能耐干大事，却也不至于糟蹋家财。（太谷）

【量不得米来丢喽口袋】［惯用语］比喻事情没办成，还使自己遭受一定的损失。（太谷）

【量的一升槀八合】［惯用语］合：旧时量粮食器具，十合等于一升。比喻传话时遗漏了一些信息，没把原有的话完整地传递出去。（临县）

【撩猫ᵣ递狗】［惯用语］形容人没出息，长不大。（平定）

【裂胸里系】［俗成语］胸前的扣子不系上。形容人穿着不整洁，形象差。（临县）

【邻居百舌】［俗成语］指邻居们都会议论某事。（平定）

【临年马到】［俗成语］指快要过年了（通常指腊月）。（临县）

【临县临县，十年九旱，一年不旱，冷雨打咾九遍】［谚语］冷雨：冰雹。指当地自然条件恶劣，经常有旱情发生。（临县）

【溜沟子走遍天下，倔圪榄寸步难行】［谚语］指会说话善于逢迎的人常常在哪里都吃得开，而脾气倔的人做事情会处处受阻。（太谷）

【留丢圪絮】［俗成语］形容家里墙壁、房梁上灰尘多，长了蜘蛛网。（太谷）

【六月里出门忘不咾十月里的衣】［谚语］指出门在外，要多备两件衣服以防万一。（临县）

【聋人一半憨】［谚语］指人失去听力，反应就会迟钝。（临县）

【聋三砍四】［俗成语］形容人耳聋。（平定）

【聋三窍耳】［俗成语］形容听力不好，听不见声音。（武乡）

【搂腰带别上死老鼠——混充打猎的】［歇后语］腰带上别上死老鼠冒充是猎人。讥讽人冒充有本事的人。（太谷）

【鲁三哇四】［俗成语］形容动作非常狠。（武乡）

【驴没角，话没驳】［谚语］指人说的话不能刻意去找茬，否则，总会找出问题来。（临县）

【驴屎扯在马胯上】［惯用语］比喻说话东拉西扯，脱离主题。（临县）

【乱麻铺摊】［俗成语］形容炕、床铺、桌子上东西非常杂乱。（太谷）

【乱麻撒圪垯】［惯用语］指嘴里骂脏话。（临县）

【锣粗懵棍】［俗成语］形容面条、棍子等过粗。（临县）

【落窝不兹】［俗成语］指人收拾得不利落，不整齐。（平定）

【摞窝纳被】［俗成语］指盖着多层被子或穿着很厚的衣服。（临县）

## M

【麻袋片上绣花花——不是那材地】［歇后语］麻袋上绣不出花儿来，是因为麻袋的材质不好。比喻某人干不了某件事，不是干某事的料，强调人的能力不强。（太谷）

【麻而圪渣】［俗成语］指人说话不讲道理、纠缠不休。（武乡）

【麻瓜出练】［俗成语］形容附带的东西多或跟随的人员多。（临县）

【麻里式烦】［俗成语］形容事情非常繁琐，费事。（临县）

【麻绺布穗】［俗成语］做针线活儿剩余的碎布条。（武乡）

【麻皮纸金】［俗成语］纸金：纸。泛指不值钱的东西。（临县）

【马虎捉迷呼】［惯用语］形容双方都很粗心和糊涂。（万荣）

【蚂蚱儿炝蹶子——吓唬谷地里割草的嘞】［歇后语］蚂蚱儿炝蹶子，吓唬不了谷地里割草的人。转指那点小伎俩吓唬不住人。（太谷）

【买主没啦卖主明】［谚语］指货物的品质和进价只有卖家最清楚。（临县）

【卖菜的上了香椿树——扳开了】［歇后语］扳：①用手扳物。②摆架子。指人假意推诿，摆架子。（万荣）

【卖咾把式哩】［惯用语］指行家失手。（临县）

【卖咾红头绳还要卖黑圪蒂嘞】［惯用语］指嫁闺女或嫁寡妇都收人家的钱。（平定）

【卖鞋的赤脚，卖布的赤屡】［谚语］赤屡：光屁股。指干某一行业的人常常因为忙或舍不得而享用不到自己的劳动成果。（太谷）

【满把五手】［俗成语］全手都用上。形容用尽全力，多带贬义。（平定）

【满口二三】［俗成语］①形容嘴里食物塞得过满。②指满口答应。（临县）

【满嘴噇塞】［俗成语］形容吃饭急迫贪婪，一嘴还没吃完就又吃一嘴。（平定）

【慢油细水】［俗成语］形容说话做事速度慢。（武乡）

【漫口张三】［俗成语］指没有根据地胡说或说大话。也说"冒口张三"。（临县）

【猫儿不急不上树，兔儿不急不咬人】［谚语］猫着急了才上树，兔子着急了才咬人。告诫人不要逼得人太紧，否则被逼者说不定会做出什么出格的事情。（太谷）

【毛蛋上扎刀子——泄了气】［歇后语］毛蛋：皮球。指人没有了心劲儿。（万荣）

【毛儿塌糊】［俗成语］指外表的绒毛很多。（武乡）

【毛帘倒核桃——一个不剩】［歇后语］毛帘：旧时盛装粮食等的麻袋子。指倾其所有，一个也没有留下。（万荣）

【毛帘口袋倒西瓜——一独气就倒出来咧】［歇后语］从口袋里往出倒西瓜，一下子就全滚出来了。转指人不停歇地把想说的话都说完。（太谷）

【毛皮不利】［俗成语］形容人本性不好，好与人纠缠。（临县）

【毛张鬼制】［俗成语］毛手毛脚的意思。（平定）

【没病揽伤寒嘞】［惯用语］本来没病还故意惹上伤寒病。比喻给自己惹麻烦。（太谷）

【没胆儿烂气】［惯用语］指人邋遢没有精神。（平定）

【没耳糊眼】［俗成语］指糊里糊涂的。（武乡）

【没反要正】［俗成语］形容人没规矩，不知道办事的顺序。（平定）

【没圪拉撒】［俗成语］形容不知所措。（平定）

【没勾礼待】［俗成语］指没完没了（含贬义）。（临县）

【没鬼着斗鬼】［惯用语］指本来光明正大的事却搞得鬼鬼祟祟。（临县）

【没涵倒养】［俗成语］指没有涵养。（武乡）

【没好没赖】［俗成语］指不挑剔。（平定）

【没糊二眼】［俗成语］指对别人的意见或看法不管不顾，依然按照自己的方式行事（多用来说小孩子）。（临县）

【没啦烧香的，尽些扰庙的】［惯用语］比喻来拜访的人虽多，却没人给好处，只是增添麻烦。（临县）

【没啦兀金刚钻，还要揽兀瓷器活】［惯用语］金刚钻：明李时珍《本草纲目·金石四·金刚石》："金刚钻，其砂可以钻玉补瓷，故谓之钻。"指人本没有能力或条件干，却偏要承揽某事。（太谷）

【没老娘娘的夸孝顺，没儿的夸干净】［惯用语］老娘娘：婆婆。没有婆婆的人夸自己如何孝顺，没有儿女的人夸自己如何干净。嘲讽人不承担责任，只是在一旁说些轻巧的话。（太谷）

【没连带盖】［俗成语］形容毫无遗漏。（平定）

【没眉虎眼】［俗成语］形容人糊涂。（武乡）

【没米忍得饥，绑住挨得打】［谚语］指人会随着环境的变化而调整自己。（临县）

【没皮害脸】［俗成语］指不要脸。（武乡）

【没踏煞】［惯用语］指做了愧疚的事或犯下了错误，导致结果难以收拾。（武乡）

【没一外钱事】［惯用语］一外：一个。指没有任何事情。（万荣）

【没油水ₙ】［惯用语］①指事情没大收益。②指人无聊，没情趣。（平定）

【没油腥】［惯用语］比喻事情没意义，无聊。（平定）

【没有吃的吃旋子，没有穿的穿缎子】［惯用语］旋子：一种油炸的面食。

形容人家里生活富裕。（万荣）

【没有炕的屎不摊，哪来坟的泪不摊】〔谚语〕指只有付出艰辛养育孩子，才能得到孩子的孝心。（平定）

【没足尽】〔惯用语〕指人贪心，没有满足的时候。（平定）

【眉膀眼肿】〔俗成语〕指人的面部浮肿。（临县）

【眉秃眼瞎】〔俗成语〕指人的长相差。（平定）

【昧良倒心】〔俗成语〕指昧良心。（武乡）

【门三户四】〔俗成语〕指亲戚、朋友婚丧嫁娶等需要随礼的事。（临县）

【闷不愣兴】〔俗成语〕①指因睡多、感冒等感到头昏脑闷。②形容人不太机灵，对外界的变化不敏感。（临县）

【闷头带二气】〔惯用语〕形容人又傻脾气又大。（平定）

【焖下稠捞饭】〔惯用语〕捞饭：把小米在开水里稍微煮一下，然后捞出来再放到蒸笼里蒸熟的饭食，如果在开水中煮得时间长了小米就稠黏得捞不出来了。比喻做下了错事。也说"焖下二格米的哩"。（临县）

【迷儿七糊】〔俗成语〕形容人迷迷糊糊。（武乡）

【迷溜独徊】〔俗成语〕形容人悄没声地独来独往。（平定）

【迷麻ₙ不睁】〔俗成语〕形容人没睡醒，犯迷糊。（平定）

【糜三谷七，老荞一扑】〔谚语〕指各种农作物出苗的时间：糜子需要三天，谷子需要七天，荞麦一晚上就出来了。也说"糜三谷五菜一宿，老荞抹帽贻ₑ出扑"。（临县）

【眯溜打怔】〔俗成语〕形容人精神不集中，好像没睡醒似的。（平定）

【庙ₙ后边筛灰渣——荡扑神圣嘞】〔歇后语〕在庙后面筛灰渣子，尘土飞扬在庙里的神像身上。责骂人扫地不洒水，搞得尘土飞扬。（太谷）

【乜眉睁眼】〔俗成语〕①形容人刚睡醒的样子。②指表情疑惑，不知道发生了什么事。（临县）

【乜温圪突】〔俗成语〕形容水或饭不热。（临县）

【明里走咾暗里来】〔谚语〕指好心必有好报，虽然明处浪费了，但总会有其他回报。（临县）

【明堂ₙ蜡水】〔俗成语〕形容灯光明亮而柔和。（平定）

【命薄一张纸，勤勤饿不死】〔谚语〕勤勤：勤快的人。指人生短暂，勤

劳才能获得好的生活。（万荣）

【磨牙料嘴】〔俗成语〕指长时间地说服、争辩等。也说"磨牙费嘴"。（临县）

【磨嘴搁舌】〔俗成语〕形容人爱说一些没意义的话。（平定）

【抹擦布上绣花花——底子差】〔歇后语〕抹布质地就不好，绣出的花儿自然不好看。比喻在学习、基础建设、财力等方面基础不扎实。（太谷）

## N

【拿的馍馍喂狗ㄦ——越唤越远】〔歇后语〕馍头形似石头，狗以为要砸它，所以拿着馒头喂狗会让狗跑得很远；转指人怕被叫来干活，所以越叫走得越远。（太谷）

【拿妖作怪】〔俗成语〕指故意捣乱、耍横。也说"拿三作五"。（临县）

【男人是个耙，女人是个匣】〔谚语〕指男人要会挣钱，女人要会攒钱。（万荣）

【挠慌ㄦ达急】〔俗成语〕形容事多心里发慌。（平定）

【挠头丝炸】〔俗成语〕形容人的头发乱蓬蓬。（武乡）

【挠头炸色】〔俗成语〕形容人的头发乱。（平定）

【挠上灶面爷爷哩】〔惯用语〕挠：扛，读音同"脑"。指成家立业，开始承担一家人的生活。（临县）

【恼眉洼眼】〔俗成语〕指露出一副不高兴的表情。也说"恼眉悖眼""恼筋塌板"。（临县）

【脑比身子大】〔惯用语〕比喻附属物比原物还贵或收入还没有投入大。（临县）

【脑门心里焙饼子——火进进地】〔歇后语〕脑袋上的火大得都可以烙饼子了。形容人非常恼火。（临县）

【脑披脚拉】〔俗成语〕披散着头发，趿拉着鞋。形容人邋遢，不整洁。（临县）

【脑头缩圪垛】〔惯用语〕指遇事就向后退缩。（临县）

【能受活尽受活，哪怕活上一后晌】［谚语］受活：享受。尽：尽量。指要及时享受生活。（万荣）

【泥稠忽察】［俗成语］形容道路泥泞。（平定）

【泥脚拉手】［俗成语］形容手上和脚上粘了很多泥。（武乡）

【泥猪疥狗】［俗成语］形容身上粘了很多泥。（武乡）

【你死不见我，我死不见你】［惯用语］指双方非常仇恨，断绝一切来往。（临县）

【腻油洼内】［俗成语］形容身上粘了很多油。（武乡）

【娘他起火放炮能行，别人放个跌跌金也不行】［惯用语］娘："人家"的合音。起火：焰火的一种。明沈榜《宛署杂记·民风·土俗》："放烟火，用生铁粉杂硝、磺、灰等为玩具，其名不一，有声者，曰响炮，高起者，曰起火。"跌跌金：小型焰火的一种，点燃时火星不断地往下掉。他起火放大炮可以，别人只放个小小的跌跌金都不让放。指自己怎么做都可以，却不许他人有所行动。（太谷）

【尿不的一个夜壶喽】［惯用语］比喻两人意见不统一，很难说到一块儿。（太谷）

【尿盆倒在夜壶里】［惯用语］指换来换去没有区别。带贬义。（临县）

【茶眉打瞪】［俗成语］形容人眼神呆滞。（太谷）

【茶声藏气】［俗成语］形容说话声音低，没生气。（平定）

【宁隔一夜，不隔一晌】［谚语］指耙地、耱地时要抓紧时间，不能耽误。（万荣）

【宁喝一碗展米汤，不吃一顿皱米子】［惯用语］指宁可贫穷而开心地过日子，也不愿衣食无忧却看人的脸色。（临县）

【宁和灵人打一架，也不和粘粘说一句话】［谚语］灵人：聪明人。粘粘：糊涂人。指要和明白事理的人交往，不要招惹脑子不清楚、不懂道理的人。（万荣）

【宁赊饿人吃一口，不赊饱人吃一顿】［谚语］赊：给。指宁可救济一口给饥饿的人（因为他会非常珍惜、感激），也不给肚子饱的人吃一顿饭（因为他不会珍惜）。（临县）

【宁折不圪溜】［惯用语］折：断。圪溜：弯曲。形容人性格犟，不轻易低头。（临县）

【扭嘴变脸】［俗成语］指人生气时脸部表情难看。（太谷）

## O

【呕心婉气】［俗成语］指把不如意的事憋在心里。（临县）

【炷糊燎焦】［俗成语］指锅里的食物糊了。（武乡）

【炷焦兀烂】［俗成语］①做饭时因水少火大，食物粘在锅底上并变焦变黑。②形容人行为下作，德行不好。也说"炷焦蓝烫""炷焦烫烂"。（临县）

## P

【爬高撂地】［俗成语］指向高处攀爬。（武乡）

【爬沿上树】［俗成语］形容小孩顽皮，好动。（临县）

【拍门打扇】［俗成语］指重重地关门。（武乡）

【拍屎蹴胯】［俗成语］形容着急赶路的样子。（平定）

【盘脚捂儿手】［成语］指人不管事儿。（平定）

【抛米撒面】［俗成语］指做饭时随意抛洒米面，不注意节俭。（太谷）

【刨挖日子】［惯用语］指为生计而奔波。（临县）

【袍子倒腰袄】［惯用语］比喻东西越折腾越少。（临县）

【碰脑砍磕】［俗成语］①指因走路太快而到处乱撞。②指面对各种困难，尽最大的努力去做。也说"碰脑七砍"。（临县）

【披眸掩扇】［俗成语］指故意耷拉着眼睛不理人。（临县）

【劈撕来骇】［俗成语］指劈头盖脸。（平定）

【皮袄穿咾冷受咾】［惯用语］比喻吃了亏或受了委屈，还不讨好。（临县）

【皮袄烂咾没放处，老婆老咾没坐处】［谚语］指人老了没人喜欢。（临县）

【皮打溜混】［俗成语］指人不干活，整天瞎混。（太谷）

【皮雕圪忍】［俗成语］形容人说话做事不痛快。（太谷）

【皮眉瞪眼】［俗成语］形容小孩子不听话。（平定）

【皮踢嘴歪】［俗成语］指人不追求上进，整天混日子。（临县）

【皮子不亲肉不亲】［惯用语］没有血缘关系。常指女婿与岳父母或媳妇与公婆之间彼此没有亲爱之心。（太谷）

【屁流圪垯】［俗成语］形容人狼狈。（平定）

【屁眼大把心都屙嘞】［惯用语］斥责人没心，做事情不动脑筋。（太谷）

【瞟眉晃儿眼】［俗成语］形容人游手好闲，不务正事。（平定）

【撇言宰风】［俗成语］形容人极爱吹牛。（太谷）

【平眉适眼】［俗成语］五官平整。形容人长得好看，让人看着很舒服。（临县）

【凭你的走嘞，凭你的扭嘞】［惯用语］走、扭：舞台动作，武将走起来飒爽英姿，旦角扭起来轻柔飘逸。采用反问语气，指责人没什么本事。（太谷）

【婆的嘴碎，媳妇的耳背】［谚语］耳背：听觉不灵。指婆婆话多，媳妇却装作没听见。指婆媳关系多不和。（太谷）

【婆娘家的缠圪带——又臭又长】［歇后语］缠圪带：裹脚布。形容人说话冗长，没有内容。（万荣）

【婆姨当成娘，一年比一年强；婆姨当成狗，一年比一年炕】［谚语］指男人听妻子的话，日子就会过得越来越好，反之则会越来越差。（临县）

【婆姨凭汉光凭运，凭不上好汉倒咋运】［谚语］指女人找男人全靠运气，找不上好男人就一辈子倒霉了。（临县）

【婆引上嫌子，马引上骡子】［谚语］嫌子：媳妇。指婆婆带上儿媳妇，感觉非常好。（临县）

【破家无归】［俗成语］形容家庭极度穷困。（武乡）

【破烂楼撤】［俗成语］形容人衣衫褴褛。（平定）

【破零五散】［俗成语］形容物品非常破旧。（武乡）

【破塌害势】［俗成语］形容院落残破而凌乱。（太谷）

【扑狼吓唬】［俗成语］形容人吃饭的速度很快。（武乡）

# Q

【七个三八个四】［惯用语］形容人是非多，挑剔多。（万荣）

【七家顾命】［俗成语］指不顾一切去做某事。（临县）

【七角八磴】［俗成语］①形容物体棱角多，不圆润。②形容人鲁莽，粗野。（临县）

【七脚八手】［俗成语］形容帮忙或做事的人多。（临县）

【七狼八虎闯幽州】［惯用语］形容家大业大，人多势众。（临县）

【七零八落】［俗成语］形容零散，不完整。（临县）

【七零参烂】［俗成语］形容事情琐碎忙不完。（平定）

【七落八错】［俗成语］形容两者有较大的差异。（平定）

【七弥八补】［俗成语］形容衣物上杂布多，补丁多。（临县）

【七年记起八年的事，老婆记起引来时】［惯用语］引：出嫁。嘲笑人提起陈年往事。（临县）

【七瘸八拐】［俗成语］形容走路一瘸一拐，身体不平稳。（武乡）

【七声二气】［俗成语］形容人的嗓音尖利难听，不够浑厚圆润。（临县）

【七太太撺八太太】［惯用语］这个到了，那个没到；那个到了，这个又走了。指人员到达时间不统一，因互相等待而浪费时间。（临县）

【七王子，八令公，最小的是佘太君】［惯用语］王子：大王。指一个团体的内部成员都不好说话，不好对付。（临县）

【七杂八伙】［俗成语］形容不整齐。（万荣）

【凄伶五散】［俗成语］指四处分散开来。（武乡）

【欺神圪滴】［俗成语］指人的行为越来越过分。也说"欺神圪摇"。（临县）

【齐头悖脑】［俗成语］形容孩子个子长得高，身体长得壮。（临县）

【骑马不渣凳，上下不押称】［惯用语］渣：踩。押称：相称。形容人上下身穿着不搭配。（临县）

【起经做道场】［惯用语］做道场：和尚或道士做法事。形容事情做起来

非常繁复。（临县）

【千年的浇道流成河，三十年的媳妇儿熬成婆】［谚语］旧时媳妇受制于婆婆，受婆婆严格管束，所以总盼有一天自己能熬成婆婆。劝人不要着急，时间长了自然会得到回报。（太谷）

【千年的松，万年的柏，不如老槐一忽歇】［谚语］老槐树每隔几十年就要休息休息，暂时停止生长，"歇完工"之后长得更繁茂。指松树柏树寿命长，但槐树适应性更强，即便看起来已是枯木，来年也会发芽。（太谷）

【千庞儿流泪】［俗成语］形容泪流满面，十分伤心。（平定）

【前背鼓，后撅肚】［惯用语］形容人身体不展阔，身材不好。（临县）

【前头走，后头教人家圪瓦】［惯用语］圪瓦：这里指指指点点。指行为不轨，受人鄙视指责。（太谷）

【钱在手头，饭在口头】［谚语］指手头有钱就容易浪费。告诫人要节约。（临县）

【呛扑烂污】［俗成语］形容气味刺鼻难闻。（武乡）

【墙倒众人推，踱踹一起来】［谚语］踱踹：走路摇摆、笨拙的样子，也用于指不起眼的人。指人一旦失势，许多人就会乘机攻击，就连最不起眼的人也会来凑热闹。（太谷）

【抢淘计命】［俗成语］指疯狂地抢在前面。也说"抢红计黑""抢捞被棒"。（临县）

【抢嘴绊舌】［俗成语］指爱插嘴爱辩解。（平定）

【抢嘴不撩舌】［惯用语］指互相斗嘴。（平定）

【劁狗扒皮】［俗成语］指不务正业，做些无聊的事。（临县）

【劁咾猪撂在麻地里】［惯用语］比喻做事有始无终，不负责任。也说"劁咾鸟撂在麻地里"。（临县）

【敲锣说散话】［惯用语］指说的都是闲聊的话，不能当真。（临县）

【敲树打木瓜】［惯用语］指什么事都敢干。（临县）

【荞面和茭面比了——一色色儿】［歇后语］茭面：高粱面。指两者一样。（武乡）

【巧人是拙人的奴，一时儿不做成咾仇】［谚语］指手巧的人老是替手笨

193

的人干活儿，一旦不做手笨的人就会有意见。（临县）

【切草刀割麦子——你揽得倒宽】［歇后语］用切草刀割不了麦子。责备人揽的事儿太多。（太谷）

【亲戚里道】［俗成语］指相互认识或是亲戚朋友。（平定）

【噙下蛇】［惯用语］比喻惹下了麻烦事。（临县）

【沁得你那髀】［惯用语］指责人胡说八道。（平定）

【青石板上耍蛇嘞，各儿的主意各儿拿嘞】［谚语］指人应该自己拿主意。（临县）

【轻脚料手】［俗成语］指把脚步放得很轻。（临县）

【清恶水澱猪娃】［谚语］指小猪要用稀薄的泔水喂养，以免其提前发胖，长不大。（万荣）

【清划爽利】［俗成语］形容人干净清爽或居室整洁。（临县）

【清早圪扎，一天没哪】［谚语］圪扎：零星小雨。没哪：不下雨。指清晨如果下点儿零星小雨，一天都不会下。（武乡）

【穷的穷娇，富的富娇】［谚语］指不论家庭贫穷或富有，对子女娇惯的心情是一样的。（临县）

【穷汉脖子里有三颗救命疙瘩】［谚语］指穷人命大，能逢凶化吉。（临县）

【穷汉赶儿闰腊月】［惯用语］赶儿：赶上。穷人盼日子过得快点，不料却遇上闰腊月，比常年还多出一个月来。指人一再遭受灾难，苦上加苦。（太谷）

【穷汉乍富，攮胸裂肚；富汉乍穷，不敢见人】［谚语］指穷人刚有点儿钱就自以为了不起，富人刚败落只怕别人看不起自己。（临县）

【穷厮讥，饿厮吵】［谚语］指贫穷和饥饿往往会成为争吵的根源。（临县）

【秋头拷耳】［俗成语］秋：歪。指耷拉着脑袋，一副萎靡不振的样子。（临县）

【秋行背李】［俗成语］秋：在同一袋内将物品分成两份一前一后搭在肩上或一只手抓紧袋口搭在肩背上。形容外出时拿的行李多。（临县）

【秋嘴眼斜】［俗成语］秋：歪。嘴歪着，眼斜着。形容人丑陋。（临县）

【求人不胜求个人】［谚语］不胜：不如。个人：自己。指遇事要靠自己的努力，不能依靠别人。（万荣）

【毬大哥看不起毬二哥】［惯用语］指都没本事但却互相看不起。（平定）

【毬毛ɬ鬼胎】［俗成语］骂人小气或不起眼。（平定）

【毬糊抹擦】［俗成语］①形容人干活不利落，家里、院落十分脏乱。②形容庄稼活儿干得不好。（太谷）

【毬眉日眼】［俗成语］形容人长得难看。（太谷）

【曲溜拐弯】［俗成语］形容道路或物体弯弯曲曲的样子。（武乡）

【娶［tsʰəʔ³］婆姨打了两盘炕——没存好心】［歇后语］娶老婆的时候盘了两个炕，一定没存好心，想再找一房。转指人没安好心。（太谷）

【去喽回马坡坡（上）咧】［惯用语］回马：太谷县村庄名，与土合村相邻。去了回马坡，就快到土合村了。"土合"即"土合起来"，转指埋葬。婉指已是快要死的人了。（太谷）

【全把交手】［俗成语］形容一个人在某一方面是全能。（平定）

# R

【染缸难找白布】［谚语］比喻环境对人影响非常大。（武乡）

【让人是个礼，锅喽没啦下的你的米】［惯用语］不过是客气一下，锅里并没有下着你的米。讽刺有些人让客人吃饭只是表面客套，并不想真心留客吃饭。（太谷）

【惹不起怕起，怕不起躲起】［谚语］指既然不敢招惹对方，就保持距离，不打交道。（临县）

【热恍燎燥】［俗成语］形容非常热。（武乡）

【人笨街上磨，铁笨石上磨】［谚语］指人多在市井中锻炼，多观察世事，头脑就会变得灵活起来。（临县）

【人不得十全，车不得圆】［谚语］指人的一生不可能完美无缺，正如车轮（指旧时木头制的车轮）也不可能是绝对圆形的一样。（临县）

【人不夸自夸，臭屎子爬墙】［惯用语］臭屎子：臭虫，体胖，黑色，屁股大，其体内有臭腺，能泄放臭气。指自己夸赞自己，有如臭虫爬墙无人说好。（太谷）

【人大三岁就传古嘞】［谚语］指虽然只大三岁，但见识就多一些。（临县）

【人对缘法狗对毛】［谚语］缘法：缘分。指人与人共事，投缘最重要。（武乡）

【人多手稠，麻多绳粗】［谚语］指人多了做事的帮手就多，就像麻用得多了搓出的绳子就粗壮一样。（万荣）

【人夫马匹】［俗成语］形容街上人多，太过拥挤和闹腾。（临县）

【人过咾四十，月明过咾二十】［谚语］月明：月亮。指人过了四十岁，身体就开始变差，就像月亮满月后就会亏缺一样。（临县）

【人活脸面树活皮，扳磨活的磨不脐】［谚语］扳磨：磨。磨不脐：上磨与下磨的中心连接处，上磨是小铁尖，下磨是小铁槽。指人活着靠的是尊严与荣誉，就像树靠树皮输送营养，石磨转动靠磨中心一样。（太谷）

【人家挨板子你沟子发痒】［惯用语］沟子：屁股。指责人不能汲取别人的经验教训。（万荣）

【人家有膘水子，还使你的臭胶嘞】［惯用语］膘水子：上等的胶。臭胶：指沥青。讥讽人不自量力。（太谷）

【人牢的物牢】［谚语］指人可靠，物品才能不被损毁。（临县）

【人老惜儿子，猫老吃儿子】［谚语］指人越老越疼爱孩子。（临县）

【人哩五哩】［俗成语］人模狗样的意思。（万荣）

【人眉人眼】［俗成语］形容长得像个人样。带有贬义。（太谷）

【人起铺盖起，一家人家都带起】［谚语］指光棍孤身一人，来去无牵挂。（临县）

【人毬气，怨天气】［惯用语］指人没有本事，却怪运气不好。（武乡）

【人抬人高，人灭人低】［谚语］指人靠他人的抬举才显得更加高贵；人受到他人践踏，就会更加低贱。（临县）

196　　【人心换人心，八两换半斤】［谚语］旧制一斤十六两，半斤为八两。指

你对别人好，别人才能对你好。（万荣）

【人要是倒嘞霉，喝口凉水也腻嘴】［惯用语］指遇一事不利，事事都不顺。常形容倒霉到极点了。（太谷）

【人贻红处走，水贻恰处流】［谚语］贻：往。恰处：低洼处。指人总是向往红火热闹的地方，而水总是向低洼的地方流。（临县）

【人走运时，毛驴下个儿骡子】［惯用语］下：生。人时运好时事事皆顺。常是人走运时高兴的说法。（太谷）

【仁眉扯眼】［俗成语］仁：扭，转。指对着某人眼球上翻，表示不满和厌恶。也说"仁眉打眼"。（临县）

【日眉愣正】［俗成语］形容脑子非常迷糊。（武乡）

【日迷惑涂】［俗成语］斥骂人糊涂。（临县）

【日迷癔症】［俗成语］形容脑子非常迷糊。（武乡）

【日七八怪】［俗成语］形容非常奇怪。（武乡）

【日脏抹擦】［俗成语］形容很脏。（武乡）

【日脏兀烂】［俗成语］形容人或物品脏。也说"日脏烂肚"。（临县）

【肉包子砸狗儿——只去不回】［歇后语］拿肉包子打狗，包子被狗吃掉。转指人或钱财有去无回。（太谷）

【肉哇擦足】［俗成语］形容做事行动非常迟缓。（武乡）

【汝好不是娘夸的】［谚语］汝：女儿。指母亲不宜老夸赞自己的女儿。（临县）

【擩天盖地】［俗成语］形容家里的东西多而凌乱。（临县）

【软凹圪嫩】［俗成语］形容特别软。（武乡）

【若要办，吃咾饭】［谚语］指吃了饭才有力气干活儿。（临县）

【若要好，一年四季早】［谚语］指庄稼要有好收成，就要按照节气赶早管理。（万荣）

## S

【洒汤儿漏水】［俗成语］比喻人说话不严密，有漏洞。（平定）

【三八两句】［俗成语］形容话语少而简。（临县）

【三八两天】［俗成语］形容持续的时间短。也说"求三两天"。（临县）

【三把两下】［俗成语］形容做事干净利索。（平定）

【三拜还拜喽，一圪扭就不扭咧】［惯用语］三拜：长跪后两手相拱至地，俯首至手为拜。重复三次，谓之三拜。扭：古人女子两手相搭于右胯处，将身一扭顺势稍一下蹲谓之扭。指先前对人已是千依百顺，到最后却不再迁就忍耐一下。（太谷）

【三不六九】［俗成语］指某种情况经常发生或出现。（临县）

【三才没一才，尽一份儿死吃才】［惯用语］三才：虚指，泛指才能。指人能吃不能做。斥责人无能，啥都干不好。（太谷）

【三叉两步】［俗成语］形容走路速度快，很快就到了目的地。（临县）

【三尺长的梯子——搭不上檐（言）】［歇后语］指说不上话。（万荣）

【三打打不出个响屁来】［惯用语］形容人少言寡语，极其沉闷。（临县）

【三根筋挑的一根得老】［惯用语］一根得老：一颗头。形容人很瘦。（太谷）

【三贯不值二分】［惯用语］指不值钱。（万荣）

【三家失靠】［俗成语］形容没有依靠。（武乡）

【三句不投当】［惯用语］指刚开口就话不投机。（临县）

【三口解一饥】［谚语］指吃三口饭就能让人缓解饥饿的感觉。（临县）

【三六九，遍地走】［谚语］民间认为每逢三、六、九都是好日子，干什么都顺利。（临县）

【三年两头倒，地肥人吃饱】［谚语］倒：倒茬，农作物轮作。指种庄稼常轮作收成好。（万荣）

【三平两奔】［俗成语］当地人习惯把从二十岁开始人生的每个整十年说成"平××"，如"平二十"指的是刚满二十岁。"三平"指的是平二十、平三十、平四十，"两奔"指奔五十、奔六十。（临县）

【三亲六友】［俗成语］指亲戚或故交。（平定）

【三勺子也挖不清】［惯用语］形容人脑子混沌不清。（临县）

【三十里馍馍四十里糕，十里的豆面□［tɕie³³］饿折腰】［谚语］豆面

□〔tɕie³³〕：豆面做的面条。吃了馒头能走三十里路，吃了黄米糕能走四十里路，吃了豆面做的面条走不了十里路就饿得受不了了。指豆面不耐饥。（太谷）

**【三十六计，跑嘞是便宜】**〔谚语〕指在某种难堪局面下，赶快走脱就算得了便宜。（太谷）

**【三十六句官乱谈】**〔惯用语〕指说话没有中心，没有逻辑，想到哪儿说到哪儿。（临县）

**【三天两后晌】**〔惯用语〕指时间很短。（万荣）

**【三外钱贩下两外钱卖——不图挣钱光图快】**〔歇后语〕外：个。指不动脑子草率行动，总是做赔钱的生意。（万荣）

**【三下五除二】**〔惯用语〕指处理事情十分果断。（平定）

**【三一三十一】**〔惯用语〕指三方平分。（平定）

**【三圆四不扁】**〔惯用语〕形容形状不圆不扁，不成样子。（万荣）

**【三重五里】**〔俗成语〕形容人穿的衣服太多。（临县）

**【扫天掠地】**〔俗成语〕指干些力所能及的事。（平定）

**【涩灵圪森】**〔俗成语〕形容物体表面不光滑或不干净，有一层细碎的凸起物（含厌恶义）。（临县）

**【杀鸡着问客嘞】**〔惯用语〕比喻明白该怎么做却故意问对方。（临县）

**【山眉怪眼】**〔俗成语〕形容人长相古怪，难看。也说"山眉六眼"。（临县）

**【闪死门里的，跌死门外的】**〔惯用语〕形容人说话虚伪，不真诚。（临县）

**【伤饥失控】**〔俗成语〕指因饮食不规律而导致身体上火、生病。（武乡）

**【上坟烧草纸——哄鬼嘞】**〔歇后语〕草纸：粗糙的卫生纸。上坟没有烧纸钱，而烧的是低劣的草纸，纯粹是哄鬼。转指人做事情不认真，只是胡乱应付一下。（太谷）

**【上墙圪扒厦】**〔惯用语〕形容顽童淘气。（万荣）

**【捎东西捎得少了，捎话捎得多了】**〔谚语〕让别人捎东西容易捎丢了，让别人捎话容易添油加醋说得多了。指不要相信别人的传言。（太谷）

**【捎儿搭带】**〔俗成语〕指顺便做事。（武乡）

【烧的黑豆秸，煮的吃黑豆】［惯用语］比喻不管怎么折腾，消耗的都是同一个人或同样的物品。（临县）

【烧焦没赖】［俗成语］形容因无聊而心中着急。（平定）

【烧咸煮淡】［俗成语］指烧馅饼时盐分不会流失，吃起来显得咸一点；煮饺子时，锅里的水把盐分稀释了，吃起来显得淡一些。（太谷）

【烧香抠屁眼——惯上手法咧】［歇后语］烧香时总想抠屁眼，是平日惯下的手法。指习惯形成的不良手法，改不了了。（太谷）

【烧灼得不烙】［惯用语］不烙：乱动。指有点钱或有点成绩就自大骄傲地不知道要干什么了。（太谷）

【勺说八道】［俗成语］指随意说不该说的话。（平定）

【少长四短】［俗成语］形容待在某地尴尬、无聊。（临县）

【少调失教】［俗成语］形容人没教养。（平定）

【少眉没眼】［俗成语］形容人眉毛、睫毛少而色淡。也说"没眉没眼"。（临县）

【少皮没脸】［俗成语］形容人不要脸面，什么坏事都能做出，多么不堪的话都能说出。（太谷）

【少铺没盖】［俗成语］形容家里穷，连起码的被褥都不具备。（太谷）

【少人没手】［俗成语］形容家庭人丁不旺，缺少能出力的人。（临县）

【少意没圪枝】［惯用语］①指为避免尴尬而说一些无关紧要的话。②指很无聊，不知该做什么。（临县）

【舌轻叨烂】［俗成语］形容人说话发嗲。（平定）

【舌头搛的娘嘴嘞】［惯用语］娘："人家"的合音。指被人捉住话柄，只好由人家数落。（太谷）

【蛇蟆圪努】［俗成语］形容字写得难看。也说"蛇码圪扭"。（临县）

【蛇丝想站，腰背里没力】［惯用语］比喻想独立奋斗，却没有经济基础。（临县）

【舍皮擦脸】［俗成语］形容人不怕丢脸，没有自尊。（平定）

【舍身炮命】［俗成语］指干起活来不惜力气。（临县）

【舍死扑罗】［俗成语］指尽最大努力做事。（平定）

【舍嘴不舍身子】［惯用语］指嘴上说得好听，却不出力。（临县）

【身闲口自在，腰里裹布袋】［惯用语］常指孤身一人过着自由自在、无拘无束的日子。（临县）

【身子熨帖肚忍饥】［惯用语］熨帖：舒服。形容人懒，宁可饿着也懒于干活儿。（太谷）

【神出鬼入】［俗成语］形容人行动隐秘，行踪不定，令人难以捉摸。（临县）

【神裂不淋拉】［惯用语］形容人遇到事情反应过于夸张。（武乡）

【神头鬼脸】［俗成语］形容人头脑灵活多变。（太谷）

【甚的馍馍甚的菜，甚的人是甚的待】［谚语］指不同的客人以不同的饭菜来款待。（太谷）

【生崩老硬】［俗成语］①形容石头、铁块等坚硬。②形容人性格执拗，不低头认错。（临县）

【生气百活】［俗成语］指意见不合，互相置气。（平定）

【生下梁梁是梁梁，生下柱柱是柱柱】［谚语］指人从一出生就决定了是什么样的人才。（临县）

【生子有才可经商，不羡七品空堂皇】［谚语］当地的传统观念认为，经商有用，当官不实。劝诫有才华的孩子要经商而不要从政。（太谷）

【绳赶细处断，鞋赶尖尖烂】［谚语］赶：从。指小错误不改正会酿成大患。（万荣）

【省油吃素糕】［惯用语］素糕：为节约油而未炸过的黄米糕。比喻为了图省事或节约成本而减少了重要的中间环节。（临县）

【失脚片瓦】［俗成语］指光着脚。（武乡）

【失厘半差】［俗成语］指不小心或偶尔会出现某种差错。也说"失厘不差"。（临县）

【失手失脚】［俗成语］比喻失去帮手。（平定）

【失天坎地】［俗成语］形容人冒冒失失的样子。（武乡）

【失头掉尾】［俗成语］比喻照顾不周到或考虑不周全。（临县）

【失言失口儿】［俗成语］指不小心说出不该说的话。（平定）

【失张砍地】［俗成语］形容说话或做事冒失。（平定）

【虱多不咬人，账多不呕人】［谚语］咬人：发痒。账：债。呕人：发愁。指债务太多了，索性也就不发愁了。（万荣）

【虱多不咬人，罪多不纳人】［谚语］罪：指人要受的辛苦。纳：压。指事情多了，索性放开了，反而不觉得有压力了。（临县）

【湿淋波败】［俗成语］形容水淋淋的样子。（武乡）

【湿拍打脚】［俗成语］形容赤脚的样子。（武乡）

【十里乡谈不一般】［谚语］指两地相隔一定的距离，其语言、风俗习惯就可能不同。（临县）

【十亩地里一苗谷——独苗苗】［歇后语］指独子。（万荣）

【十七的养上十八的，笤帚养上圪刷子】［惯用语］讥讽年长之人倒不如年少之人办事老道熟练。（太谷）

【十斜补胯】［俗成语］指方块物的边向某个方向倾斜。（临县）

【十月墙，二月房】［谚语］指十月份打墙、二月份盖房的时间最合适，做出来的活儿质量也最好。（万荣）

【石头碗盏砌的一家人家】［惯用语］①指条件艰苦，勉强组成一个家庭。②指父或母再婚，由双方的家庭成员组成一个新的家庭。（临县）

【时头八节】［俗成语］指节气或节假日。（平定）

【实通耐呵】［俗成语］实通：呻吟。指因身体不舒服而不断地呻吟。（临县）

【屎爬牛变成臭屎子——越变越臭】［歇后语］屎爬牛：屡壳郎。臭屎子：一种体黑释放臭气的虫子。屎壳郎变成臭屎子，越变越臭了。转指人的名声越来越差。（太谷）

【屎爬牛变臭屎子——越变越黑】［歇后语］臭屎子比屎壳郎体黑。转指人肤色变黑了。（太谷）

【屎爬牛跌的夜壶里——不说你走投无路了，还说是云游五湖四海嘞】［歇后语］讥讽人盲目乐观、自欺欺人。（太谷）

【屎爬牛跟上屁跑——白跑】［歇后语］屁放了就没了，屎壳郎跟上屁空跑了一趟。转指人白跑，事情没有办成。（太谷）

【恃疯赖魔】［俗成语］指人装出一副疯疯癫癫的样子与人闹事。（太谷）

【手小挖金银，手大挖沙盆】［谚语］当地人认为，手小的人命好，手大的人注定要受苦。（临县）

【手抓挖掐】［俗成语］形容人干事不利索。（平定）

【受局憋】［惯用语］指人手里没钱，花钱不痛快。（太谷）

【瘦麻圪筋】［俗成语］形容人干瘦的样子。（平定）

【属床床板凳——隔两天就得楔砸】［歇后语］床床：小凳子。讥讽人不安分，得经常训斥整治才行。（太谷）

【属打木虫儿的——嘴硬身子软】［歇后语］打木虫儿：啄木鸟。转指人嘴上不服软，但自身实力却不行。（太谷）

【属圪桃虫的】［惯用语］圪桃虫：软体动物，常在粪、土中生存，一寸长，体胖（大拇指粗细），体纹灰白相间。太谷乡俗，在产妇坐月子时，母亲要给女儿蒸制"圪桃虫"大馒头，意即让女儿和孩子吃得胖胖的。这里是斥责人只吃不动。（太谷）

【属毛猴儿的——见人做啥他做啥】［歇后语］猴子喜欢学人的动作。讥讽人没有自己的主见或计划，别人做什么就跟着做什么。（太谷）

【属铁公鸡的——炒杀不爆】［歇后语］铁公鸡怎么炒都不会爆开。转指人脾性温顺，不管怎么都不爆发脾气。（太谷）

【树倒不卖啦，房倒不要啦】［谚语］指事物变化后价值也相应变化了，不能墨守成规。（万荣）

【树叶叶跌下来也怕砸破得老】［惯用语］得老：头。形容人过于胆小，生怕出一点事。（太谷）

【耍圪料翘】［惯用语］指玩小聪明。（武乡）

【摔盆儿捡碗】［俗成语］指自己不高兴，摔东西给别人难看。（平定）

【甩裆勒裤】［俗成语］形容裤子肥大不合体。（武乡）

【双扶手啊填不到耳朵里】［惯用语］指说的话太不近情理，让人难以接受。（临县）

【谁脸上没有四两肉嘞】［谚语］指人都要脸面。（平定）

【水截流红】［俗成语］形容人有活力，有干劲。（临县）

**【水淋摆带】**［俗成语］形容湿衣物或其他物体上的水不断向下滴溅。（临县）

**【水泄流弯ᐟ】**［俗成语］指自生自灭。（平定）

**【顺毛毛不掣】**［惯用语］不掣：抚摸。比喻顺着某人的脾性说话或行事。（临县）

**【说圪些丢人嘞，不说圪些亏情嘞】**［惯用语］指说给人听觉得丢脸，不说出来又觉得委屈。（临县）

**【说九嘞就臆十嘞】**［惯用语］指把别人的玩笑话或设想中的事当成了真的，马上就要去做。（临县）

**【说嘴大夫没好药】**［谚语］说嘴：指嘴上说得好的人，往往没有实际行动，靠不住。（万荣）

**【说嘴抹光】**［俗成语］指说空话、大话骗人。（万荣）

**【丝气弯些】**［俗成语］丝气：食物过期发酸。指食物过期，发出酸味。（临县）

**【嘶声揭瓦】**［俗成语］形容用最大力气发出尖利的叫喊声。（武乡）

**【撕牙八怪】**［俗成语］①指人说话时牙齿外露，样貌难看。②指人嬉皮笑脸，不自重。也说"撕牙料嘴"。（临县）

**【死缠活倒】**［俗成语］形容来回多次纠缠。（武乡）

**【死秤活盘子】**［谚语］指做事要灵活，不能认死理。（临县）

**【死的苦，活得武】**［谚语］指死去的人最可怜（多指夫妻间一方非自然死亡），活着的人日子照样过得好好的。也说"死了谁，苦了谁"。（临县）

**【死干犟嘴，一足踢的你崖底】**［惯用语］对对方顶撞或强硬的态度表示非常愤怒时说的话。（太谷）

**【死汉屎底活汉揎】**［谚语］屎底：屁股。揎：推动。指愚笨不活泛的人得靠聪明灵活的人去点化。（临县）

**【死喽也得拉个垫背的】**［惯用语］垫背：比喻代人受过或陪人受罪。指自己受难或受过也得拉上相关的人一同受罪。（太谷）

**【死猫烂狗】**［俗成语］形容东西或干出的活儿杂乱，不条理。（太谷）

**【死毛日狗】**［俗成语］①形容人穿着不整洁或精神面貌差。②形容动物

毛皮脏污，精神差，不活泼。（临县）

【**死眉处眼**】〔俗成语〕形容人不灵活，从面貌上看起来很呆板。（太谷）

【**死眉瞪眼**】〔俗成语〕形容面无表情。（武乡）

【**死眉塌绍**】〔俗成语〕形容衣物颜色灰暗，不鲜亮。（临县）

【**死皮圪戳脸**】〔惯用语〕形容人做事死缠烂打，不顾脸面，不达到目的不罢休。（太谷）

【**死抢活夺**】〔俗成语〕指互相争夺。（平定）

【**死人街上游，病人床上睡**】〔谚语〕指看似健康的人一得病就可能致命，常年卧病在床的人反而能活得长久。（临县）

【**死屁里的气啊没啦哩**】〔惯用语〕屁：屁股。指人被狠狠训斥之后不再作声。（临县）

【**死瞎谣话**】〔俗成语〕指不可信的谣传。（武乡）

【**死鸢八沓**】〔俗成语〕指人动作迟缓，没有精神。（临县）

【**死延逗气**】〔俗成语〕像是快死去的人一样，只剩下一口气。形容人没有一点精神。（太谷）

【**死殃活气**】〔俗成语〕形容人不死不活，没有生气。（平定）

【**死住死吃**】〔俗成语〕指不工作，不增加收入，只吃老本。（临县）

【**四摆逍遥**】〔俗成语〕指把所有事情都处理完，空闲下来了。也说"四水相活"。（临县）

【**四辰八节**】〔俗成语〕指各大节日。（武乡）

【**四棱八铜**】〔俗成语〕指物体四四方方，有棱有角的。（太谷）

【**四棱四正**】〔俗成语〕形容方正，整齐。（平定）

【**四月芒种想的铩，五月芒种抢的铩**】〔谚语〕铩［pʰɤ⁵¹］：割。指五月麦子已经熟透，需要抢收。（万荣）

【**四只扣碗差配配**】〔惯用语〕家里只有四只扣碗还都无法配成对儿。形容家里用的物件破旧。（太谷）

【**似明不显**】〔俗成语〕似乎看见了但又不十分明显。形容看不大清楚。（太谷）

【**嫐子一碟菜，全凭婆遮盖**】〔谚语〕嫐子：媳妇。指儿媳妇的缺点或错

误要靠婆婆多担待。（临县）

【酸淋拨拉】［俗成语］形容饭菜很酸。（武乡）

【酸眉醋眼】［俗成语］露出像吃了酸醋一样的表情。多指人暧昧的笑。也说"酸眉溜眼"。（临县）

【酸滂烂气】［俗成语］形容因腐烂变质发出酸臭味。（武乡）

【随相跟，自相跟】［惯用语］指双方无论到走到哪儿都在一起。（临县）

【碎麻咕董】［俗成语］形容物品非常细碎。（武乡）

## T

【他的肚肚，她的嘴嘴】［惯用语］指自己不便说出的计谋和主意，借他人之口说出。常指儿子不便和父母明着闹，就出主意让媳妇出面讲。（太谷）

【踏脚磨手】［俗成语］指几次三番地登门向别人求情。（临县）

【台子底下媳妇儿——都有家儿】［歇后语］台子：指舞台。指人或物品全部找到了出路。（万荣）

【太阳上墙孩要娘】［谚语］指婴儿常在太阳下山后开始要妈妈抱。（临县）

【掏根根，拔橛橛】［惯用语］指把过去很久的事儿翻出来重提。（临县）

【掏钱买干路】［谚语］指花费钱财就图办事方便无忧。也说"出钱买干路"。（临县）

【掏雀儿圪掏出蛇来哩】［惯用语］比喻做好事反而惹出了祸患。（临县）

【淘奴挖卜灿】［惯用语］卜灿：碎片。指像奴隶一样伺候人。（临县）

【淘水豁浆】［俗成语］指很辛苦地干洗衣、做饭等家务。（临县）

【讨吃的脑上剥得吃卜涕痂】［惯用语］卜涕痂：干鼻涕。指剥削本就穷困潦倒的人。（临县）

【讨吃三年，有锅也不坐】［谚语］坐：坐锅，指做饭。指自由散漫的讨饭生活让人越来越懒，越来越受不了束缚。也说"讨吃三年，有官也不做"。（临县）

【讨吃兀烂】［俗成语］指人没出息，沿街乞讨。也说"讨吃打瓦"。（临

县）

【特拉八九】［俗成语］指人脚蹭着地走路。（临县）

【特楞扫自】［俗成语］形容人没有精神。（武乡）

【踢飞扬脚】［俗成语］形容小孩子因淘气而动作过大。（武乡）

【踢脚打手】［俗成语］形容睡觉不安稳。（平定）

【踢拳弄棒】［俗成语］指人练武。（太谷）

【啼哭不测】［俗成语］形容人哭得很伤心。（平定）

【提鼻扯耳】［俗成语］①指人的五官位置不正。②指人说话时鼻子、嘴不自觉扭动，难看。（临县）

【提的篮篮卖酸枣——混充果木行】［歇后语］酸枣算不上真正的水果。转指人没有正确估量自己的能力，自信自己还行。（太谷）

【提股ㄦ提份ㄦ】［俗成语］指分东西时每人得到的都是一样的。（临县）

【提起来一不条，放下一不膪】［惯用语］一不条：一条。膪：肥胖而肌肉松弛。一不膪：一堆。形容人麻木迟钝，无钢骨之气。（太谷）

【提起一条，放下一□［pʰia⁵⁵］】［惯用语］一□［pʰia⁵⁵］：一摊。形容人软弱无能，做不成任何事情，也没有担当。（万荣）

【体眉洼眼】［俗成语］指脸上露出不悦的表情。（临县）

【剃头洗脖子——挨的来】［歇后语］剃完头接下来洗脖子。①指按顺序来办事。②指一个也逃不脱。（太谷）

【褐膊留儿】［俗成语］指上半身没有穿任何衣物。（武乡）

【褐脚片瓦】［俗成语］指光着脚。（武乡）

【褐领祖脖】［俗成语］指脖子和脖子以下的大片皮肤裸露在外面。也说"褐领祖肩膀"（武乡）

【褐尿害脸】［俗成语］形容非常害羞。（武乡）

【褐尿露胯】［俗成语］形容穿着暴露。（武乡）

【天长日每】［俗成语］指长期处于某种状态。（临县）

【天的老子玉皇的爹】［惯用语］指最有权威的人。（临县）

【天每如常】［俗成语］指每天如此。（平定）

【天上的罗睺星，地下的猴人人】［谚语］罗睺星：民间认为罗睺星是九　207

曜中的一个凶星。迷信认为男人逢到罗睺星值年时会有灾难。猴人人：指个头矮的人。天上的罗睺星凶险，地上的矮个子厉害。多指矮个子的人心眼多。（太谷）

【天上下雨地下滑，各人跌倒各人爬】［谚语］各人：自己。指犯了错误要勇于面对，靠自己的力量尽快改正。（万荣）

【天塌负大家】［谚语］指出了事儿大家一起承担。（临县）

【天塌下来有银棍顶着】［谚语］指只要有钱，什么都不怕。（临县）

【天塌有大家，墙塌有邻家】［谚语］指总有人和你共同承担后果，劝人不要过分担忧。（临县）

【天阴不觉迟早，嫌子不觉婆好】［谚语］嫌子：媳妇。指儿媳妇难以体会到婆婆的好处。（临县）

【天阴怕得明丝丝】［谚语］指阴天一旦天有亮光，则会有大雨。（临县）

【舔屁眼溜沟ㄦ】［惯用语］形容讨好巴结人。（平定）

【挑彻烂污】［俗成语］形容故意把某处的东西弄得很乱。（武乡）

【挑大场】［惯用语］指担负重要的工作。（临县）

【挑旗旗，打伞伞】［惯用语］本指唱戏时挑着旗打着伞，引申指做辅助性工作。（临县）

【挑三豁四】［俗成语］指故意在熟人之间挑拨。（太谷）

【挑头折尾，多走十里】［谚语］比喻一件事的负责人或带头的人要比别人多付出。（临县）

【笤帚刷锅——没法儿（刷儿）】［歇后语］当地"法""刷"同音。指没有办法。（万荣）

【跳人眼里圪蹴下】［惯用语］指毫无顾忌地欺负人。（武乡）

【贴羊儿啊贴个瘦的】［谚语］指要帮助就帮助最需要帮助的。（临县）

【听三不听四】［惯用语］指随耳听到，没有认真听，听的内容不全面。（临县）

【挺腰折背】［俗成语］形容人坐着或睡着不安稳。（平定）

【挺着那根脖颈】［惯用语］形容人性格倔强，不服人。（平定）

【偷工摸夫ㄦ】［俗成语］指抽空儿做事儿。（平定）

【偷鬼摸猢狲ル】［惯用语］形容人鬼鬼祟祟的样子。（平定）

【偷眉刮眼】［俗成语］形容人做事不光明磊落。（平定）

【偷牛的走了，逮住拔橛子的】［惯用语］没有逮住小偷，而逮住了其他人。比喻逮住了从犯而放走了主犯。（武乡）

【偷私圪缩】［俗成语］指人总想着悄悄地干坏事。（太谷）

【偷死圪软】［俗成语］指暗中做事。（临县）

【头锅角子二锅面】［谚语］角子：饺子。指第一锅煮出来的饺子和第二锅煮出来的面条口感最好。（万荣）

【头上害疮，脚板底流脓——坏通根】［歇后语］形容人坏到了极点。（临县）

【头上末下】［俗成语］指头一回。（平定）

【头生圪阵】［俗成语］指第一次生孩子。（临县）

【投亲不如住店，吃米不如吃面】［谚语］指出门再外，住旅店比住在亲戚家更自在。（临县）

【秃丢淡水】［俗成语］指人发音吐字不清，说不清楚话。（临县）

【秃咀烂舌】［俗成语］指人说话磕磕绊绊。（武乡）

【秃眉瘆眼】［俗成语］形容人长相差。（平定）

【秃眉杏眼】［俗成语］形容头发太短而显得头很秃。（武乡）

【秃瘸瞎拐】［俗成语］泛指有某种身体残缺的人。（太谷）

【秃舌半式】［俗成语］形容大舌头的人说话不清楚。（武乡）

【秃舌咾你】［俗成语］斥责人不分场合总爱发表意见。（平定）

【秃舌寥言】［俗成语］形容大舌头的人说话不清楚。（武乡）

【秃舌勿揽】［俗成语］形容说话口舌不清楚。（平定）

【秃说瞎笑】［俗成语］指人们在一起聊天、瞎扯。（太谷）

【秃头折角】［俗成语］形容物体没有棱角，不好看。（太谷）

【秃子等脑一外虱子——明摆】［歇后语］等脑：头。一外：一个。指事实很明显，看得很清楚。（万荣）

【突辘倒暄】［俗成语］形容人穿着邋遢。（平定）

【突稀野屎】［俗成语］比喻人干了坏事后自己又失口说了出去。（临县）

**【土地爷爷编笸篮——看得容易做得难】** ［歇后语］笸篮：用柳条或篾条等编成的盛物器具。土地爷爷编笸篮，觉得不在话下，但做起来却非常难下手。指某些事情或活儿看起来容易做，但一时又难于下手做。（太谷）

**【土眉瓦眼】** ［俗成语］①形容人风尘仆仆的样子。②形容人不洋气。（武乡）

**【土眉悻眼】** ［俗成语］形容农村人穿着不入时，反应不机灵。（临县）

**【土牛牧马】** ［俗成语］形容人浑身都是灰土的样子。（临县）

**【土颜雾色】** ［俗成语］形容衣物颜色不鲜亮。（临县）

**【兔儿跑嘞，蛇窜嘞——各有各的打算嘞】** ［歇后语］兔子跑了，蛇也窜走了，它们是各自有各自的打算。指面对某事情或利益，各人有各人的想法和计划。（太谷）

**【推窟窿，出好气】** ［惯用语］指因怕得罪人而说话不负责任。（临县）

**【腿又圪嗦心又抖】** ［惯用语］形容人内心极为恐惧。（太谷）

**【拖泥带水】** ［俗成语］形容做事拖拖拉拉，不干脆。（平定）

**【拖蹄圪扫】** ［俗成语］形容人穿的衣服太长，看着很邋遢。（临县）

**【脱落甩裤】** ［俗成语］指裤子没有系好，往下坠。（武乡）

**【跅佻话哓】** ［俗成语］形容做事不认真，敷衍应付。（武乡）

# W

**【娃死了献娘娘——还打搅下一回】** ［歇后语］娘娘：送子观音。打搅：打扰。指再次请求别人帮忙。（万荣）

**【挖眉树眼】** ［俗成语］叱骂人脸皮厚。（临县）

**【挖脓圪倒肚】** ［惯用语］形容人非常贪婪。（武乡）

**【挖脓塌水】** ［俗成语］叱骂人没出息或做的事情让人看不起。也说"流脓洼水"。（临县）

**【挖嘴挺黑脸】** ［惯用语］形容脸上很脏的样子。（武乡）

**【歪倒角直愣】** ［惯用语］指歪斜的样子。（武乡）

210　**【歪怪对歪怪，瘸驴烂口袋】** ［谚语］指条件相当的人彼此才有来往。（临

县）

【歪愣扎砍】［俗成语］形容人长得不周正。（平定）

【歪流打胯儿】［俗成语］形容人无力的样子。（平定）

【歪流忘水】［俗成语］指经过很多周折才做成。（临县）

【歪留扯尿】［俗成语］本指裤子穿歪了。形容东西放置得不正，斜在一旁。（太谷）

【歪三练水】［俗成语］指多次哄骗人。也说"挽花练水"。（临县）

【歪死担跟】［俗成语］指穿鞋时不把鞋后帮子提起来，走路一歪一歪的。（临县）

【歪姿别怪】［俗成语］形容因受凉或者饮食不合适导致肚子难受。（武乡）

【歪尻弄胯】［俗成语］歪着屁股，斜着胯。指坐姿不端正。（武乡）

【剜眼钉睛】［俗成语］形容对人怀恨在心。（平定）

【顽眉兴眼】［俗成语］顽皮的眼神。形容小男孩顽皮捣蛋。（太谷）

【为咾一口气，卖咾十亩地】［惯用语］指为了争回面子，不惜遭受经济损失。（临县）

【为人的话是涩的，害人的话是光的】［谚语］指真心帮人的话语往往听着不顺耳，而不负责任的话一般听着都很舒服。（临县）

【碨道寻驴蹄子——当故找麻达】［歇后语］碨道：磨道。当故：故意。麻达：麻烦。指故意找麻烦。（万荣）

【文眉细眼】［俗成语］形容姑娘长得标致、和善。（太谷）

【稳坯大坐】［俗成语］指明明有事儿却像没事儿一样坐着不动。（临县）

【瓮声洼气】［俗成语］形容声音听起来非常空旷。（武乡）

【瓮瓮里养王八——越养越圪缩】［歇后语］在瓮里养不大王八。转指没有养殖好家畜或没有栽培好花草，越养越不见起色。（太谷）

【窝乱失散】［俗成语］形容场面非常混乱。（临县）

【乌马河里下豆面□［tɕie³³］——稀少】［歇后语］豆面□［tɕie³³］：豆面面条。往乌马河里下豆面面条，面条显得非常稀少。转指某事物或情况稀少，很少见。（太谷）

211

【巫神连巫神也顾不了】［惯用语］指自身都难保，难以顾及他人。（临县）

【无本贼利】［俗成语］贼：净。指做买卖不需要投入本钱就能收益。（临县）

【无事人说的安然话】［谚语］指事不关己，说话就无关痛痒。（临县）

【无远架近】［俗成语］形容距离非常遥远。（临县）

【无贼圪囊】［俗成语］形容人没本事，什么都干不了。（临县）

【五八一顺顺，糜子长成一混混】［谚语］指如果五月和八月大小月一致的话，糜子便会歉收。也说"五八一顺顺，糜子长成直棍棍"。（临县）

【五劳七伤】［俗成语］形容人身体虚弱多病。中医认为五劳即"五劳所伤"：久视伤血、久卧伤气、久坐伤肉、久立伤骨、久行伤筋。七伤：大饱伤脾、大怒气逆伤肝、强力举重久坐湿地伤肾、形寒饮冷伤肺、形劳意损伤神、风雨寒暑伤形、恐惧不节伤志。（太谷）

【五男二女，九子结钵】［惯用语］指家庭人丁兴旺。（临县）

【五月里的人工分前后】［谚语］指农历五月正是间苗的时候，时间紧，任务急，要全力投入。（临县）

【五月十三，稙谷圪鉴】［谚语］稙谷：种得早的谷。圪鉴：轻轻地锄。指五月十三，可以锄谷子了。（临县）

【武大郎放风筝——起手不高】［歇后语］起手：起点，开始做事的手法。指做事的起点比较低。（万荣）

【雾得狼烟】［俗成语］形容烟雾大或尘土飞扬。（平定）

# X

【西瓜掉得油桶里——油头滑脑】［歇后语］本指西瓜掉到油桶里，表面油滑难以捞起来。转指人轻浮狡猾，难以对付。（太谷）

【稀淋糊擦】［俗成语］形容粥、面糊等不稠、不粘。（平定）

【稀零不落】［俗成语］形容秧苗等稀稀落落，不稠密。（平定）

【稀泥害活】［俗成语］形容雨天路面泥泞，不好走。也说"稀泥烂伤"。

（临县）

**【稀汤ᵧ寡水】**［俗成语］形容汤饭特别稀且没滋味。（平定）

**【稀汤澥水】**［俗成语］澥：加水使糊状物或胶状物由稠变稀。形容汤类饭食过稀。（太谷）

**【媳妇ᵧ熬成婆了，浇道流成河了】**［惯用语］比喻事情顺理成章做成了。（太谷）

**【洗脸不洗耳叉，洗锅不洗勺把】**［惯用语］形容人邋遢，不讲卫生。（临县）

**【喜眉溜眼】**［俗成语］指眼中露出高兴的神情。（临县）

**【细白烂胖】**［俗成语］形容女人肤色白、身体胖。（武乡）

**【细吹乐打】**［俗成语］指演奏管弦乐。（太谷）

**【细麻拐筋】**［俗成语］形容绳子等细而不结实。也说"细丝特溜"。（临县）

**【细咪刺嗓】**［俗成语］形容嗓音尖细。（太谷）

**【细皮圪汝】**［俗成语］形容人皮肤细腻白净。（临县）

**【瞎公鸡瞅得一颗瘪荞麦】**［惯用语］比喻没眼光的人把希望寄托在没前途的人身上。（临县）

**【瞎狗眊星宿】**［惯用语］眊星宿：看星星。比喻人眼睛不好，看不清楚。（万荣）

**【瞎话白流】**［俗成语］指随意胡说，谎话多。（平定）

**【瞎话连天】**［俗成语］形容人谎话多，不可信。（平定）

**【瞎捞揣摸】**［俗成语］指盲人摸索着做事或正常人在无光亮的环境下做事。（临县）

**【瞎眉怵眼】**［俗成语］形容人眼神不好或没眼色，带贬义。（平定）

**【瞎眉站眼】**［俗成语］指盲人看不见事物或人老之后视力模糊，看不清楚。（临县）

**【瞎说溜道】**［俗成语］指人胡说。（太谷）

**【瞎子朝墙尿——只觉自家做得妙】**［歇后语］盲人朝着墙撒尿，以为别人没看到。指自认为做的事情很巧妙，别人不会知道，其实是自欺欺人。（太谷） 213

【瞎子跟上驴走嘞】［惯用语］指不懂的人跟上更不懂的人做事，结果出了大错。（临县）

【瞎字皮不识】［惯用语］指人不识字，是文盲。（临县）

【下脖子底里顶上个圪叉叉】［惯用语］圪叉叉，树枝。比喻别人刚一开口，就拿话顶了回去。（临县）

【下雨天打婆姨——对空空】［歇后语］指抽空做某事。（临县）

【吓人倒豁】［俗成语］形容非常吓人，让人吃惊。（太谷）

【闲话淡舌】［俗成语］指说废话。（平定）

【闲猫野鬼】［俗成语］叱骂走东窜西、无事生非的人。（临县）

【显道神虽大吃鼻涕，孙悟空虽小闹天空】［谚语］显道神：旧时出殡时的开路神，身材高大。指人不可貌相，不能通过个子高低来判断能力的大小。（临县）

【显斤卖两】［俗成语］形容人显摆。（太谷）

【显精卖乖】［俗成语］指人故作姿态，显摆自己的聪明能力。（太谷）

【显眉显眼】［俗成语］形容事物显明而容易被看到，非常引人注目。（太谷）

【显能卖乖】［俗成语］指刻意在人前表现自己的才能、本领。也说"显能圪食"。（临县）

【险天活地】［俗成语］形容言语十分夸张。（平定）

【现脚要手】［俗成语］指当下就要，多指钱财。（临县）

【现世烂报】［俗成语］骂人什么事都不会做。（平定）

【详眉扮眼】［俗成语］指把头凑近说或看。（临县）

【想的吃的吃不喽，想的做的做不喽】［谚语］指心里的计划往往不能实现。（太谷）

【想生百法ﾉﾉ】［俗成语］指想尽一切办法。（平定）

【消停买卖，擩乱庄稼】［谚语］指做生意要有耐心，种庄稼要经常下地劳作。（武乡）

【逍遥散淡】［俗成语］指活得自在，没有任何负担和束缚。（临县）

【小锄苗子混收夏，引回媳子来孩ﾉﾉ屁下】［谚语］媳子：媳妇。屁下：婴

儿大便完。指这几种情况都是最忙乱的时候。（临县）

【小而圪气】〔俗成语〕指人小气。（平定）

【小鬼脑上抹面屎】〔惯用语〕指把本就不多的东西分给众人，每人一点儿。（临县）

【小孩不冷，酱瓮不冻】〔谚语〕指小孩子最不怕冷。（临县）

【小孩屁眼三把火】〔谚语〕指小孩儿不怕冷。（武乡）

【小孩勤，爱死人；小孩懒，一步一圪榄】〔谚语〕圪榄："杆"的分音词。指小孩子勤快人人喜欢，懒惰了就会被打。（临县）

【小伙子不吃十年闲饭】〔谚语〕小伙子：男孩。指男孩子到十多岁就可以帮助父母干农活儿了。（万荣）

【小家寒势】〔俗成语〕形容人小气、吝啬，没见过世面。（平定）

【小脚摆手】〔俗成语〕指人脚小，走路不稳。（临县）

【小眉圪眨眼】〔惯用语〕形容眼睛小，长得不好看。（平定）

【小眉小眼】〔俗成语〕形容人眼睛小。（太谷）

【小人有福，逼得老人直扑】〔谚语〕直扑：一直奔忙。指有些孩子过得舒坦，靠的是父母亲一直在辛勤奔忙。（太谷）

【小时偷针针，大咾偷金金】〔谚语〕指小时候犯小错误如果不加以改正，长大就会犯大错。（临县）

【小使把活儿】〔俗成语〕指干点小事。（平定）

【小送嫌汝】〔俗成语〕形容人身体缩着，模样可怜的样子。（临县）

【小心怯胆】〔俗成语〕形容人胆子非常小。（临县）

【小眼见识】〔俗成语〕指人见识短浅，见了什么都想要。也说"小眼八沓"。（临县）

【笑眉苏眼】〔俗成语〕指脸上露出高兴的笑容。也说"笑眉唬眼"。（临县）

【斜南垮四】〔俗成语〕形容物体歪斜不正。（武乡）

【斜人情理多】〔谚语〕斜人：蛮横的人。指蛮横的人总是有各种理由去耍横。（临县）

【斜眼角圪料】〔惯用语〕指眼睛斜视。（武乡）

【鞋大脚小】〔俗成语〕指给人出难题，为难人。（临县）

【漰水落漕】〔俗成语〕形容抹布等未拧干水，哩哩啦啦滴答水。（太谷）

【心不听，耳不恼】〔谚语〕应为"耳不听，心不恼"，可能为说起来顺畅而变异。指听不到不利的话就不会生气。（临县）

【心儿俊的个油儿蛋，的脑儿顶的个苍黑羊】〔惯用语〕的脑儿：头。指自己心里觉得挺美，实际上正好相反。（武乡）

【心慌二乱】〔俗成语〕形容人内心麻乱。（太谷）

【心急马不快，马快路不对】〔谚语〕指人越着急越想让事情办成，往往越容易出问题。（临县）

【心强命不强】〔惯用语〕指内心要强高傲，但命运不济，达不到想达到的目标。（平定）

【心强命不强，死脖子撅咾老来长】〔惯用语〕指心高气傲，命运却不济，只能空着急。（临县）

【心疼得跌血】〔惯用语〕形容人极其痛心。（太谷）

【心疼肺不来】〔惯用语〕不来："摆"的分音词。形容人非常吝惜钱财。（太谷）

【心邪咾，马脑啊成咾圆的哩】〔谚语〕心邪：指知情后所产生的心理作用。指知情会影响人判断的准确性。（临县）

【新正上月】〔俗成语〕指过年气氛浓的正月，一般指前半个月。（临县）

【行家不说力巴话】〔谚语〕力巴：外行。指内行人不说外行话。（万荣）

【擤上鼻涕讹人嘞】〔惯用语〕比喻故意制造事端并嫁祸于人，趁机进行讹诈。（临县）

【凶眉霸眼】〔俗成语〕指面露凶相。（临县）

【凶眉恶眼】〔俗成语〕形容人长得模样凶悍。（太谷）

【凶眉烫眼】〔俗成语〕指脸上露出恶狠狠的极端不满的表情。（临县）

【朽蔫圪蹙】〔俗成语〕形容花木、果实等不饱满，表面皱巴萎缩。（太谷）

【绣毛烂蛋】〔俗成语〕形容人长得不出众、不精干。（太谷）

216 　　　【袖圪筒里插棒槌——直来直去】〔歇后语〕往袖筒里插棒槌只能直进直

出。转指人说话做事直截了当，不绕弯子。（太谷）

【虚撩圪刷】［俗成语］①指感到无聊、不自在，不知道该干什么。也说"虚拈虚掇"。②指食材太少，不知道该如何做饭。（临县）

【虚笼虎架】［俗成语］形容只是个虚架子，并无真实内容。（太谷）

【虚眉烫眼】［俗成语］眼睛就像被烫过一样肿了起来。形容人说话做事不实在。（太谷）

【虚皮假掩】［俗成语］指故意掩饰内心的真实想法。（临县）

【虚上跳下】［俗成语］指人不实在，不能踏实做事。也说"携上跳下"。（临县）

【虚手发痒】［俗成语］指乱动别人的东西而惹人不高兴。（平定）

【徐领打挂】［俗成语］指人穿的衣服有长有短，件数过多。（临县）

【许下神的神等着，许下人的人等着】［谚语］指许诺了就要兑现。（临县）

【旋风旋的屁眼喽——鬼迷住心】［歇后语］迷信认为螺旋状的疾风多由鬼作怪形成。转指人糊涂不开窍。（太谷）

【䞭之䞭摸】［俗成语］形容低头仔细地寻找。（武乡）

【血淋糊荏】［俗成语］形容血肉模糊的样子。（平定）

【寻不咾明和精】［惯用语］指因不熟悉而搞不清楚方向、要领等。（临县）

【巡山老虎】［俗成语］形容人气势汹汹的样子。（临县）

【鸦儿没静悄儿】［俗成语］形容十分安静。（平定）

Y

【牙缝儿缝儿里头省出来】［惯用语］指省吃俭用。（平定）

【牙哇吵料】［俗成语］形容人多嘴杂声音大，场面混乱。（临县）

【哑巴见了他嬷——没说的啦】［歇后语］嬷：母亲。指没有反对的理由了。（万荣）

【烟火炮障】［俗成语］形容满眼浓烟。（武乡）

【烟雾燎障】［俗成语］形容到处是浓烟。（武乡）

【烟熏火燎】［俗成语］指烟雾多，气味浓重。（平定）

【蔫如圪渣】［俗成语］形容人行动缓慢，反应迟钝。（临县）

【严婆打不上哑嫌子】［谚语］嫌子：媳妇。指人只要不乱说话不惹事就不会受到惩罚。（临县）

【言多语失】［俗成语］指话多必导致失误。（平定）

【眼馋肚饱】［俗成语］指特别想吃，肚子里却装不下了。（万荣）

【眼红着急】［俗成语］指看着别人比自己好心里就不舒服。也说"着急眼红""眼红绍人"。（临县）

【眼镜不对】［惯用语］指双方关系不好。（临县）

【眼眉戏眼】［俗成语］指偏有不喜欢或不愿见的人在场，感到很尴尬。也说"眼眉绍眼"。（临县）

【眼明肚饱】［俗成语］形容既能吃饱又不用看别人的眼色。（平定）

【扬天炸武】［俗成语］指人摆出一副有钱有势、什么都不怕的架势。（临县）

【羊膻烂气】［俗成语］形容羊肉膻味重。（武乡）

【阳坡麦子背坡谷】［谚语］向阳的山坡种麦子，背阴的山坡种谷子，收成好。（武乡）

【佯瞅不睬】［俗成语］形容满不在乎。（武乡）

【佯二假三】［俗成语］指假惺惺。（武乡）

【洋眉古怪】［俗成语］洋：慢。指行动缓慢，让人久等。（临县）

【养各ㄦ的，各ㄦ养的】［谚语］养：生。指世界上最亲的只有两类人：生自己的和自己生的。（临县）

【养你的身来，没啦养下你的心】［惯用语］叱骂人做出了令父母不满意或伤心的事情。（临县）

【养上妮子吃罐头，养上小子挨半头】［谚语］半头：半块的砖头。指生女孩将来父母的日子好过，因为有女儿的照顾；生男孩则父母将要受罪，因为男子一般都疏于对自己父母关照，甚至还要惹父母生气。（太谷）

【吆五喝六】［俗成语］形容盛气凌人，大声呵斥。（平定）

【妖凉乞势】［俗成语］指会揣摩听话人的心理，说一些旁人听着肉麻的

话。（临县）

【妖猫鼠怪】［俗成语］叱骂人不正经。（临县）

【窑道三场没好人】［谚语］窑道三场：煤窑。旧指煤窑里人员复杂，素质低，都不好对付。（临县）

【窑黑子砸折腿——那是小莛莛】［歇后语］煤矿工人被砸断腿，对于经常面对的生命危险来说是小事。转指不要大惊小怪，那只是小事一桩。（太谷）

【摇出来，摆里圪】［惯用语］大摇大摆地走出来晃进去。形容人逍遥自在到处闲逛，什么活儿都不干。（临县）

【摇脑不来耳】［惯用语］不来："摆"的分音词。形容人不断摇晃脑袋的样子。（临县）

【咬唇作舌】［俗成语］叱骂人对吃食不满意、不想吃。（临县）

【咬牙并脖】［俗成语］指恨之入骨。（平定）

【咬牙撅辫子】［惯用语］指费很大的周折、很大的力气。（临县）

【咬着不心疼的手指头嘞】［惯用语］指不心疼，不珍惜。（平定）

【要吃好的咬下着，要看花红走动着】［谚语］指人要趁年轻好好享受生活。（临县）

【要想端，打个颠ᵣ】［谚语］端：端正。颠ᵣ：颠倒。指要换位思考，善于理解别人，才能做到公平公正。（万荣）

【爷爷养儿，个个有份】［谚语］指分家产时，每个人都应该得到一份。（临县）

【一白遮百丑，一黑丑不尽】［谚语］皮肤白皙，能掩盖人五官上的缺点；皮肤黝黑，人就显得更难看。指同样的容貌，肤色越白越好看。（临县）

【一百圪垯油饼子，换不得一圪垯屎褯子】［惯用语］圪垯：量词，块。屎褯子：尿布。比喻多次的真心付出都换不来对方的一点儿回报。（临县）

【一辈闺女三辈累】［谚语］指生养女儿会有一些额外的负担。（平定）

【一不气】［惯用语］指一鼓作气。（平定）

【一步一个圪踪】［惯用语］指老跟着某人。（临县）

【一尘不理】［俗成语］指对人不理不睬。（临县）

【一弹弹一个雀ᵣ】［惯用语］比喻双方交往时怕亏欠对方人情，一方送　219

给对方点儿东西，对方马上用别的东西还回来。（临县）

【一滴二当】［俗成语］指非常可靠，不会出差错。（临县）

【一颠一调】［俗成语］指一反一正。（平定）

【一刁一霎】［俗成语］指零散的小段的时间。（临县）

【一分价钱一分货，十分价钱买不错】［谚语］指物品质量和价钱成正比，质量好，价钱自然高。（太谷）

【一分一分上万嘞，一颗一颗成石嘞】［谚语］指积少能成多。（临县）

【一斧两圪截】［惯用语］圪截：量词，截。形容处理问题果断。（万荣）

【一圪垯烂肉坏咾满锅汤】［惯用语］比喻一个坏分子损害了整个集体的声誉。（临县）

【一圪垯一块】［惯用语］形容面团等软硬不均匀。（平定）

【一歌二调】［俗成语］指用动听的话语哄骗人。（临县）

【一个人身上一条心】［谚语］指父母对每个子女都有无限牵挂。（临县）

【一根材难着，一根人难活】［谚语］指光棍的日子不好过。（临县）

【一根肠里头爬出来的】［惯用语］指一母所生的亲兄妹。（平定）

【一惑打二惑】［惯用语］指产生了疑惑。（平定）

【一家不知一家】［谚语］指每个家庭内部都有矛盾，只是外人不知详情。（临县）

【一揭三不熬】［谚语］熬：锅内水开。指做饭时不能心急而频繁地掀开锅盖看，那样会更慢。（临县）

【一口砂糖一口屎】［惯用语］比喻一边说好听的话哄着，一边用严厉的手段管理。（武乡）

【一口烧人饭也不吃】［惯用语］指一点儿小小的委屈都不能忍受。（临县）

【一连带概】［俗成语］指无一例外。（平定）

【一桪枷不挨，挨了三条则】［惯用语］桪枷：一种用长柄和木条做的脱粒用的农具。条则：指木板。比喻不愿吃小亏，结果却吃了大亏。（临县）

【一马平川】［俗成语］形容地势平坦开阔。（万荣）

220 【一眉二眼】［俗成语］形容两人长得非常像。也说"一眉子二眼"。（临

县）

【一娘养的也数百般】［谚语］指即使是一母所生，品性也不一样。（临县）

【一皮鞭打得你龙摆尾，一皮鞭打得你虎翻身】［惯用语］猛烈地鞭打某人。警告人做事不要出格，否则会遭重罚。（太谷）

【一屁眼两落落】［惯用语］比喻有很多的（债务）。（武乡）

【一扑两筛神】［惯用语］指妇女撒泼哭闹。（临县）

【一食半碗】［俗成语］形容一点点吃的东西。（平定）

【一条裤腿子里穿着嘞】［惯用语］①形容经济紧张。②形容双方关系好，不分彼此。（临县）

【一丸二纳】［俗成语］形容屋子不整洁，到处胡乱堆放着衣物等。（临县）

【一碗水端平】［谚语］形容公平对待每个人。（平定）

【一行啊没一行】［惯用语］指没有一点儿技能和本领。（临县）

【一枝<sub>儿</sub>花插的牛粪上】［惯用语］比喻优秀的女子嫁给了不好的男人。（太谷）

【依鸡骂狗】［俗成语］比喻明着骂这个人，实则骂那个人。（临县）

【姨娘怀里闻奶亲】［谚语］指姨娘亲似母亲。（万荣）

【以打老实】［俗成语］指实事求是。（平定）

【椅床床顶桌子，喝水使得合钵子】［惯用语］椅床床：小椅子。合钵子：拔火罐用的玻璃瓶。小椅子当桌子来用，喝水用的是拔火罐的小瓶。形容某人家穷得连最基本的生活物件都备不齐。（太谷）

【艺多不扶人】［谚语］指技艺越多越不精，反而不能谋生。（临县）

【呓麻黑睁】［俗成语］指处于没有完全睡醒的状态。（平定）

【因耍逗笑】［俗成语］指半开玩笑半真实地表露了自己的意图或观点。也说"连耍带笑"。（临县）

【阴的阴，正的正】［惯用语］指众人对某人或某事的看法或说法不一。（临县）

【阴来阴去下下，病来病去死下】［谚语］指事情只向坏的方向发展，最终只能得到坏的结果。（临县）

【阴眉渗眼】［俗成语］指对人爱答不理的样子。（临县）

【阴坡坡对阳洼洼】［惯用语］比喻两人性格、能力等正好能互相补充。（临县）

【阴雾楚楚】［俗成语］形容天气阴沉。（武乡）

【引嫌子嫁女】［惯用语］嫌子：媳妇。指家里有大喜事。（临县）

【应承下人，人等的；应承神，神等的】［谚语］答应了人，人就会等着你来应验；答应了神灵，神灵也会等你来实现。指一旦答应人就要信守承诺，不要让人失望。（太谷）

【应时合晌】［俗成语］指正好卡在时间点上。（武乡）

【鹰鼻獠眼，不可交也】［谚语］指具有这种相貌的人难打交道。（临县）

【蝇子落的锅拍上——听了个呵声声】［歇后语］呵：蒸汽使物体变热。苍蝇落在锅盖上，听见从锅里冒出的热气声音。转指只听得一点儿声音或消息。（太谷）

【硬崩石磕】［俗成语］形容人说话直接，有什么就说什么，不会拐弯抹角。（临县）

【硬荷上脸圪戳】［惯用语］荷上：拿上。形容人脸皮厚，不顾羞耻说话做事。（太谷）

【用着喽抱的怀喽，用不着摧的崖底】［惯用语］指与人交往只谋私利而不顾情义，用得着人就异常亲近，用不着了就冷淡疏远、甚至彻底绝交。（太谷）

【由心自便】［俗成语］指随着性子做事。（平定）

【油吃一点香】［谚语］指放芝麻油时不在乎多，量少才能吃出香味来。（临县）

【油荤烂气】［俗成语］形容非常油腻。（武乡）

【油腻滑擦】［俗成语］形容地上有不少油，走起路来打滑。（太谷）

【油死圪捻】［俗成语］形容东西油性太大，容易弄脏衣物。（临县）

【油汤辣水】［俗成语］泛指好吃的食物。（临县）

【油渍抹粘】［俗成语］形容油污大。（平定）

【游门子，数扁担】［惯用语］指整日到别人家闲逛。（临县）

222 【有儿的气破肚，没儿的哭瞎眼】［谚语］有儿子因为儿子不听话、不争

气而生气；没儿子又伤心落泪。感叹人生不易。（太谷）

**【有个穷人家，没啦个穷村子】**［谚语］指全村里总会有富有的人，需要时可以去借。（临县）

**【有红四色】**［俗成语］形容人的面色红润、健康。（临县）

**【有理不在先后，山高隐不住太阳】**［谚语］指双方申辩时，如果占着理，就不在乎先说后说。（临县）

**【有没任意】**［俗成语］指计算数量时，把所有的都加在一起。（临县）

**【有眉有眼】**［俗成语］形容话说得真切明了。（太谷）

**【有门子没门扇，堵的疙瘩灰渣片】**［惯用语］堵的：堵着。形容住的环境极差。（太谷）

**【有奈无奈，瓜皮就菜】**［谚语］指人的适应能力是有弹性的，条件艰苦一点儿也没关系。（临县）

**【有肉不在胳肢里】**［谚语］指人的穷富通过外表很难看出。（临县）

**【有甚不要有病，没甚不要没钱】**［谚语］劝人要珍惜健康，珍惜钱财。（太谷）

**【有手眼】**［惯用语］指有本事，能跟人拉上关系。（临县）

**【有同行没同利】**［谚语］指同行之间常常会互相防范，不能共同得到利益。（万荣）

**【有头儿有脸】**［俗成语］指有身份地位。（平定）

**【有系无紧】**［俗成语］指某人或某物用不用都没关系。也说"有没要紧"。（临县）

**【有样儿有行儿】**［俗成语］行儿：排成行列的树苗、庄稼苗等。形容人做事情有规矩，做出来的活计有模有样。（万荣）

**【有智的吃智，无智的吃力】**［谚语］指有智慧的人靠聪明智慧生存，没有智慧的人只能靠出苦力生存了。（太谷）

**【有嘴没心】**［俗成语］口里随便说，心里并不在意。（平定）

**【又是圪梁又是坑】**［惯用语］形容路很不平坦。（太谷）

**【揄肠子】**［惯用语］揄：牵引；提起。本指把动物的肠子不断地拉出来，转指与某人殊死搏斗到底。（太谷）

223

【元宝顶门，还有个凑手不及】［谚语］指即使再有钱，也会有向他人求借的时候。（临县）

【原汤化原食】［谚语］化：消化。指饭后喝汤有利于消化。（武乡）

【圆头悖脑】［俗成语］形容人脑袋长得过圆，不好看。（临县）

【远亲不胜近邻，近邻不胜对门，对门不胜炕上人】［谚语］不胜：不如。指夫妻关系最重要。（万荣）

【愿挨的比斗不疼】［谚语］比斗：耳光。指愿意做的事，吃亏受害也不怕。（临县）

【越活越回来咧】［惯用语］斥责人没一点进步反而还倒退了。（太谷）

【越说他足小就越穿上套鞋咧】［惯用语］套鞋：套在鞋外面的鞋。形容人脾性犟，你越说他越做。（太谷）

【云里没雨哩】［惯用语］比喻没有希望了。（临县）

【云山雾罩】［俗成语］形容人说话不着边际。也说"云天驾雾"。（平定）

【栽锤着啦，塞把着嘞】［惯用语］把：把子。反问，指事情不保险，还有可能产生变化。（临县）

【栽桐朴，喂母猪，十年发个小财主】［谚语］朴：树木。指种树和养猪都是生财之道。（万荣）

【载文出臭】［俗成语］指说怪话或说坏话。（平定）

# Z

【早哩穷，鬼掀门】［惯用语］早哩：本来就……，却又……，多指不好的境遇。指本来经济就紧张，又遇到了需要花大钱的倒霉事。也说"人穷鬼掀门"。（临县）

【早言二拉】［俗成语］讥讽人说外地话。也说"早言兀烂"。（临县）

【枣核桃一路数】［惯用语］比喻把不同的人或事物混为一谈，同样对待。（临县）

【噪咾喧天】［俗成语］形容很大声地说话。（平定）

【贼眉撩眼】［俗成语］眼睛一挑一挑地环看四周，趄摸着什么。形容人

像贼一样到处环视。（太谷）

【贼眉溜眼，偷的吃了五道爷爷的供献】〔惯用语〕五道爷爷：五道神。迷信指掌管人生死的神，传说其把守在村口等地，管制鬼魂进村。旧时在村口和每个十字街口都设有"五道爷爷"神龛，龛中可摆设供献。讥骂人到个地方就到处瞟，踅摸窃取他人的东西。（太谷）

【贼眉日眼】〔俗成语〕形容人长相奸猾。（太谷）

【贼眉鼠眼】〔俗成语〕形容神情鬼鬼祟祟。（平定）

【贼通九州，光棍通八府】〔谚语〕指小偷和光棍在外面闯荡，交际广，不能小瞧。（临县）

【贼嘴谝啮】〔俗成语〕形容人极能说谎。（太谷）

【喳麻吼叫】〔俗成语〕指跟人起冲突时大声叫嚷。（临县）

【扎黑眼子】〔惯用语〕指使坏心眼儿，暗中害人。（临县）

【扎愣三堪】〔俗成语〕①形容人愣，有匪气。②形容东西放的不周正。（平定）

【扎牙料水】〔俗成语〕指人磨蹭着不愿意吃不好的食物。也说"扎泥扎水"。（临县）

【炸咾里胎哩】〔惯用语〕自嘲或嘲笑别人吃得太多了。（临县）

【窄棱补胯】〔俗成语〕①形容事物形状不正，不能利用。②形容人坐姿不正或坐在很窄的地方。（临县）

【占家要匙】〔俗成语〕指没用的东西却占着盆罐之类的家什用具。（临县）

【张八李九】〔俗成语〕指带着夸张的肢体动作说话。也说"张八李豆腐"。（临县）

【张飞吃软枣ㄦ——小柿ㄦ（小事）】〔歇后语〕软枣ㄦ：黑枣，本地人拿它嫁接柿子。指小事一件，不要挂在心上。（万荣）

【张风冷气】〔俗成语〕指冷天吸上凉气。（平定）

【张狂失待】〔俗成语〕指做事冒失。（平定）

【彰明实火】〔俗成语〕指不遮掩地（斗争）。（万荣）

【丈母见嘞女婿，赛如落窝的草鸡】〔谚语〕落窝的草鸡：指在窝里孵蛋

的母鸡。孵蛋的母鸡一刻都不离开蛋。形容丈母娘对女婿的照顾非常周到。（太谷）

【招人雇客】［俗成语］指进行房屋等修建时在自家做饭招待雇来的工人。（临县）

【招神惹鬼】［俗成语］指人不安分，招惹一些不三不四的人。也说"招红惹黑"。（临县）

【昭模妣样儿】［俗成语］形容人长得漂亮。（平定）

【笊篱也要遮风嘞】［谚语］指工夫不会白下。（平定）

【照塌二五】［俗成语］形容满不在乎。（武乡）

【遮不咾风，避不咾雨】［惯用语］指什么作用也起不到。（临县）

【遮人脸，裹人意，众人眼里掉不转世】［惯用语］指做某事是为了在众人面前有脸面才勉强为之。（临县）

【折塄八坎】［俗成语］形容歪斜的样子。（武乡）

【这山看见兀山高，不知道哪一个山上有柴烧】［惯用语］站在这座山上觉得那座山更高。形容人在哪儿都不能安心，总是见异思迁。（太谷）

【针尖大的窟子斗大的风】［谚语］指虽然是小窟窿，但能透过像斗那么大的风。比喻事情或问题虽小，但需要及时处理，否则会酿成大祸。（太谷）

【针头线脑】［俗成语］指缝纫需要的针线等物品。泛指小东西。（临县）

【真金不怕火炼，好女子不怕人看】［谚语］指有真才实学的人不怕任何考验。（万荣）

【真眉捉眼】［俗成语］①指看得清清楚楚。②指两人相貌几乎相同。（临县）

【鍖儿锅没动儿】［惯用语］鍖：砧板。指还没开始做饭。（平定）

【枕的算盘盘睡觉】［惯用语］讥讽人太精于算计。（太谷）

【枕头上风，吹动碾盘】［谚语］指妻子的话会对丈夫起很大的作用。也说"枕头上风，吹动碌碡"。（临县）

【争眉霸眼】［俗成语］指分物品时竭力争辩，为自己争抢好处。（临县）

【怔二八性】［俗成语］形容人发呆的样子。（武乡）

【睁眼八瞎】［俗成语］指人睁着眼睛却装作没有看见。（武乡）

【睁眼乌珠】［俗成语］形容睁大眼睛的样子。（武乡）

【正而古道】［俗成语］指正经的，真正的，名副其实的。（平定）

【正经赶不上，走在硌礓上】［惯用语］硌礓：白色的细土凝结而成的坚硬的土块。指本来就晚了，路上又有事儿耽搁了。（武乡）

【支棱登架】［俗成语］①指物件被支起，显得很不稳当。②形容人说话或做事不实在，总来虚的应付人。（太谷）

【支眉瞪眼】［俗成语］支起眉毛，瞪起眼睛。形容人生气的样子。（太谷）

【芝麻骨瘦】［俗成语］形容身材很瘦。（武乡）

【吱儿呜三侃】［俗成语］形容说话声音大，不文明。（平定）

【吱天嘹哇】［俗成语］指大喊大叫。（临县）

【吱哇咯叫】［俗成语］指胡乱叫喊。（武乡）

【知根打己】［俗成语］指互相知道底细。（临县）

【知人知面不知心，知心人害咾知心人】［谚语］指人心难测，最知心的人之间最有可能互相伤害。（临县）

【直棱暴沙】［俗成语］形容柴火或其他杂物未放置平整。（太谷）

【直说烂道】［俗成语］形容人性格直爽，什么都往外说。（临县）

【直掏活抢】［俗成语］掏：掏。形容迅猛地从别人手中抢东西。（太谷）

【只有背时人，没有背时货】［谚语］人可以老去，但货物不会变旧。指只要有买东西的人，什么货物都能卖出去。（太谷）

【只有小背老，哪有老背小】［谚语］告诫人要多孝敬心疼父母。（太谷）

【纸人人命薄】［惯用语］纸人人：办丧事时用纸做成的假人。感叹某人命运悲惨。（临县）

【指天画地】［俗成语］形容人瞎指挥。（太谷）

【指头缝儿喽漏的些也能养活喽人】［惯用语］指头缝中漏下来的都能养活起一个人。形容人很富裕，多养活一个人不算什么事儿。（太谷）

【指望人吃的饿死，指望人穿的冻死】［谚语］指望别人给你吃食你会饿死，指望别人给你衣物你会冻死。劝诫人要靠自己的双手创造财富。（太谷）

【肿眉愣眼】［俗成语］形容眼睛肿胀的样子。也说"肿眉悸眼"。（临县）

【肿眉胖眼】［俗成语］指人的眉眼红肿着。（太谷）

【肿眉塌眼】［俗成语］形容人脸部发肿。（太谷）

【种地要巧，三年一倒】［谚语］倒：倒茬，农作物轮作。指种地要经常轮作，收成才能好。（万荣）

【种谷不砘，不跟不种】［谚语］不跟：不如。指种完谷子要用砘子轧地，以防土虚被风吹干影响出苗率。（太谷）

【种下刺溜收刀子】［谚语］刺溜：荆棘。指恶有恶报。（万荣）

【众人出凑】［俗成语］指从多人（家）凑借而来。（临县）

【重烦没离】［俗成语］指反复说某事，使人厌烦。（平定）

【重纳重垛】［俗成语］形容物质丰富，东西多。（临县）

【诌二拐三】［俗成语］指人不正经说话，胡诌一顿。（太谷）

【诌毡打胯】［俗成语］指人说话不注意分寸，什么都往外说。（太谷）

【诌书捏戏】［俗成语］指编造谎言。（临县）

【周仓无计，挠刀一世】［惯用语］周仓：为关公扛刀的人。挠：扛。讥讽人一辈子没出息。（临县）

【周方左近】［俗成语］指方圆几里比较近的地方。（临县）

【周眉正眼】［俗成语］指面目长得很好或人收拾得整洁，让人看着舒服。（平定）

【肘脱把了】［惯用语］肘：故意拿架子。指本想假意推脱，却不料对方当真了，最终什么都没得到。（临县）

【纣王的江山——铜帮铁底】［歇后语］形容非常结实牢固。（临县）

【朱砂缺了拿上红土子圪顶】［惯用语］比喻缺少好的，就用差的顶上将就着用。（太谷）

【猪八戒进了瓷器店，还想打个细碟子细碗——不知道各人貌眼】［歇后语］各人：自己。指人没有自知之明。（万荣）

【猪眉狗眼】［俗成语］形容人长相丑陋。（临县）

【猪怕吃好食，人怕坐正席】［谚语］指猪吃好食意味着很快要被宰杀，在婚丧宴席上坐正席意味着要掏钱赏赐厨师。（太谷）

【猪怕圪渣羊怕碜】［谚语］指猪食里不能有长段的杂物，以免猪被扎，羊草里不能混有沙石，以免伤了羊的肠胃。（太谷）

【猪钱不了，羊钱不还】［惯用语］指借了别人的钱物很长时间，却没有一个了结。（临县）

【猪头三牲】［俗成语］形容相貌丑陋。（平定）

【猪杂牙满】［俗成语］①形容东西堆放得多而杂乱。②形容人多，声音嘈杂。（临县）

【猪渣狗食】［俗成语］形容做的饭食不好吃。（太谷）

【猪嘴狗獠牙】［惯用语］嘴巴外凸，牙齿扭曲且大小不一。形容人长得难看。（临县）

【拄不住腔ㄦ】［惯用语］指依靠不住。（平定）

【赚死人不偿命】［谚语］赚：哄骗。指说话圆滑的人有蒙蔽性。（万荣）

【庄稼户好搅，念书人难缠】［谚语］搅：交往。难缠：不好打交道。旧时认为读书人心眼多，不好相处。（万荣）

【庄稼佬ㄦ不用问，见娘做甚咱做甚】［谚语］娘："人家"的合音。指农人应节气种地，他们怎么种跟着他们种就可以了。（太谷）

【庄稼是人家的好，孩ㄦ是各ㄦ的好】［谚语］指人总是看着别人的庄稼好，看着自己的孩子好。（临县）

【装姑ㄦ变鳖】［俗成语］姑ㄦ：老鼠。比喻想尽一切办法去筹措钱财。（临县）

【装人和惹人是个隔壁】［谚语］装人：有体面。指说话要得体，否则就会得罪人。（万荣）

【装神特擞】［俗成语］指人故意表现出殷勤的样子给人看。（临县）

【装死半就】［俗成语］指故意装出某种样子给人看。（平定）

【锥子也扎不动】［惯用语］用锥子扎都不会挪动地方。形容人极其懒惰。（临县）

【拙人拉长线，巧人圪朵捻】［谚语］指做针线活儿时，手笨的人总是用很长的线，而手巧的人用最短线就能做到最好。（临县）

【拙嘴笨舌】［俗成语］形容人嘴笨，不会巧言说话。（太谷）

【捉得个雀ㄦ喂咾个鹞子】［惯用语］比喻得利之后又失去了。（临县）

【桌子底下耍拳——起手不高】［歇后语］起手：起点。指起点比较低。　229

（万荣）

【着急马爬】［俗成语］形容很着急。（平定）

【着里八急】［俗成语］形容十分着急。（太谷）

【着温圪坨】［俗成语］形容食物稍有温度，即将冷却。这种情况下食用可能会引起胃部受凉不适。（武乡）

【仔米潜掐】［俗成语］指过日子非常节俭，一点一点积攒。也说"仔蜜潜掐"。（临县）

【仔细的发咾，肯吃的胖咾】［谚语］仔细：节俭。指节俭能致富，能吃就能吃胖。（临县）

【龇牙八怪】［俗成语］形容牙齿长得极为不整齐，非常难看。（太谷）

【自扒眼睁】［俗成语］指自己努力上进。（平定）

【自家的拳捣喽自家的眼】［惯用语］指本想害人却不想反害了自己。（太谷）

【自家的屄子还瓦盖的嘞】［惯用语］自己的屁股还用瓦盖着呢。比喻自己有过失和毛病，却还想指正别人的错误。（太谷）

【总觉得有个亲字嘞】［谚语］指有亲情好办事儿。（太谷）

【搊得高摔得重】［谚语］搊：扶，托起。指没本事的人，旁人捧得越高，最终只会败得更惨。（万荣）

【搊掇不起】［惯用语］指钱财数额巨大，难以凑齐。（临县）

【搊葫芦ⁿ扯义】［惯用语］指说话东拉西扯。（平定）

【走道连个蝇子也踩不死】［惯用语］形容人走路脚步非常轻。（太谷）

【走喽样样咧】［惯用语］样样：事先裁剪好的纸样，做衣服或鞋时照纸样裁剪。比喻没按事先规定好的发展。（太谷）

【足大怨骨拐】［惯用语］骨拐：脚踝骨。脚大却埋怨脚踝骨大。比喻有问题不从自身找原因，却埋怨客观条件不好或别人有错。（太谷）

【足蹬两只船】［惯用语］①比喻两面周旋，两面都想讨好或想占便宜。②比喻出于某种私利与不同的两个方面都保持关系。（太谷）

【足ⁿ不拈手ⁿ拈】［惯用语］拈：摆弄、拈弄。宋戴侗《六书故》卷一四："拈，奴廉切，指摄也。"指小孩不能安稳地坐一会儿，不是手摆弄

就是脚乱动。（太谷）

【钻的老鼠窟喽】〔惯用语〕形容躲藏得非常隐秘。（太谷）

【钻猫盗狗】〔俗成语〕指男子乱搞男女关系。（太谷）

【钻猫盗狗吃油食】〔惯用语〕贬斥人行为卑鄙下流。（太谷）

【钻田灭旮旯儿】〔惯用语〕指找遍每一个地方。也说"钻底觅旮旯儿"。（武乡）

【钻头觅旮旯儿】〔惯用语〕指寻找一切可能的机会。（临县）

【嘴唇片子上抹石灰——老当白吃猴儿】〔歇后语〕本指嘴抹白灰的猴子。转而贬斥总爱白吃饭的人。（太谷）

【嘴打骨吵】〔俗成语〕指斗嘴，吵架。（临县）

【嘴尖毛长】〔俗成语〕形容人嘴馋，爱吃好东西。（临县）

【嘴里挪，肚里攒】〔惯用语〕形容十分节俭。（万荣）

【嘴喽不说心喽说】〔惯用语〕指内心不满意的话未给对方明说出来。（太谷）

【嘴是个扁片片，由人挽练练】〔谚语〕指话由人说。（临县）

【嘴是肉的，左来右圪】〔谚语〕指话由人说，想怎么说就怎么说。（临县）

【嘴王爷爷照正着嘞】〔惯用语〕指正好赶上吃好的。也说"嘴王爷爷加油嘞"。（临县）

【左手拿着不如右手拿着稳】〔谚语〕指自己的钱要自己掌握才可靠。（万荣）

【坐不到纺车怀里】〔惯用语〕比喻安不下心来。（武乡）

【坐的轿儿里抬出来——不识抬举】〔歇后语〕"抬"：起身冲出去（过去）。本指人不坐轿子，从轿子里冲出来，不想让人抬着走。实是讥讽人不识抬举。（太谷）

【做不喽人家】〔惯用语〕指人不善于打理家务等。（太谷）

【做茶打饭】〔俗成语〕指操持家务。（太谷）

【做饭赛如喂猪狗】〔惯用语〕形容饭做得粗糙难吃。（太谷）

【做眉造眼】〔俗成语〕指故意做出某种表情或神情。也说"出眉造眼"。 231

（临县）

【做甚不慕甚，有甚偷得吃喽甚】［惯用语］斥骂人干活不专心、不操心，好吃懒做。（太谷）

【做甚务甚，讨吃的务棍】［谚语］指人应该专心做自己该做的事。（临县）

【做生意的七家八家，挣钱的一家两家】［谚语］指做生意挣钱不容易。（临县）

【做五就做出六来咧】［惯用语］斥责人做事不稳妥，做了出格的事。（太谷）

【做下孙子营生哩】［惯用语］指闯下祸事了。（临县）

# 附录　汉语方言俗语语料库收录书目表

## 一、现代汉语方言大词典（分卷本）

| 书　　名 | 作　　者 | 出版单位 |
| --- | --- | --- |
| 长沙方言词典 | 鲍厚星、崔振华、沈若云、伍云姬<br>（增订重排本） | 江苏教育出版社 1993 |
| 成都方言词典 | 梁德曼、黄尚军 | 江苏教育出版社 1998 |
| 崇明方言词典 | 张惠英（增订重排本） | 江苏教育出版社 1993 |
| 丹阳方言词典 | 蔡国璐 | 江苏教育出版社 1995 |
| 东莞方言词典 | 詹伯慧、陈晓锦 | 江苏教育出版社 1997 |
| 福州方言词典 | 冯爱珍 | 江苏教育出版社 1998 |
| 广州方言词典 | 白宛如 | 江苏教育出版社 1998 |
| 贵阳方言词典 | 汪　平 | 江苏教育出版社 1994 |
| 哈尔滨方言词典 | 尹世超 | 江苏教育出版社 1997 |
| 海口方言词典 | 陈鸿迈 | 江苏教育出版社 1996 |
| 杭州方言词典 | 鲍士杰 | 江苏教育出版社 1998 |
| 绩溪方言词典 | 赵日新 | 江苏教育出版社 2003 |
| 济南方言词典 | 钱曾怡 | 江苏教育出版社 1997 |
| 建瓯方言词典 | 李如龙、潘渭水 | 江苏教育出版社 1998 |

续表

| 书　名 | 作　者 | 出版单位 |
|---|---|---|
| 金华方言词典 | 曹志耘 | 江苏教育出版社 1996 |
| 雷州方言词典 | 张振兴、蔡叶青 | 江苏教育出版社 1995 |
| 黎川方言词典 | 颜　森 | 江苏教育出版社 1995 |
| 柳州方言词典 | 刘村汉 | 江苏教育出版社 1995 |
| 娄底方言词典 | 颜清徽、刘丽华（增订重排本） | 江苏教育出版社 1994 |
| 洛阳方言词典 | 贺　巍 | 江苏教育出版社 1996 |
| 梅县方言词典 | 黄雪贞 | 江苏教育出版社 1995 |
| 牟平方言词典 | 罗福腾 | 江苏教育出版社 1997 |
| 南昌方言词典 | 熊正辉 | 江苏教育出版社 1995 |
| 南京方言词典 | 刘丹青 | 江苏教育出版社 1995 |
| 南宁平话词典 | 覃远雄、韦树关、卞成林 | 江苏教育出版社 1997 |
| 宁波方言词典 | 汤珍珠、陈忠敏、吴新贤 | 江苏教育出版社 1997 |
| 萍乡方言词典 | 魏钢强 | 江苏教育出版社 1998 |
| 上海方言词典 | 许宝华、陶　寰 | 江苏教育出版社 1997 |
| 苏州方言词典 | 叶祥苓（增订重排本） | 江苏教育出版社 1993 |
| 太原方言词典 | 沈　明 | 江苏教育出版社 1994 |
| 万荣方言词典 | 吴建生、赵宏因 | 江苏教育出版社 1997 |
| 温州方言词典 | 游汝杰、杨乾明 | 江苏教育出版社 1998 |
| 乌鲁木齐方言词典 | 周　磊 | 江苏教育出版社 1995 |
| 武汉方言词典 | 朱建颂 | 江苏教育出版社 1995 |
| 西安方言词典 | 王军虎 | 江苏教育出版社 1996 |
| 西宁方言词典 | 张成材 | 江苏教育出版社 1994 |
| 厦门方言词典 | 周长楫（增订重排本） | 江苏教育出版社 1993 |

续表

| 书　名 | 作　者 | 出版单位 |
|---|---|---|
| 忻州方言词典 | 温端政、张光明 | 江苏教育出版社 1995 |
| 徐州方言词典 | 苏晓青、吕永卫 | 江苏教育出版社 1996 |
| 扬州方言词典 | 王世华、黄继林 | 江苏教育出版社 1996 |
| 银川方言词典 | 李树俨、张安生 | 江苏教育出版社 1996 |
| 于都方言词典 | 谢留文 | 江苏教育出版社 1998 |

# 二、方言著作

| 书　名 | 作　者 | 出版单位 |
|---|---|---|
| 安徽黄山汤口方言 | 刘祥柏 | 方志出版社 2013 |
| 安徽歙县（向杲）方言 | 沈　明 | 方志出版社 2013 |
| 安徽歙县大谷运方言 | 陈　丽 | 方志出版社 2013 |
| 苍南方言志 | 温端政 | 语文出版社 1991 |
| 长治方言志 | 侯精一 | 语文出版社 1985 |
| 长子方言志 | 高　炯 | 山西高校联合出版社 1995 |
| 成都方言词汇 | 黄尚军 | 四川出版集团 2006 |
| 大同方言志 | 马文忠、梁述中 | 语文出版社 1986 |
| 德州方言志 | 曹延杰 | 语文出版社 1991 |
| 定陶方言志 | 王淑霞、张艳华 | 时代文艺出版社 2005 |
| 定襄方言志 | 陈茂山 | 山西高校联合出版社 1995 |
| 定兴方言 | 陈淑静、许建中 | 方志出版社 1997 |
| 东安土话研究 | 鲍厚星 | 湖南教育出版社 1998 |
| 汾西方言志 | 乔全生 | 山西高校联合出版社 1990 |
| 广灵方言志 | 马文忠 | 山西高校联合出版社 1994 |

续表

| 书　名 | 作　者 | 出版单位 |
|---|---|---|
| 和顺方言志 | 田希诚 | 语文出版社 1990 |
| 河津方言研究 | 史秀菊 | 山西人民出版社 2004 |
| 衡山方言研究 | 彭泽润 | 湖南教育出版社 1999 |
| 洪洞方言志 | 乔全生 | 语文研究增刊 1983 |
| 怀仁方言志 | 温端政 | 语文研究增刊 1983 |
| 回民乌鲁木齐语言志 | 刘俐李 | 新疆大学出版社 1989 |
| 获鹿方言志 | 陈淑静等 | 河北人民出版社 1990 |
| 吉县方言志 | 蔡　权 | 山西高校联合出版社 1990 |
| 即墨方言志 | 赵日新、沈　明 | 语文出版社 1991 |
| 建水方言志 | 张　宁 | 云南民族出版社 1986 |
| 江西浮梁（旧城村）方言 | 谢留文 | 方志出版社 2013 |
| 介休方言志 | 张益梅 | 山西高校联合出版社 1991 |
| 金乡方言志 | 马凤如 | 齐鲁书社 2000 |
| 晋城方言志 | 沈慧云 | 语文研究增刊 1983 |
| 莱州方言志 | 钱曾怡、太田斋 | 齐鲁书社 2005 |
| 利津方言志 | 杨秋泽 | 语文出版社 1990 |
| 聊城方言志 | 张鹤泉 | 语文出版社 1995 |
| 临汾方言志 | 潘家懿 | 语文出版社 1990 |
| 临汾屯里方言研究 | 樋口勇夫［日］ | 好文出版 2004［日本］ |
| 临清方言志 | 张鸿魁 | 中国展望出版社 1990 |
| 临县方言志 | 李小平 | 山西高校联合出版社 1991 |
| 临沂方言志 | 马　静、吴永焕 | 齐鲁书社 2003 |
| 灵丘方言志 | 江荫禔、李静梅 | 山西高校联合出版社 1996 |

| 书　　名 | 作　者 | 出版单位 |
|---|---|---|
| 陵川方言志 | 金梦茵 | 语文研究增刊 1983 |
| 洛阳方言志 | 曾光平、张启焕 | 河南人民出版社 1987 |
| 牟平方言志 | 罗福腾 | 语文出版社 1992 |
| 宁津方言志 | 曹延杰 | 中国文史出版社 2003 |
| 平度方言志 | 于克仁 | 语文出版社 1992 |
| 平遥方言成语例释 | 姚勤智 | 忻州师范专科学校学报 1999 |
| 平遥方言志 | 侯精一 | 语文研究增刊 1982 |
| 蒲县方言志 | 蔡　权 | 山西高校联合出版社 1994 |
| 祁县方言志 | 杨述祖、王艾录 | 语文研究增刊 1984 |
| 沁县方言志 | 张振铎 | 山西高校联合出版社 1990 |
| 清徐方言志 | 潘耀武 | 山西高校联合出版社 1990 |
| 山西岚县方言 | 沈　明 | 中国社会科学出版社 2014 |
| 山阴方言志 | 杨增武 | 山西高校联合出版社 1990 |
| 商县方言志 | 张成材 | 语文出版社 1990 |
| 神木方言研究 | 邢向东 | 中华书局 2002 |
| 寿光方言志 | 张树铮 | 语文出版社 1995 |
| 寿阳方言志 | 赵秉璇 | 语文研究增刊 1984 |
| 水富方言志 | 卢开磉、张　莆 | 语文出版社 1988 |
| 朔县方言志 | 江荫褆 | 山西高校联合出版社 1991 |
| 太谷方言志 | 杨述祖 | 语文研究增刊 1983 |
| 郯城方言志 | 邵燕梅 | 齐鲁书社 2005 |
| 天镇方言志 | 谢自立 | 山西高校联合出版社 1990 |
| 屯留方言志 | 张振铎 | 山西高校联合出版社 1991 |

续表

| 书 名 | 作 者 | 出版单位 |
|---|---|---|
| 万荣方言志 | 吴建生 | 语文研究增刊 1984 |
| 潍坊方言志 | 钱曾怡、罗福腾 | 内部出版 1992 |
| 文水方言志 | 胡双宝 | 语文研究增刊 1984 |
| 文水方言志（修订本） | 胡双宝 | 语文出版社 1990 |
| 汶上方言志 | 宋恩泉 | 齐鲁书社 2005 |
| 武乡方言志 | 史素芬、李 奇 | 山西高校联合出版社 1990 |
| 舞阳方言研究 | 崔 灿、夏跃进 | 河南大学出版社 1988 |
| 西宁方言志 | 张成材、朱世奎 | 青海人民出版社 1987 |
| 襄垣方言志 | 陈润兰、李唯实 | 语文研究增刊 1984 |
| 孝义方言志 | 郭建荣 | 语文出版社 1989 |
| 忻州方言志 | 温端政 | 语文出版社 1985 |
| 忻州俗语志 | 温端政、张书祥 | 语文出版社 1986 |
| 新绛方言志 | 朱耀龙 | 山西高校联合出版社 1990 |
| 新泰方言志 | 高慎贵 | 语文出版社 1996 |
| 新野方言志 | 徐奕昌、张占献 | 文心出版社 1987 |
| 徐州方言志 | 李 申 | 语文出版社 1985 |
| 溆浦方言研究 | 贺凯林 | 湖南教育出版社 1999 |
| 阳曲方言志 | 孟庆海 | 社会科学文献出版社 1991 |
| 宜章土话研究 | 沈若云 | 湖南教育出版社 1999 |
| 永济方言志 | 吴建生、李改样 | 山西高校联合出版社 1990 |
| 盂县方言志 | 宋欣桥 | 山西高校联合出版社 1991 |
| 原平方言志 | 金梦茵 | 语文出版社 1989 |
| 岳阳方言研究 | 方平权 | 湖南师大出版社 1999 |

续表

| 书　名 | 作　者 | 出版单位 |
|---|---|---|
| 运城方言志 | 吕枕甲 | 山西高校联合出版社 1991 |
| 中宁县方言志 | 李树俨 | 宁夏人民出版社 1989 |
| 淄川方言志 | 孟庆泰、罗福腾 | 语文出版社 1994 |
| 左权方言志 | 王希哲 | 山西高校联合出版社 1991 |

## 三、方言俗语著作

| 书　名 | 作　者 | 出版单位 |
|---|---|---|
| 长汀客家方言熟语歌谣 | 陈泽平、彭怡玢 | 福建人民出版社 2007 |
| 潮汕方言歇后语集释 | 吴　芳 | 暨南大学出版社 2012 |
| 重庆方言俚俗语集释 | 刘红曦、杨月蓉 陈碧娥、顾　瑛 | 重庆出版社 2006 |
| 大同谚语精选 | 韩　府 | 山西人民出版社 2006 |
| 敦煌方言释义 | 李　磊 | 中国文联出版社 2009 |
| 繁峙方言俗语汇编 | 米　成 | 山西人民出版社 2013 |
| 古田方言熟语歌谣 | 李　滨 | 福建人民出版社 2008 |
| 广州话俗语词典 | 欧阳觉亚、周无忌、饶秉才 | 广东人民出版社 2010 |
| 黑龙江谚语 | 刘永江、王益章主编 | 黑龙江人民出版社 2011 |
| 监利方言俗语词典 | 张俊纶 | 崇文书局 2006 |
| 建瓯方言熟语歌谣 | 潘渭水、陈泽平 | 福建人民出版社 2008 |
| 龙岩方言熟语歌谣 | 洪　梅 | 福建人民出版社 2008 |
| 娄烦方言词语选汇 | 李生茂、张宪平 | 内部出版 2013 |
| 宁波谚语 | 赵德闻 | 宁波出版社 2010 |
| 宁德方言熟语歌谣 | 钟逢帮 | 福建人民出版社 2007 |

续表

| 书　名 | 作　者 | 出版单位 |
|---|---|---|
| 瓯越语语汇研究 | 盛爱萍 | 人民出版社 2011 |
| 莆仙方言熟语歌谣 | 刘福铸 | 福建人民出版社 2007 |
| 青川民间语言语汇研究 | 武小军 | 巴蜀书社 2007 |
| 青海方言俗语 | 谷晓恒、李晓云 | 语文出版社 2013 |
| 泉州谚语 | 王建设、蔡湘江、朱媞媞 | 福建人民出版社 2006 |
| 三晋俗语研究 | 吴建生、李淑珍 | 书海出版社 2010 |
| 厦门方言熟语歌谣 | 周长楫 | 福建人民出版社 2001 |
| 湘西民间歇后语<br>与谚语集萃 | 孟宪政 | 湖南师范大学出版社 2011 |
| 忻州成语词典 | 张光明 | 上海大学出版社 2012 |
| 忻州惯用语词典 | 张光明主编 | 上海大学出版社 2012 |
| 忻州歇后语词典 | 张光明主编 | 上海辞书出版社 2006 |
| 忻州谚语词典 | 张光明主编 | 上海大学出版社 2012 |
| 漳州方言熟语歌谣 | 杨秀明 | 福建人民出版社 2007 |

## 四、田野调查目录表

| 调查地点 | 调查人 | 出版单位 |
|---|---|---|
| 代　县 | 李　芮 | 未　刊 |
| 定　襄 | 刘艳平 | 未　刊 |
| 临　县 | 李淑珍 | 未　刊 |
| 平　定 | 延俊荣 | 未　刊 |
| 祁　县 | 贺树刚 | 未　刊 |
| 太　谷 | 马启红 | 未　刊 |
| 万　荣 | 吴建生 | 未　刊 |
| 武　乡 | 安志伟 | 未　刊 |

# 参考文献

［1］Douglas Biber 等 . 语料库语言学［M］. 北京：外语教学与研究出版社；英国：剑桥大学出版社，2000.

［2］Geoff Thompson 等 . 系统与语料——二者关联探索［M］. 北京：世界图书出版公司，2010.

［3］Granger.S. 拓展基于语料研究的范围：新应用、新挑战［J］. 文字改革，1984（4）.

［4］冯志伟 . 汉字的信息量大不利于中文信息处理——再谈汉字的熵［J］. 语文建设，1994（3）.

［5］郭曙纶 . 汉语语料库应用教程［M］. 上海：上海交通大学出版社，2013.

［6］黄昌宁等 . 语料库语言学［M］. 北京：商务印书馆，2002.

［7］雷建军等 . 国际音标输入方法的研究［J］. 湖北教育学院学报，2003（9）.

［8］李宝安 . 中文信息处理技术原理与应用［M］. 北京：清华大学出版社，2006.

［9］李华勇 . 大数据视野下的语言研究新观［J］. 重庆交通大学学报，2015（4）.

［10］李晶洁 . 学术文本的短语型式与意义：语料库数据驱动研究［M］. 上海：上海交通大学出版社，2012.

［11］李龙等 . 国际音标输入法及其实现［J］. 语言研究，2006（5）.

［12］李璐.古籍全文数据库建设的技术与实践［J］.图书馆学研究，2004（11）.

［13］李绍山.语言研究中的统计学［M］.西安：西安交通大学出版社，2008.

［14］林仲湘等.如何解决古籍整理用计算机字库中的异体字问题［J］.广西大学学报，1996（2）.

［15］卢建平.基于拓扑学和统计学的无字库汉字智能造字研究［D］.华南理工大学博士学位论文，2010.

［16］马国凡.谚语·歇后语·惯用语［M］.沈阳：辽宁人民出版社，1961.

［17］马启红.山西太谷方言惯用语探析［J］.语文研究2007（4）.

［18］潘海东等.基于智能造字的生僻字中输入与显示研究［J］.自动化技术与应用，2010（12）.

［19］潘悟云、游汝杰、麦耘、钱乃荣、张洪明、孔江平.抢救日渐衰微的汉语方言［N］.社会科学报，2010-6-3，第5版.

［20］盛爱萍.瓯越语语汇研究［M］.北京：人民出版社，2011.

［21］盛玉麒.语言文字信息处理［M］.济南：山东大学出版社，2006.

［22］隋岩.动态流通语料库理论的概念和方法［J］.语言文字应用，2000（2）.

［23］孙维张.汉语熟语学［M］.长春：吉林教育出版社，1989.

［24］唐晓阳等.我国古粤方言词典数字化系统设计研究［J］.广州大学学报，2003（3）.

［25］万常选.XML数据库技术［M］.北京：清华大学出版社，2005.

［26］王勤.汉语熟语论［M］.济南：山东教育出版社，2006.

［27］王勤.俗语的性质和范围［J］.湘潭大学学报（社会科学版），1990（4）.

［28］王建新.计算机语料库的建设与应用［M］.北京：清华大学出版社，2009.

242

［29］王立非等.应用语料库语言学的多维视角［M］.北京：世界图书出

版公司，2009.

　　［30］王永庆.计算机技术、语料库与语言测试［M］.北京：科学出版社，
2014.

　　［31］尉迟治平等.论中文字符集、字库及输入法的研制［J］.语言研究，
2006（3）.

　　［32］魏明果.方言比较的特征提取与矩阵分析［J］.学术问题研究，
2009（1）.

　　［33］温端政.汉语语汇学［M］.北京：商务印书馆，2005.

　　［34］温端政主编.汉语语汇学教程［M］.北京：商务印书馆，2006.

　　［35］温端政.中国俗语大词典前言［K］.上海：上海辞书出版社，1989.

　　［36］吴建生 李淑珍.三晋俗语研究［M］.太原：书海出版社，2010.

　　［37］吴建生.惯用语的界定及惯用语词典的收目［J］.语文研究，2007
（4）.

　　［38］ 吴建生.再论惯用语的界定及惯用语语类工具书的立目［J］.山西
大学学报（哲社版），2010（3）.

　　［39］吴建生.汉语方言俗语语料库的建设［A］.// 汉语语汇学研究（三）
［C］.北京：商务印书馆，2011.

　　［40］武占坤.汉语熟语通论［M］.保定：河北大学出版社，1996.

　　［41］徐洁.基于 OpenType 格式的国际音标符号和语音古籍生僻字数字化
的字体设计［D］.上海师范大学硕士学位论文，2010.

　　［42］杨建国.基于动态流通语料库 DCC 的汉语熟语单位研究［D］.北京
语言大学博士学位论文，2005.

　　［43］杨月蓉.重庆方言俚俗语研究［M］.北京：中国文史出版社，2004.

　　［44］郑家恒.智能信息处理：汉语语料库加工技术及应用［M］.北京：
科学出版社，2010.

　　［45］周荐.语模造语浅说［J］.语文研究，2008（1）.